中国
⚡能源经济政策⚡
——前沿丛书——
林伯强 主编

新质生产力
引领下的绿色转型

林伯强 著

厦门大学出版社 国家一级出版社
XIAMEN UNIVERSITY PRESS 全国百佳图书出版单位

图书在版编目(CIP)数据

新质生产力引领下的绿色转型 / 林伯强著. -- 厦门：厦门大学出版社，2024.6. --（中国能源经济政策前沿丛书 / 林伯强主编）. -- ISBN 978-7-5615-9414-8

Ⅰ. F426.2

中国国家版本馆 CIP 数据核字第 2024BJ5554 号

责任编辑	潘　瑛
美术编辑	李夏凌
技术编辑	朱　楷

出版发行　*厦门大学出版社*

社　　址	厦门市软件园二期望海路 39 号
邮政编码	361008
总　　机	0592-2181111　0592-2181406（传真）
营销中心	0592-2184458　0592-2181365
网　　址	http://www.xmupress.com
邮　　箱	xmup@xmupress.com
印　　刷	厦门市竞成印刷有限公司

开本　720 mm×1 000 mm　1/16
印张　19.25
插页　2
字数　255 千字
版次　2024 年 6 月第 1 版
印次　2024 年 6 月第 1 次印刷
定价　99.00 元

本书如有印装质量问题请直接寄承印厂调换

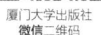
厦门大学出版社
微信二维码

厦门大学出版社
微博二维码

林伯强

教育部2007年度"长江学者"特聘教授,厦门大学管理学院讲席教授,中国能源政策研究院院长。以第一作者(少量为通讯作者)在国内经济和管理三大学术期刊《中国社会科学》《经济研究》《管理世界》发表论文37篇,Scopus H指数103,Web of Science高被引和热点论文超过110篇。任国际能源经济期刊 Energy Economics 主编、环境期刊 Environmental Impact Assessment Review 和信息管理期刊 Journal of Global Information Management 副主编。科研教学以学科建设和培养学生入职985/211高校与知名财经院校为主要目标,已培养近80名博士生在国内外高校任教职,绝大多数任教于国内985/211和顶尖财经高校,12名博士毕业生入选斯坦福全球2%顶尖科学家名单。任瑞士达沃斯世界经济论坛能源指导委员会执行委员、达沃斯世界经济论坛中国能源社区负责人,曾任中国石油天然气有限公司董事会成员,现为中国海洋石油有限公司董事会成员。

前言

新质生产力代表先进生产力的演进方向,是由技术革命性突破、生产要素创新性配置、产业深度转型升级而催生的先进生产力质态。能源绿色转型与新质生产力密切相关,二者相互促进、相辅相成。一方面,绿色转型代表着能源产业从传统能源转向清洁能源和可再生能源,是提高能源利用效率和绿色化、可持续化的过程,能够为新质生产力的形成提供重要的条件和动力。另一方面,新质生产力的发展理念从理论基础和实践上指导着绿色转型的方向,推动着传统产业的转型升级。这意味着在绿色转型的过程中,既要清晰把握能源行业发展现状,根据新质生产力的发展需求和方向抓住能源行业绿色转型的机遇,又要做好准备,应对传统产业转型升级过程中可能面临的挑战,从技术、市场、产业、合作等多个角度出发,推动自身转型升级进程,加快形成新质生产力。

《新质生产力引领下的绿色转型》基于中国绿色转型实际,探讨其在新质生产力框架下的实现路径,深入分析新质生产力如何重新定义传统生产方式以及赋能能源转型目标,并提出一系列针对性的政策建议。这些政策建议基于深入的理论研究和事实分析,旨在帮助社会各界更好地理解新质生产力的深刻内涵,为推动绿色转型提供新视角下

新质生产力引领下的绿色转型

的理论指导,促进新质生产力下的绿色转型取得实质性进展,以期为构建清洁、可持续的未来能源体系贡献力量。全书共分为4章,具体内容如下:

第1章"传统能源优化:新质生产力的绿色路径"。在"双碳"目标背景下,中国正致力于能源结构绿色转型,传统能源作为经济发展的主要能源供应者,面临着前所未有的挑战。必须积极推动能源技术和相关产业的创新发展,带动传统产业新质生产力的提升。本章首先讨论了新质生产力赋能传统化石能源的发展路径。其次,分析了水电产业在新质生产力发展进程中的关键作用及其面临的挑战;最后,深入剖析了通过智能化、数字化转型打造能源行业新质生产力的发展策略。

第2章"市场化机制:新质生产力的调节抓手"。市场机制是实现新质生产力的有力抓手。通过绿证、绿电、碳交易等经济手段,借助价格信号和激励机制,有助于引导企业不断创新、开发清洁能源技术并实现绿色低碳转型,进一步加快推进新质生产力的形成。本章从绿色低碳的角度,剖析了绿电绿证市场、碳市场以及电碳市场协同支撑新质生产力发展的重要机制;从能源金融的角度,讨论了新能源和碳酸锂两大期货的发展现状、困境与发展建议;此外,还分析了完善产品碳核算体系对发展新质生产力以及应对碳边境调节税的重要意义。

第3章"产业转型:新质生产力的低碳战略。"传统产业实现全方位的转型升级过程需要技术的革命性突破,新质生产力为能源变革提供了契机。推动中国产业转型与新质生产力的协同发展,实现二者的有机结合,对于产业经济建设和新质生产力发展都具有重要的意义。本章首先讨论了新质生产力赋能高耗能产业、交通运输业、绿色食品产业和家电产业低碳转型的现状、困境与优化策略;其次,从中国特色 ESG 话语体系视角探讨了以绿色发展的新成效激发新质生产力的路径;最后,深入分析了通过推进零碳产业集群打造区域新质能源生产力的现状与挑战,并提出了针对性的政策建议。

第 4 章"'一带一路'合作:新质生产力的多维溢出"。高水平对外开放是推动新质生产力发展的有力保障。近十年来,"一带一路"倡议通过"五通"带动了共建国家和地区的发展,为谋求合作与共赢的全球经济治理提供了中国方案。本章聚焦"一带一路"合作框架,分析新质生产力的溢出效应。本章首先探讨了如何依托"一带一路"合作开拓可再生能源国际市场从而发展能源新质生产力;其次,剖析了建立"一带一路"绿色投资和新质生产力双向促进机制的现状与挑战;最后,讨论了新质生产力背景下"一带一路"矿产资源合作的困境与应对策略。

本书是团队合作的成果,厦门大学管理学院中国能源政策研究院、能源经济与能源政策协同创新中心以及厦门大学中国能源经济研究中心的滕瑜强、黄晨晨、谢嘉雯、陈逸扬、田为民、王霞、朱润清、关春旭、贾寰宇、乔峤、檀之舟、张冲冲、马瑞阳、时磊、苏彤、王崇好、魏锴、吴楠、周一成、李旻旸、潘婷、王思泉、杨梦琦、张乾翔、刘智威、王优、王志军、谢永靖、徐冲冲、张翱祥、赵恒松、郑丽蓉、兰天旭、刘一达、史丰源、宋奕洁、张宗佑、徐洁、周登利、朱一统和张玺等博士研究生、硕士研究生协助了写作。厦门大学中国能源政策研究院及中国能源经济研究中心的所有教师、科研人员、行政人员、研究生为本书写作提供了诸多的帮助。特别感谢我的学生滕瑜强所做的大量组织和出版协调工作。厦门大学出版社编辑为本书的出版做了大量细致的工作，深表感谢。我们深知所做的努力总是不够，不足之处，望读者指正。

林伯强

2024年4月于厦门

目录

第1章 传统能源优化：新质生产力的绿色路径 ········· 1

1.1 石油行业 ··· 3

   1.1.1 新质生产力对石油行业高质量发展的影响············ 4

   1.1.2 石油行业的发展现状······························ 7

   1.1.3 新质生产力赋能石油行业高质量发展面临的挑战······ 9

   1.1.4 新质生产力赋能石油行业高质量发展的政策建议······ 13

1.2 煤电产业 ··· 15

   1.2.1 煤电产业中的新质生产力着力点···················· 16

   1.2.2 中国煤电产业的发展现状·························· 18

   1.2.3 煤电转型升级的机遇与挑战························ 22

   1.2.4 新质生产力引领煤电产业转型升级的政策建议········ 27

1.3 水电行业 ··· 29

   1.3.1 水电行业与新质生产力发展的互动关系·············· 29

   1.3.2 中国水电行业的发展现状·························· 31

   1.3.3 新质生产力视角下中国水电行业发展面临的挑战······ 33

   1.3.4 水电行业助力新质生产力发展的政策建议············ 37

1.4 能源行业 ··· 41

   1.4.1 数智赋能与能源新质生产力的逻辑关系·············· 42

1.4.2 数字经济和能源行业的发展现状 …………………………… 45

1.4.3 新质生产力视角下能源行业数字化转型面临的挑战 ……… 49

1.4.4 能源行业新质生产力发展的政策建议 ……………………… 52

1.5 CCUS 技术 …………………………………………………………… 54

1.5.1 CCUS 技术与煤电行业新质生产力的内在联系 …………… 55

1.5.2 煤电与 CCUS 技术耦合的现实条件与发展现状 …………… 59

1.5.3 CCUS 技术发展面临的挑战 ………………………………… 63

1.5.4 CCUS 助力煤电行业新质生产力发展的政策建议 ………… 65

参考文献 ………………………………………………………………………… 68

第 2 章 市场化机制：新质生产力的调节抓手 …………………………… 71

2.1 绿电绿证市场 ………………………………………………………… 73

2.1.1 绿电绿证是新质生产力发展的新引擎 ……………………… 73

2.1.2 绿电绿证市场的发展现状 …………………………………… 75

2.1.3 绿电绿证市场发展面临的挑战 ……………………………… 78

2.1.4 绿电绿证市场高质量发展的政策建议 ……………………… 81

2.2 新能源期货 …………………………………………………………… 84

2.2.1 新质生产力视角下新能源期货的角色定位 ………………… 85

2.2.2 国内外新能源期货的发展现状 ……………………………… 87

2.2.3 新质生产力视角下新能源期货发展面临的挑战 …………… 91

2.2.4 新能源期货助力新质生产力发展的政策建议 ……………… 95

2.3 全国统一碳市场 ……………………………………………………… 98

2.3.1 全国统一碳市场对新质生产力发展的意义 ………………… 98

2.3.2 中国碳市场的发展现状 ……………………………………… 100

2.3.3 新质生产力视角下全国统一碳市场建设面临的挑战 ……… 103
　　2.3.4 新质生产力视角下全国统一碳市场建设的政策建议 ……… 106
2.4 电碳市场协同 …………………………………………………… 110
　　2.4.1 新质生产力视角下的电-碳市场 ……………………………… 112
　　2.4.2 电-碳市场的协同机制及其所面临的挑战 …………………… 115
　　2.4.3 新质生产力助力电-碳市场协同发展 ………………………… 118
　　2.4.4 政策建议 ………………………………………………………… 122
2.5 碳酸锂期货市场 ………………………………………………… 123
　　2.5.1 碳酸锂期货赋能新质生产力发展的理论逻辑 ……………… 124
　　2.5.2 碳酸锂市场的发展现状 ………………………………………… 126
　　2.5.3 新质生产力视角下碳酸锂期货发展面临的挑战 …………… 130
　　2.5.4 碳酸锂期货赋能新质生产力发展的政策建议 ……………… 135
2.6 碳核算体系与欧盟碳边境调节机制 …………………………… 139
　　2.6.1 依托新质生产力完善产品碳足迹核算体系 ………………… 139
　　2.6.2 产品碳足迹核算是应对碳边境调节机制的必要工具 ……… 141
　　2.6.3 新质生产力视角下产品碳足迹核算体系发展面临的挑战 … 145
　　2.6.4 新质生产力为产品碳足迹核算体系带来新发展机遇 ……… 147

参考文献 ………………………………………………………………… 151

第3章 产业转型：新质生产力的低碳战略 …………………………… 155

3.1 高耗能产业 ……………………………………………………… 157
　　3.1.1 新质生产力与高耗能产业转型升级的内在关联 …………… 157
　　3.1.2 高耗能产业的转型现状 ………………………………………… 159
　　3.1.3 高耗能产业的转型困境 ………………………………………… 162

3.1.4 推动高耗能产业转型升级的政策建议……………… 165

3.2 交通运输行业 ………………………………………………… 169

3.2.1 新质生产力与交通运输部门发展的内在联系………… 170

3.2.2 新质生产力在交通运输部门的体现形式……………… 172

3.2.3 新质生产力视角下交通运输部门绿色发展存在的问题 …… 176

3.2.4 新质生产力视角下交通运输部门绿色发展的政策建议 …… 179

3.3 农村能源绿色转型 …………………………………………… 182

3.3.1 新质生产力与农村能源绿色转型的逻辑关系………… 183

3.3.2 中国农村能源利用现状及问题分析…………………… 186

3.3.3 新质生产力赋能农村能源绿色转型的挑战…………… 189

3.3.4 新质生产力赋能农村能源绿色转型的政策建议……… 191

3.4 企业ESG体系 ………………………………………………… 194

3.4.1 中国特色ESG体系促进新质生产力发展的关键路径 …… 195

3.4.2 中国ESG体系的发展现状 …………………………… 198

3.4.3 中国ESG体系促进企业新质生产力发展存在的主要问题
 …………………………………………………………… 201

3.4.4 中国ESG体系保障新质生产力发展的政策建议……… 205

3.5 绿色食品产业链 ……………………………………………… 209

3.5.1 低碳食品转型视角下新质生产力的角色……………… 209

3.5.2 中国食品产业链环境影响现状………………………… 213

3.5.3 新质生产力视角下中国食品产业低碳转型的挑战…… 215

3.5.4 中国绿色食品产业链转型升级的政策建议…………… 218

3.6 家用电器能效 ………………………………………………… 221

3.6.1 新质生产力是家用电器能效提升的关键所在………… 222

- 3.6.2 新质生产力促进居民家用电器能效提升的现状 …………… 224
- 3.6.3 新质生产力视角下家用电器能效提升面临的挑战 …………… 228
- 3.6.4 新质生产力完善家用电器能效提升的政策建议 …………… 231

3.7 零碳产业集群 …………………………………………………… 234
- 3.7.1 零碳产业集群:发展新质区域能源生产力的重要实践场 …… 235
- 3.7.2 中国零碳产业集群的发展现状 ……………………………… 238
- 3.7.3 中国零碳产业集群发展面临的挑战 ………………………… 240
- 3.7.4 未来中国区域新质能源生产力发展的政策建议 …………… 244

参考文献 …………………………………………………………… 248

第4章 "一带一路"合作:新质生产力的多维溢出 …………… 251

4.1 可再生能源国际市场 …………………………………………… 253
- 4.1.1 可再生能源国际市场如何推动能源领域新质生产力发展 … 254
- 4.1.2 "一带一路"背景下的可再生能源国际市场发展现状 ……… 257
- 4.1.3 依托"一带一路"培育可再生能源国际市场面临的现实挑战 …………………………………………………………… 261
- 4.1.4 依托可再生能源国际市场发展能源新质生产力的政策建议 … 263

4.2 中国绿色投资 …………………………………………………… 267
- 4.2.1 新质生产力与"一带一路"中国绿色投资的双向促进机制 … 268
- 4.2.2 "一带一路"中国绿色投资的发展现状 ……………………… 269
- 4.2.3 新质生产力与"一带一路"中国绿色投资双向促进的意义 … 273
- 4.2.4 新质生产力与"一带一路"中国绿色投资发展面临的挑战 … 276
- 4.2.5 新质生产力与"一带一路"中国绿色投资协同发展的政策建议 … 280

4.3 矿产资源国际合作 ……………………………………………… 281

4.3.1 新质生产力视角下"一带一路"矿产资源合作的意义 ………… 282

4.3.2 中国与"一带一路"国家矿产资源合作的现状 ……………… 284

4.3.3 中国与"一带一路"国家矿产资源合作面临的挑战 ………… 286

4.3.4 中国与"一带一路"国家矿产资源合作的政策建议 ………… 290

参考文献 …………………………………………………………………… 294

第1章

传统能源优化：新质生产力的绿色路径

"绿色发展是高质量发展的底色,新质生产力本身就是绿色生产力。"在倡导新能源行业高质量发展的同时,如何激活传统能源行业绿色低碳转型所蕴含的新模式与新动能,也成为新质生产力绿色实践中不容忽视的重要议题。新质生产力所引领的技术创新和产业转型升级对于石油行业至关重要,在深度转型困境下,应如何保障新质生产力对石油行业高质量发展的赋能?纵观煤电行业整体的转型难题,应如何推动其形成产业自身的新质生产力?当前传统水电发展模式已难以适应新质生产力的发展要求,新需求与新挑战下应如何夯实水电新质生产力的基础?以数字技术为代表的新一轮技术革命背景下,数字经济成为发展新质生产力的重要抓手,应如何依托数字技术推动传统能源行业的智能化、数字化升级,打造能源新质生产力?"双碳"目标下新型电力系统建设对以煤为主的电源结构提出了转型升级的新要求,CCUS 技术因而更加受到关注,那么应如何有效借助 CCUS 技术为煤电行业的发展注入新的动能?

1.1 石油行业

石油是支撑中国经济发展的重要能源之一。受资源禀赋的影响,中国石油高度依赖进口,丰富的页岩油资源受限于开采技术未实现大幅度增长,石油行业发展过程中产生的废水、废气对环境造成负面影响。在产业深度转型的时代背景下,厘清如何借助新质生产力解决上述困扰石油行业的难题,有助于促进石油行业高质量发展和保障能源供给稳定。

首先,通过在石油开采过程中应用新质生产力——新兴智能化技术和相关设备,有助于促进石油行业实现高质量发展。数字化油田管理平台、智能油田开采等新质生产力技术提高了石油勘探的自动化水平,不仅有助于石油产业提高资源开采效率,也为中国丰富的页岩油资源开采提供了技术支持,进而实现石油资源供给的稳定增长。

其次,新质生产力强化石油行业安全性。一是通过对石油行业全产业链条的实时监测,分析出石油行业发展存在的问题,进而保障石油行业稳定发展。二是通过大数据模型综合考虑石油需求、石油价格、地缘政治风险、经济政策不确定性等多方面的影响因素,制定石油行业长远发展规划。三是通过引入数字监管技术,对石油行业各个发展环节及上下游链条进行智能化管理,及时做出更为准确的应急预案。总之,数字技术的应用有助于整合石油产业链资源,实现石油行业的技术创新和资源共享模式的构建,推进石油行业转型升级。

最后,新质生产力倡导的绿色可持续发展理念,有助于指导石油行业的低碳发展。新质生产力与数据要素相结合,构建石油行业系统优化模型,可以对不合理的石油产能进行优化调整。相关的清洁生产技术(甲醇制汽油工艺技术、碳捕集技术等)有助于减轻石油行业发展对环境的负面影响,新质生产力与碳捕集、利用与储存(CCUS)技术相互配合,以此助力石油行业实现"双碳"目标。综上,新质生产力对于石油行业的高质量发展影响深刻,加快推动新质生产力在石油行业的应用进程,对于行业实现低碳转型、保障能源供给具有重要影响。但是也应该注意到,新质生产力应用于石油行业面临着诸多挑战,如缺乏专业人才队伍导致技术升级困难、设备更新换代导致石油企业财务负担加剧、监管政策滞后等。鉴于此,本节将深入分析新质生产力对于石油行业高质量发展的影响、新质生产力在石油行业应用面临的挑战等方面内容,并综合上述分析进一步为新质生产力赋能石油行业高质量发展提供政策建议,助力石油行业高质量发展。

1.1.1　新质生产力对石油行业高质量发展的影响

新质生产力有助于提高石油资源开发效率,提高石油供应的稳定性,强化石油产业链的韧性,进而赋能石油行业高质量发展,具体影响路径如图 1.1 所示。

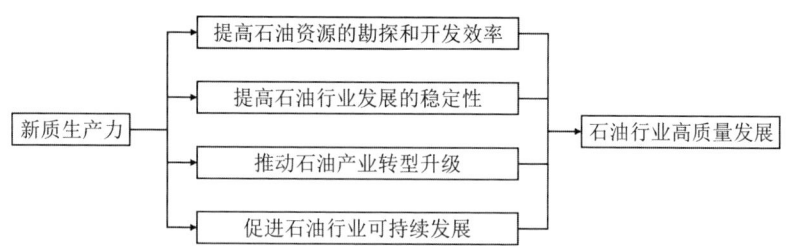

图 1.1　石油行业与新质生产力的逻辑关系

(1)为石油行业引入新质生产力——智能化设备和技术,提高石油资源的勘探和开发效率。随着石油开采时间和产量的上升,原有油田开发难度逐渐加大，石油开采成本上涨，部分油田的开采丧失经济效益。以机器学习为代表的人工智能技术为解决这一难题提供了新思路。人工智能技术可精准分析油田地质条件，从而提高石油资源的勘探精度和开采能力，降低石油开采过程中不必要的成本支出。将智能设备与油气勘探开发技术相结合，有助于优化石油开采流程，提高油气产量，提升相关企业的核心竞争力。此外，在石油开发过程中引入智能化勘探、加工及运输设备，可以提高石油勘探的自动化水平；对石油勘探过程进行实时监控，有助于减少石油开采过程中的事故发生概率，促进石油行业安全平稳发展。特别是对于中国丰富的页岩油资源，由于目前尚未形成与之对应的成熟勘探技术，部分页岩油资源开发难度大、效益低。未来，作为新质生产力的高端智能开采设备有助于挖掘中国丰富的页岩油资源，实现页岩油的商业开发，进一步提高中国的石油自给能力，缓解困扰已久的石油高对外依存度难题。

(2) 利用以大数据为代表的新质生产力整合石油行业资源，助力石油行业稳定发展。新质生产力可以强化石油基础设施建设，提高相关设施抵御极端气候风险的能力。其中，大数据、人工智能、数字化等技术可以对石油运输管道、炼油厂运行等基础设施进行实施监控，保证石油的运输和加工安全，及时消除石油行业发展面临的潜在风险。考虑到部分区域石油行业发展联动性不强，可以利用新质生产力的技术优势形成区域性石油资源互通网络，进而提高区域石油资源供应的可靠性和灵活性，降低突发事件对当地石油供给的冲击，如极端天气事件带来的石油供给中断。考虑到支持石油行业发展需要大量的石油储备，在石油储备基地投入智能化的石油运输设备和技术,推动建立安全高效的石油储备体系,并通过数据分析计算出最优的石油储备资源量。考虑到现有的石油储备制度可能存在的不足之处,可以通过石油系统大模型分析当地的石油需求、国际石油价格波动、国际货运能力、石油出口国的经济形势等多方面的影响因素,建立更加高效的石油储备管理制度。这不仅可以满足当地的能源供给,也可以降低储备资源的不必要损耗,从而提高石油行业发展的稳定性。

(3)新质生产力的应用可以推动石油产业转型升级,强化石油产业链韧性。"双碳"目标下,智能化技术的应用对于石油行业的产业转型意义重大。数字技术的应用降低了石油产业链的沟通成本,极大提高了各类型企业的信息共享效率,这有助于整合石油产业链资源,进而实现整个石油行业的技术创新和资源共享模式的构建,从而推动石油行业的转型升级。以智能化设备为代表的新质生产力可以提高石油行业的附加利润和竞争力,并且延伸现有的石油行业产业链条,推动石油行业转型升级。石油行业通过精准的数据分析和模型预测,可以实现对石油加工及运输过程的实时监控和精准调控,确保整个石油产业链的高效运行。通过在石油行业引入数字技术这种新质生产力,可以对石油行业各个发展环节及上下游链条进行智能化管理,这有助于降低产业面临的潜在风险。同时,以信息共享的方式推动更多的企业建立更加稳定的合作关系,提高石油产业链供应的韧性,降低石油价格波动等异常因素对石油行业整体收益的影响。最后,石油行业通过与其他能源行业的信息共享及技术合作,可以进一步提高相关产品的附加价值及市场占有率。

(4)新质生产力强调绿色发展理念,指导石油产业的可持续发展。

产能落后困扰石油行业可持续发展,通过数据分析对石油行业的摸排核查,对暂时不达标的企业进行技术改造升级,努力实现节能和效益的有效统一。大力推进石油用能优化,鼓励炼油企业采用先进的换热技术和蒸汽动力系统,减少炼油过程能量损失,有效利用石油炼化过程中所产生的废料,实现资源的高效利用。石油行业引入绿色智能设备,可以有效帮助企业在石油开发、加工、运输等过程中采用新能源。这不仅有助于降低煤炭消费的比例,也有助于促进可再生能源的消纳,减轻石油生产对环境的负面影响。此外,CCUS技术有助于降低石油行业的二氧化碳排放量,对应的二氧化碳智能监测技术可以指导炼油企业依法披露环境信息和碳减排计划,实现石油行业的可持续发展。

1.1.2 石油行业的发展现状

石油在中国能源消费中的比例仅次于煤炭,石油行业的稳定发展对于保障能源供给具有重要意义。在加快形成新质生产力的背景下,石油行业实现了稳步发展。根据国家统计局数据,2023年原油产量和进口量实现了双增长,石油产量为20891.5万吨,连续5年实现增长,其中海洋油气勘探开发力度增加。后疫情时代的经济复苏促使石油消费量呈现上升趋势,进口石油量为5.63亿吨,较上一年增长超过10%,主要是国际油价的下跌和经济复苏带来的石油需求增长,石油进口主要来自沙特、俄罗斯、伊拉克等国。如图1.2所示,中国石油进口量远远大于石油产量,中国仍是石油净进口国,石油对外依存度超过70%,石油供需安全形势严峻。

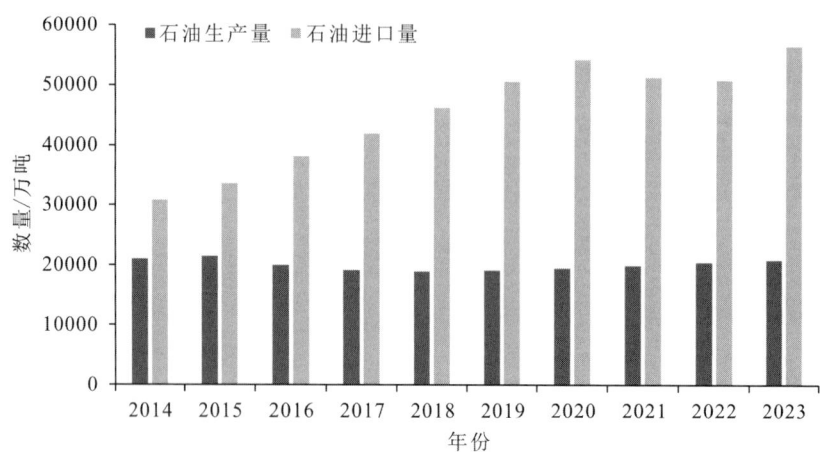

图 1.2　2014—2023 年中国石油生产和石油进口量

数据来源：国家统计局。

高对外依存度、"双碳"目标下的能源转型挑战、石油价格波动等因素使得中国石油行业面临诸多挑战。如何将新质生产力应用于石油行业，是石油行业应对这些挑战时需要解决的关键问题。特别是引入智能化设备、数字技术、石油炼化设备等新质生产力，对于解决石油行业面临的挑战意义重大。在此背景下，石油行业面临的挑战如下。

1. 错综复杂的国际局势导致中国石油进口不确定性增加

对于石油出口国而言，石油一直是地缘政治博弈的核心利益，部分石油出口国经常遭遇西方势力的干扰，影响其独立的石油出口政策。部分石油出口国国内局势动荡，长期处于各方势力争斗的状态，石油生产受到恐怖主义的威胁，导致中国的石油进口不稳定性因素增加。此外，俄乌冲突加剧了全球地缘政治的不确定性，一度引发国际石油价格上涨，中国作为石油进口国，不得不承担石油价格上涨带来的通货膨胀压力[1]。与此同时，全球性贸易保护主义逐渐兴起，部分国家开始质疑贸易全球化的效益，未来可能会限制重要资源的出口。

2. 石油供需矛盾日渐突出

一方面,中国部分油田开采已经步入中后期阶段,新油田的勘探、开采周期长,非常规油田页岩油的开采技术尚不完善,导致中国的石油产量短期内很难有大幅度的增长。另一方面,中国经济发展对于石油消费量的需求仍然较大。例如,基础设施建设及工业领域的发展对石油需求量都呈现出上涨趋势,从而导致中国的石油消费量呈现出明显的上涨趋势,而石油产量很难有大幅度增长,这就导致中国石油供需矛盾日益突出。

3. "双碳"目标带来的能源转型挑战

为实现"双碳"目标,中国能源消费结构面临深刻调整,即需要降低煤炭、石油等化石能源的比重。例如,随着新能源汽车的普及,交通行业对石油的需求量将呈现下滑趋势,工业领域和基础设施建设也将更多使用可再生能源,这意味着未来石油需求增速将放缓。为了减轻石油高对外依存度对中国经济的冲击,应当寻找更加多元化的能源供给,大力发展可再生能源,以减弱突发国际事件对中国能源的冲击。在实现碳减排的目标下,部分石油炼化项目面临关停的风险[2]。

4. 石油储备体系不完善,难以及时应对国际石油价格上涨带来的冲击

中国的石油储备能力与欧美国家之间存在一定的差距,早期规划的石油储备基地没有完全实现保障石油进口量的要求。石油储备基地大多集中在中国北方区域,这与石油消费区域存在冲突,储备管理体系的不完善导致其难以及时有效地利用石油储备资源。

1.1.3 新质生产力赋能石油行业高质量发展面临的挑战

如前所述,新质生产力对于促进石油行业发展具有重要影响。但是也应该注意到,由于石油行业的特殊性,长期以来形成的行业发展模式根深蒂固,导致新质生产力在石油行业的应用中存在一些挑战,具体如下。

1. 石油行业中,作为新质生产力关键因素的人才队伍建设滞后

不同于其他行业,石油行业难以吸引年轻人才流入,特别是石油勘探行业需要长期在户外艰苦环境中工作。叠加"双碳"目标背景下,石油行业未来在能源系统的重要性将呈现下滑趋势,行业发展前景不如从前。这导致石油行业在未来可能面临更为严重的人才流失,不利于形成石油行业高质量的新质生产力。此外,新质生产力中以人工智能为代表的高端技术应用,对石油从业人员的要求越来越高,一线的石油工人需要具备一定的专业知识,以掌握这些技术设备的应用。例如,在石油储备体系建设中,需要熟练掌握系统优化理论,对石油需求和石油消费情况有准确的了解和认知,这些都对专业的石油从业人员提出了更高的要求。为实现石油行业的碳减排目标,需要借助新质生产力,具有高科技特性的设备的运行和检修同样需要专业人才进行操作,这就对石油行业的人才队伍建设提出了更高的要求。这意味着亟须建设一支符合新质生产力内在要求的石油人才队伍,助力石油行业高质量发展。

2. 应用新质生产力会导致初期成本增加,石油行业面临经济性挑战

值得注意的是,新质生产力大规模应用于石油行业需要较大的成本投入[3]。例如,智能化的钻井和开采设备需要大量的资金投入,而现有的油田多数已经步入开采的中后期阶段,低碳背景下石油资源的开采面临严格的环境保护约束,未来的石油消费量在能源结构中的占比也将呈现下降趋势。然而,在石油行业投入如此多的资金进行设备换代升级，所获取的效益能否覆盖初期成本？出于这种考虑，部分企业望而却步。就消费侧而言，普通消费者能否接受由于智能设备引入带来的石油价格上涨值得考虑，对于价格敏感型消费者更是如此。对于企业而言，特别是石油炼化企业，引入智能化的石油炼化系统和设备同样需要投入大量的人力成本来熟悉新设备，这对于中小型炼化企业而言是难以承受的压力，也间接削弱了这些企业在国际市场的竞争力，不利于相关石化产品的出口。综上所述，亟须相关的资金和政策支持石油行业引入具有新质生产力特性的设备和技术，从而促进石油行业的高质量发展。

3. 石油行业针对如何应用新质生产力的政策和发展规划可能滞后

新质生产力在石油领域的应用涉及多个细分行业，而且与之对应的新兴技术不断出现，主管部门很难及时捕捉市场技术变化趋势，相对应的政策法规可能会滞后于市场发展进度。此外，由于现有的石油行业发展规划建立在原有生产力的基础上，很难有效预计市场形势的迅猛变化，这就导致新质生产力在石油行业的应用缺乏与之对应的监管体系，进而无法有效评估新质生产力应用带来的风险对石油行业的冲击，从而对石油行业的正常运行造成一定的负面影响。石油行业的上、中、下游涉及多个利益主体，不同利益主体之间存在一定的冲突，对于石油行业应用新质生产力政策的出台及运行存在争议，这在一定程度上导致政策难以及时落地。如果大数据及人工智能技术大范围应用于石油行业，行业发展的数据业务量将大幅增长。现有的监管部门可能缺乏足够的监管手段，部分不合理的监管措施可能会限制企业将新兴技术应用于石油行业，这些都会导致新质生产力与石油行业发展之间部分监管领域存在空白，如新质生产力引起石油行业变革，传统的监管方式不再适用。

4. 新质生产力倡导可持续发展理念,石油行业的环境保护面临更高标准

石油作为传统化石能源,是能源系统碳排放大户。在"双碳"目标背景下,石油行业实现碳中和对于整体二氧化碳净零排放至关重要[4]。此外,石油在开采、加工及消费过程中也不可避免地会对环境产生负面影响。例如,海上石油勘探技术逐渐成熟,若一旦发生海上油井泄漏事故,将对周边环境造成严重的负面影响,与新质生产力所蕴含的环境保护和可持续发展理念冲突。石油行业是实现碳中和目标的关键行业,而石油行业发展过程中将产生大量的二氧化碳,要想将新质生产力应用于保障能源安全过程中,就亟须解决绿色发展与石油行业的环境污染之间的冲突。石油炼化过程中不仅会产生大量废水,而且会造成水资源的不合理使用,如何高效利用水资源并且处理相关的废水,对于石油行业新质生产力发展的绿色可持续发展理念至关重要。综上所述,新质生产力倡导的可持续发展理念,与石油行业现有的发展状况之间存在冲突。

5. 石油行业处于转型阵痛期,部分企业面临关停压力

石油行业的开采、炼化、运输等技术基本成熟,新质生产力应用于石油行业面临一定的技术挑战。这意味着石油行业面临深刻的转型升级压力,传统的石油企业发展模式需要及时改变,并评估相关技术及盈利模式的可行性。石油行业是重要的能源行业之一,相关企业在市场中占据较高的份额并具有较强的盈利能力。引入新质生产力进行石油行业转型,意味着这些企业的盈利模式需要做相应调整,相关的技术业务也需要及时改变,会对石油企业的正常运营造成严重的负面影响,部分中小企业可能难以继续经营,面临关停的风险,行业格局面临深刻调整。为了适应新质生产力与石油行业的融合,相关的政策需要及时调整,减轻政策改变对企业的投资计划、运营生产和市场业务扩张的影响。为了适应这些政策法规的变化,石油企业也需要增加相应的合规成本。此外,新质生产力引导石油行业进行的转型升级或将影响企业的正常经营,部分企业员工将面临下岗压力,妥善安置这些员工就成为企业发展过程中亟须解决的问题。

1.1.4 新质生产力赋能石油行业高质量发展的政策建议

考虑到石油在经济发展中具有重要影响,保障石油高质量发展对于稳定经济和实现"双碳"目标具有重要意义。新质生产力引领的技术创新和产业转型升级,对于石油行业高质量发展至关重要。鉴于此,为了更好地促进新质生产力赋能石油行业高质量发展,本节提出如下政策建议。

1. 加强石油行业人才队伍建设,提高行业人才竞争力

首先,完善人才队伍培养机制。石油企业与高校、科研机构进行人才培养合作,搭建产学研平台以便人才队伍培养,提高石油行业人才队伍的素质使其跃升为新质生产力。其次,建立完备的石油行业人才晋升机制。石油行业针对企业发展规划和市场形势,引入专业的培训,帮助石油行业人才队伍及时了解相关技术和市场发展形势,同时建立人才晋升机制。最后,借鉴其他行业建设人才队伍的经验,多个行业进行人才建设交流,进而掌握新质生产力的新技术、新理念,推动人才队伍的更新换代,营造出积极向上的人才培养氛围,从而为保障石油行业高质量发展提供人才支持。

2. 给予石油行业相对应的资金支持,鼓励企业开展新质生产力应用

新质生产力相关的技术运用需要大量的资金支持,仅仅依靠企业自有资金可能难以支撑大规模的技术升级和设备更换。政府部门可以出台多项政策鼓励企业发展新质生产力。例如,石油企业所在地的政府部门可以设立相关的新质生产力专项发展基金,给予相关的石油企业资金支持。新质生产力带来的转型升级可能导致企业面临严重的财务约束,银行部门不应以石油企业当前的经营状况决定是否进行贷款,应综合考虑应用新质生产力对于企业未来收入的影响,并给予相关企业一定的资金支持,如低息贷款,从而帮助石油企业发展新质生产力。同时,鼓励符合相关条件的石油企业进行融资业务。结合新质生产力未来可能给石油行业带来的巨大效益,相关石油企业可以前往资本市场开展融资,并且对这些企业的融资业务予以一定的支持,进而帮助石油企业获得发展新质生产力所需要的资金支持,尽快形成石油行业的新质生产力,推动石油行业的长期高质量发展。

3. 及时调整石油行业监管政策及发展规划

石油行业监管政策将明确新质生产力与石油行业相结合的边界,清晰的发展规划是新质生产力应用于石油行业的方向。政府部门应明晰新质生产力对石油行业带来的变革,并且评估这些变革可能产生的后续影响,以此对现有的政策和发展规划进行调整。考虑到一线员工操作不熟练、新设备故障率高等问题可能会给新质生产力在石油行业的发展带来困境,监管政策应高度重视石油行业的安全生产,组织石油行业员工参与新质生产力相关培训,及时掌握复杂设备的操作方法。结合"双碳"目标及石油行业发展现状,考虑到新质生产力对石油行业的潜在影响,应及时制定调整石油行业新质生产力发展规划,以此确保石油行业相关的

第1章 传统能源优化：新质生产力的绿色路径

政策与发展速度相匹配。

4. 结合新质生产力带来的绿色技术创新，推动石油行业低碳发展

石油行业在与新质生产力相结合的过程中，始终坚持绿色低碳发展理念，在石油行业上、中、下游链条中，严格落实绿色发展理念，采用低碳环保的生产设备，以此降低石油行业与新质生产力的结合对环境的负面影响。同时，加强石油行业的绿色监督管理，避免出现较大规模的石油环境污染事件，从而在保障石油行业低碳发展的同时，推进新质生产力在石油行业的应用，最终实现新质生产力赋能中国石油行业高质量发展。

1.2 煤电产业

在中国，煤电作为能源系统的重要组成部分，历来扮演着举足轻重的角色。在碳中和目标提出后，构建新型电力系统这一内在要求也对煤电提出了转型升级的新要求，同时这也符合新质生产力通过创新技术、创新发展路径、创新商业模式等推动传统产业转型升级的发展主旨。在大力发展新质生产力的背景下，中国的煤电产业与新质生产力存在着相互作用。一方面，中国的煤电产业能够从多个角度为发展新质生产力提供着力点和实践指引。另一方面，新质生产力的发展理念从理论基础和实践道路上指导着煤电行业转型升级的方向。这意味着煤电产业在转型升级的过程中，既要清晰把握产业发展现状，根据新质生产力发展需求和方向抓住产业转型升级的机遇，又要做好准备，应对转型升级过程中可能面临的挑战，从技术、市场、产业协同等多个角度出发，推动自身转型升级进程，加快形成新质生产力。

1.2.1 煤电产业中的新质生产力着力点

新质生产力是创新起主导作用，摆脱传统经济增长方式、生产力发展路径，具有高科技、高效能、高质量特征，符合新发展理念的先进生产力质态。新质生产力作为先进生产力的具体体现形式，是马克思主义生产力理论的中国创新和实践，是科技创新交叉融合突破所产生的根本性成果[5][6]。新质生产力能够通过其理论引导作用指引中国各行各业尽快由传统发展模式转向新的创新主导、面向未来的发展模式。煤电作为重要的传统能源行业，也需要新质生产力的指引。这有助于该传统行业在"碳中和"目标下实现产业的转型升级，并继续在新型能源系统中发挥重要作用。

在中国的经济发展历程下，煤电产业为经济迅速增长提供了稳定充足的能源供应。[7]中国立足于丰富的煤炭资源禀赋和先进的煤电机组技术，推动了这一发电模式的因地制宜与广泛分布。在以煤为主的发电模式下，低价且稳定的电力供应既意味着经济效益，也意味着社会效益。其后，由于中国的大国责任感与人民环保意识的增强，中国因时制宜地提出了"碳中和"目标，这带来了碳排放的约束，也意味着煤电注定要调整其发展道路，逐渐退出主力发电角色，寻求转型出路。[8]而新质生产力的理论内涵和指导方向给煤电的转型升级提供了新的有力的引领，从技术创新、机制改革、产业协同这三个维度为煤电产业提供了出路和发展方向。

1. 新质生产力为煤电的技术创新指明了方向

新质生产力的本质是先进生产力，提倡不断推动科技创新，提高产业技术水平，用新技术带动产业向前发展。对煤电产业而言，煤电可以在新质生产力引领下从多个方面推进技术创新,为产业转型升级创造更多可能性。煤电可以进一步提高效率,降低煤耗,同时进一步降低排放水平,在运行方面采取多种灵活性改造措施,提升煤电变负荷运行能力。新质生产力引领下的技术创新,有助于将煤电从传统的高排放稳定供电电源转变为低排放灵活调整电源,为煤电产业转型升级指明了新的方向。

2. 新质生产力为煤电的机制改革开拓了道路

新质生产力提倡摆脱传统发展路径,为产业寻找新的高效运营模式和发展路径。对煤电产业而言,其传统的按发电量营收的运营模式也将在新质生产力引领下转向由电力现货交易、电力辅助服务市场、容量市场等多重市场协同的运营机制。随着煤电逐渐向灵活电源和备份电源转型,煤电参与调峰调频等辅助服务的相关补偿措施日渐完善,煤电容量电价机制也已经在全国推行,电力市场化改革也在不断深入,在新质生产力引导下的煤电将会逐渐建立更符合新型能源系统要求的高效运营机制。

3. 新质生产力为煤电的产业协同提供了机遇

新质生产力支持新技术的融合应用,新技术与传统产业结合激发新的生产力和活力。煤电产业作为传统能源产业,能够在新质生产力引领下与新能源技术、碳捕获与封存技术、人工智能数字技术等新兴技术相结合,为产业注入新鲜血液,迸发新活力。煤电与风电光伏等可再生发电及储能等新能源技术耦合供电,能够综合发挥各类发电方式的优势,规避弱势,提高新型电力系统整体电源性能;煤电与CCUS(碳捕获利用及封存)等负碳技术相结合,能够解决煤电的碳排放约束问题,为煤电在碳中和目标框架下寻找新的发展空间,让煤电再次焕发活力;煤电与人工智能、物联网、智能电网等新兴数字技术相结合,能够提高煤电整体调节能力,提高煤电参与电网负荷平衡的效率。

综上所述,新质生产力为煤电行业转型升级提供了指导遵循,煤电行业为新质生产力的现实发展提供了实践对象。一方面,煤电行业需要新质生产力的引导。从供电为主到灵活调峰、从底层技术到上层机制、从内部优化到产业协同,新质生产力从发展方向和"绿色"底色为其指明了方向。另一方面,煤电行业既是中国能源系统的重要支柱,又是典型的传统产业。对煤炭产业进行扬弃发展、推动形成产业新质态,将深化新质生产力的内涵、扩展新质生产力的实践经验。煤电产业与新质生产力的逻辑关系如图1.3所示。

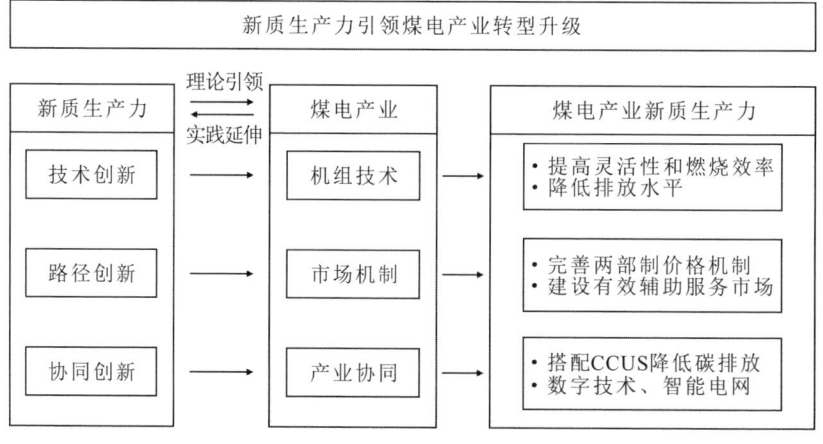

图1.3 煤电产业与新质生产力的逻辑关系

1.2.2　中国煤电产业的发展现状

在中国经济的快速发展阶段,煤电为中国的经济腾飞提供了稳定充足的电力支持,一直以来煤电在中国电力供给结构中都占据核心位置。近年来风电光伏为代表的可再生能源增长迅速,煤电装机量占比首次低于50%。但从实际发电量来看,煤电仍然提供大部分电力供给,其在电力供给侧的地位短时间内仍然难以动摇。在碳中和目标及新质生产力发展指引下,煤电需要尽快推动产业转型升级,以当前大规模先进机组为基础,将煤电逐渐转型为灵活电源、备份电源,由主力供电角色逐渐转为灵活调节角色和备份保障角色。

当前中国煤电发展现状可以从技术角度和市场角度来分析。技术方面,中国煤电整体煤耗及排放水平都处于国际领先水平,新质生产力引领下的煤电正向着更高的能耗和排放标准前进,同时与新兴技术结合,如储能、CCUS等新能源和负碳技术的结合,也已经在很多煤电站开始试点,中国煤电机组规模大,服役年限短,未来仍然有较大的出力潜力。市场方面,中国煤电当前已经开始由单一电价体制向两部制电价改革,容量电价机制已经在全国布局,同时电力市场化改革也在持续推进,煤电的市场运行机制正在向更加多样化的方向转型,在新质生产力的引领下为煤电赋予新的发展动力。

1. 中国煤电整体规模及技术水平

如图1.4所示,2023年中国煤电发电量占比为57.9%,相较于往年虽略有下降,但实际发电量仍然逐年增长,且随着风电和光伏这两种发电方式所带来的电力占比急速提升,这些发电方式给电网造成的不稳定性和与之对应的供应风险也更凸显出煤电的重要性,各地煤电装机仍然在逐年增长,2023年达到39.9%。

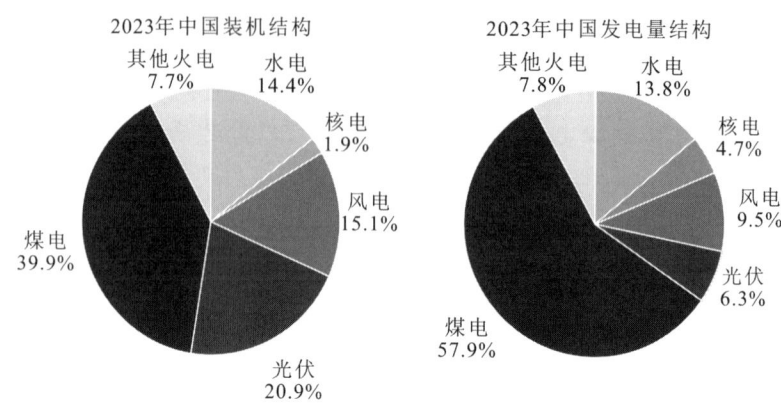

图 1.4 中国电力供给结构

数据来源:国家统计局、中国电力企业联合会。

从煤电机组技术水平来看,中国煤电机组中超临界和超超临界机组已经成为煤电主流,平均度电煤耗有望降低至 300 克,煤电尾气脱硫脱硝标准领先世界,整体而言,中国的煤电机组在清洁高效方面仍在不断精益求精。从机组服役年限来看,中国大部分省份煤电机组都以年轻机组为主,全国机组平均服役年限不足 15 年。根据国内外经验,结合国内机组高技术水平来看,煤电机组使用寿命能够轻易达到 40~60 年,中国的煤电机组整体非常年轻,在新质生产力的引领下,通过转型升级,具有较大的发展潜力。

在发展新型技术及产业协同方面,煤电也具有广阔的新质生产力发展前景。煤电灵活性改造是通过技术改造提高煤电灵活性,让煤电能够以更小的损耗变负荷运行,能够以更低的负荷水平稳定运行,目前国内灵活性改造技术已经较为成熟,也已经在很多地区开始逐步推行,可以预见,随着技术的进一步发展及成本的下降,灵活性改造将会成为煤电产业发展的一个大趋势;[9] CCUS 技术近年来也正在引起越来越多的关注,煤电搭配 CCUS 的组合能够解决煤电的碳排放问题,让煤电能够在碳中和的约束下继续参与发电工作,为煤电未来的转型发展提供更多可能性。当前国内已经有相关的煤电搭配CCUS的试点项目,"煤电＋CCUS"正在成为新质生产力在煤电产业的一个发展着力点;煤电与可再生发电方式、储能等新型能源技术以及人工智能等数字技术的耦合也是当前电力系统转型的一项热点,风电光伏等可再生发电方式虽然清洁,但因受天气影响较大,出力很不稳定,煤电发电方式虽然碳排放较高,但出力可控性高,再结合储能及智能电网等调控手段,能够让新型能源系统整体运行更加高效可靠,[10]目前中国煤电产业也已经开始在研究阶段推进煤电与其他发电方式及新技术的耦合。

2. 中国煤电市场机制及上下游产业

针对煤电的价格机制目前已经开始向多样化的组合价格机制发展,2023年11月10日,国家发展改革委、国家能源局发布《关于建立煤电容量电价机制的通知》(发改价格〔2023〕1501号),明确自2024年1月1日起建立煤电容量电价机制,对煤电实行两部制电价政策。煤电容量电价政策的出台丰富了煤电收入来源,为煤电向系统调节电源和保障性电源转型提供了动力。在容量电价的加持下,煤电改变了传统仅依靠电量价格获取收入的单一价格机制,发电企业能够在年运行小时数逐渐走低的形势下保证成本回收和正常运营。同时,辅助服务市场针对煤电参与调峰调频等辅助服务的补偿价格机制也在逐渐完善,基于电量价格和里程价格的辅助服务价格能够进一步为煤电在新质生产力引领下的转型升级提供空间和动力。在电力现货市场,随着电力市场化改革的深入,长协价格、日前价格、实时价格等不同电量电价机制也在逐步探索中,届时将进一步提升煤电在电力市场的竞争力。

煤电当前的市场运营模式主要还是以出售发电电量为主,且很大部分是长协电价,这使得煤电产业对上游煤炭价格和下游售电价格的议价能力有限。近年来,随着容量电价的推出和辅助服务市场的完善,煤电有望能够参与容量市场,参与调峰调频服务等多种市场,丰富其商业运行模式,提高煤电在市场中的竞争力和议价能力[11]。中国煤电产业主要由国企控制,这使得煤电产业能够有效响应国家政策,跟随新质生产力引领开启转型升级道路,这是中国煤电产业市场运营机制转型升级的优势。

从上下游产业来看,煤电上游的煤炭产业在中国具有较大规模,资源丰富,产能充沛,虽然近年来受环保目标影响产能控制较为严格,但随着煤电发电需求的增加,煤炭产能也在逐步放开。与之同步的是持续的煤炭产能优化升级,煤电产业正在面临一个逐渐优化的上游煤炭产业,这给煤电产业的转型升级带来极大的便利;煤电产业下游的电网及用户侧当前正逐渐由传统的统一定价机制向更丰富的市场定价机制转变,电网在朝着智能化方向发展,售电公司和用户侧电力交易的逐步探索也正为煤电的下游经营打开更宽广的道路。

1.2.3 煤电转型升级的机遇与挑战

对传统产业进行转型升级是发展新质生产力的内在要求,这将给煤电行业带来新的挑战和机遇。[12]作为重要的传统能源产业,煤电在保障国民经济正常运行方面至关重要,煤电产业需要在新质生产力的引领下,既要抓住转型升级过程中新的发展机遇,又要迎接各方面挑战。这既将有助于煤电行业发展新技术、探索新运营模式、尝试新发展道路,又将有助于发挥新质生产力的优越性和引领作用,低成本、高效地完成碳中和目标下的产业转型升级,形成新兴产业关系[13]。

1. 新质生产力在煤电产业的发展方向

在煤电产业转型升级进程中需要寻找符合新质生产力发展方向的着力点,在新质生产力的引领下,通过创新技术或创新体制,可以真正实现煤电产业在新时代的新质生产力迸发,从而以较低的转型成本实现高效率高质量的煤电转型升级,保障新型电力系统的建设进程,延展新质生产力的发展方向。

技术方面,煤电首先可以在传统燃烧技术和燃烧前后处理技术方面精益求精,进一步降低燃料消耗,提高燃烧效率,同时降低排放水平,降低运维成本,通过自身的降本增效为煤电产业转型升级提供更大空间;煤电可以通过灵活性改造提高自身变负荷运行能力,将煤电由稳定发电电源转型为灵活调节电源,为煤电寻求更多运营策略可能性[14];煤电可以通过与CCUS、储能等新技术的配合,提升自身运行灵活性的同时降低碳排放,让煤电在碳中和目标的约束下保持在电力市场中的竞争力;煤电也可以与人工智能等数字技术相结合,通过智能控制系统提升运行效率,增强可控性和可调节性等。

市场方面,电量市场煤电产业将会寻求更能反映煤电价值的价格机制及运营方式,随着可再生发电占比的增加,煤电作为稳定可靠的发电方式,其电量价值具有增长趋势,煤电在保证基本电力供给的长期协议电价和应对电力负荷波动的日前及实时电价都有望拥有更高的议价能力;容量市场中,一方面,煤电容量电价政策的出台让煤电产业能够在年运行小时数逐渐下降的背景下增加成本回收途径,另一方面,煤电在经过灵活性改造或搭配储能后,也能更多地参与到容量租赁等容量市场交易中,丰富自身运营选择;辅助服务市场中,煤电将逐渐将其定位由主力发电转向调节电源和备份电源,煤电参与调峰调频等辅助服务将会逐渐成为煤电的重要运营模式,辅助服务市场的完善将会为煤电带来发展新质生产力的新机遇;随着绿证绿电及碳交易等新兴市场的建设和完善,以及碳税碳配额等机制的探索,煤电产业在实现碳中和的过程中也有望通过参与新型绿色市场获得新的发展机遇。

2. 煤电转型升级技术机遇与挑战

发展新质生产力要求煤电产业自身通过不断的创新实现产业升级,这对发展新质生产力和实现碳中和目标背景下的煤电产业来说,可以进一步提高燃烧效率,降低运维成本,降低排放水平,在建设新型电力系统过程中为煤电带来更充裕的发挥空间,成为新质生产力引领煤电产业发展的一个着力点。这对煤电产业来说既是机遇也是挑战,目前国内煤电机组各项技术水平已经处于世界领先水平,进一步的科研创新必将面临边际研发成本的上涨和边际收益的下降,煤电产业需要在新质生产力的引领下寻找新的科技研发及创新模式,聚合先进研发手段,集中顶尖研发力量,探索精准高效的科研创新道路,在不断提高煤电各项技术水平的同时保证研发投入能够物有所值。

灵活性改造能够为煤电开辟新的运营模式,让煤电转型为灵活电源形成保障新型电力系统安全稳定供给的新质生产力[15]。碳中和目标下电力系统需要增加风电光伏等可再生发电的占比,煤电作为高排放传统化石能源,其发电占比必将逐渐下降,但由于风电光伏等可再生发电方式出力不稳定,新型电力系统中仍然需要煤电这类稳定电源保障电力供给,同时也需要调节性可控性较强的灵活电源,平衡不断增长的电力需求和愈加不稳定的电力供给[16]。煤电灵活性改造能够对中国现有的大量先进年轻煤电机组实现升级和再利用,将煤电转型为能够为新型电力系统提供灵活性支持和备份保障的电源,帮助煤电在碳中和进程中形成新质生产力,灵活性改造将会是煤电在发展新质生产力过程中的重要机遇。

而煤电灵活性改造也面临着各方面的挑战技术方面,目前灵活性改造技术已经较为成熟,未来能否进一步提高灵活性改造技术水平,纵向上进一步提高变负荷能力,降低最低负荷水平,横向上针对不同类型机组给出差异化方案,降低成本,这些都对灵活性改造相关的科研工作提出了挑战;市场方面,灵活性改造成本该如何分摊,煤电产业灵活性改造的成本收益表现如何准确评价,经过灵活性改造的煤电如何通过市场运营和价格机制收回成本,这些都需要产业的探索和政策及制度的完善,良好的经济性表现才是灵活性改造能够帮助煤电形成新质生产力的基础。

煤电产业还能与多种新兴技术协同发展,通过科技创新和产业融合形成新质生产力。CCUS 技术提供了碳排放的解决方案,煤电和 CCUS 相结合,能够在很大程度上解决煤电的碳排放问题,让煤电在满足碳排放约束的条件下继续参与电力生产,大大扩展了煤电的生存空间。储能搭配煤电能够进一步提高煤电的灵活性,再加上人工智能等数字技术对煤电控制系统的提升,煤电能够更轻松地实现煤电向灵活电源的转型升级。在与 CCUS、储能及数字技术相结合的过程中也同样存在着各方面的挑战。CCUS 技术目前尚处于试点阶段,大规模部署 CCUS 是否在技术和经济上可行?与煤电配合时如何分担成本?市场运营中需要哪些利益相关者参与各个环节的交易结算?行业运营的标准规范及监管法规如何完善?等等这些问题都亟待解决。与此同时,煤电搭配 CCUS 仍然处于初期探索阶段,缺乏明晰的发展道路。储能和数字技术方面,储能搭配煤电与储能搭配新能源如何比较?煤电在搭配储能方面是否具有竞争力？数字技术究竟能为煤电产业带来多少实际的帮助和提升？是否值得为相关研发进行大量投入？相关的行业标准如何制定？这些问题都是煤电与储能及数字技术相结合过程中需要解决的问题。

3. 煤电转型升级市场机遇与挑战

在电量市场中，随着电力市场化改革的深入，多样化的电量市场将为煤电产业带来新的机遇。若电力市场能够建立有效的市场化定价体系，则煤电作为稳定可靠的电力供给，其价值将会随着可再生发电占比的增加而提高，在电力市场中也将有更强的议价能力，煤电能够通过长协电价、日前电价、实时电价等多种价格组合提高自身竞争能力。电力市场的市场化改革也一直面临着很大挑战，定价权应当如何在供需方平衡，如何保障国家和政府对能源价格的管控能力，同时还要确保市场能够有效发挥作用，在发展煤电产业新质生产力的过程中同样需要考虑如何建立长期有效的电量市场机制。

在容量市场中，容量电价在全国的推行为煤电两部制电价拉开了序幕，一方面煤电能够通过容量电价回收一部分固定成本，降低运营压力，另一方面也说明煤电的备用价值已经得到认可。随着容量市场的发展，煤电在能够根据自身装机容量获得一定补偿价格的同时，也有望参与到容量租赁等市场交易中，进一步发挥自身备份价值，为转型升级创造更多可能性。容量市场的建设也要解决各方面的挑战，容量电价机制的推出只是开始，"一刀切"的定价方案是难以持续发展的，接下来，如何完善定价机制、如何衡量不同机组的各项指标、如何根据不同机组的具体情况给予合适的定价方案，等等这些都需要足够的考虑和研究。容量电价的支出在哪里摊销？如何在容量电价结算过程中保证成本准确摊销？结算过程的监管体制和制度规范怎样完善？这些也都需要在发展新质生产力的过程中，由煤电产业和政府部门及科研机构共同努力解决。

在辅助服务市场中，经过灵活性改造或搭配储能的煤电能够作为灵活电源参与电网调峰调频等辅助服务，通过辅助服务市场拓宽收入来源，同时也为新型电力系统建设提供保障服务。随着风电、光伏等不稳定的清洁发电的增加，会使电网的供给负荷越来越不稳定。与此同时，伴随着越来越高的电力需求，电网对辅助服务的需求也会越来越迫切。煤电依托全国范围内广泛的部署，能够在提高灵活性后参与辅助服务，这是新质生产力引领煤电转型升级的一个主要方向。在建设辅助服务市场时，需要考虑如何准确衡量各类灵活电源的实际价值，还要根据不同的碳中和进度调整定价策略，实现辅助服务市场机制的可持续运行。对煤电而言，参与辅助服务市场也需要找到自身相比储能等灵活电源的竞争优势，探索适合自身的市场运营机制。

1.2.4 新质生产力引领煤电产业转型升级的政策建议

新质生产力是经济高质量发展的内在要求和重要着力点，煤电产业作为中国重要的基础能源产业，更需要在新质生产力的引领下推动产业转型升级，在迈向碳中和的进程中寻求新的发展道路，在保证产业生存的基础上继续"发光发热"。新质生产力引领煤电产业转型升级需要产业从业群体和相关政府部门等共同努力，在新质生产力的指引下，开辟创新道路，提供转型动力，共同保障新型电力系统建设，推动煤电产业新质生产力的形成。

(1) 尽快推动大范围的煤电灵活性改造，持续支持煤电产业自身技术创新,助力煤电降本增效,引导煤电向灵活电源转型。煤电的灵活性改造能够为煤电产业在碳中和的背景下拓展生存空间,寻求新的运营模式,煤电产业自身应当积极开展灵活性改造相关科研及实践,尽快形成成熟的煤电灵活性改造模式,通过科技创新推动煤电产业形成新质生产力。相关政府部门应当通过下达指标、上网及考核优惠、直接补贴等方式引导推动煤电产业部署灵活性改造,通过政策导向及补贴激励推动煤电产业转型。

(2)重视CCUS等新兴技术,探索煤电与CCUS、储能、人工智能等协同发展的技术及经济可行性,通过产业协同为发展新质生产力提供动能。煤电产业要积极与新兴技术产业交流,寻求协同发展的合作机遇,主动开展产业协同运营的相关研究和实践尝试,通过新技术为传统煤电产业注入活力。相关政府部门要积极整合资源,调动各个行业及部门进行相互交流与合作,同时出台产业协同相关的优惠鼓励政策,发挥政府的引导作用,推动传统煤电产业与新兴的CCUS、储能及人工智能等技术探索合作运营模式,通过产业协同发挥新质生产力的优越性。

(3)进一步完善煤电电价体制,在新质生产力引导下进一步推进电力市场化改革,通过电量市场、容量市场、辅助服务市场等多种市场机制丰富煤电运行方案,通过市场力量调控煤电产业及整个电力系统发展新质生产力。煤电产业应当积极探索煤电在不同市场中的优化运行方案,寻求最优的组合市场运营策略,提高自身对市场的适应能力。相关政府部门应当着力推动不同电力市场建设,推动价格体制的落实和完善,建立长期可靠的监管机制,发挥政府部门对市场的管控作用,用市场机制推动新质生产力在煤电产业中的发展,助力煤电转型升级进程。

1.3 水电行业

作为引领经济高质量增长、实现绿色可持续发展的重要引擎,新质生产力强调了加快发展方式绿色转型的迫切性和深远意义[17]-[20]。在这一理念的指引下,中国的传统产业正面临着深刻的变革与升级挑战。水电产业作为中国传统能源行业的重要组成部分,其转型升级对于促进新质生产力的发展具有不可替代的战略意义。

过去几十年,中国政府出台了一系列支持水电产业发展的政策,促进了水电产业的快速发展。这些政策的实施为水电产业提供了良好的政策环境和发展条件。如今,中国已成为全球最大的水电发电国[21],拥有丰富的水资源和庞大的水电项目,为新质生产力的发展奠定了坚实的基础。然而,面对新时代的需求和挑战,水电行业也面临着诸多困境。水资源分布不均与开发利用难度较大、环境制约因素较多、市场机制不完善、技术创新与产业升级压力较大、社会接受度与公众参与问题等困境都亟待解决。随着国家能源战略的调整和新能源政策的推动,水电产业迎来关键转型升级期。水电行业的传统发展方式已难以适应新质生产力的发展要求,必须加快转型步伐。因此,通过分析水电产业在新质生产力发展进程中的关键作用,深入探究中国水电行业的发展现状与挑战,并提出针对性的政策建议,对于推动中国水电行业的转型升级、夯实新质生产力基础具有至关重要的作用。

1.3.1 水电行业与新质生产力发展的互动关系

图 1.11 总结了水电产业发展与新质生产力的互动关系。水电产

业作为重要的清洁能源和调节性资源,其发展有助于推动新质生产力的形成和壮大。与此同时,新质生产力作为现代经济发展的重要引擎,为水电产业的转型升级提供了强大的动力。水电行业与新质生产力的逻辑关系如图1.5所示。

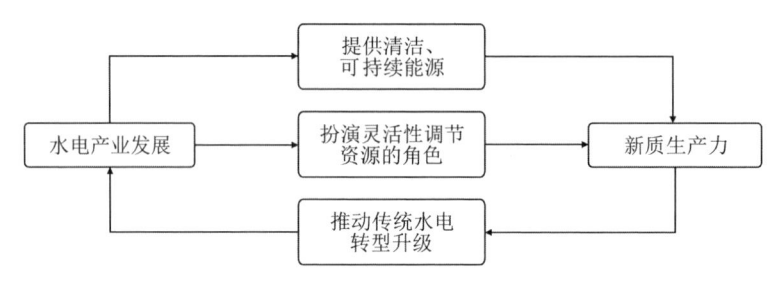

图1.5　水电行业与新质生产力的逻辑关系图

首先,水电产业的发展为新质生产力提供了清洁、可持续的能源支撑。新质生产力强调绿色、高效和可持续发展。水电作为清洁、低碳、可再生的能源形式,与新质生产力理念高度契合。它不仅能够满足社会对清洁能源的日益增长需求,还能有效减少对传统能源的依赖,推动能源结构的优化和升级。大规模开发水电资源,可以为经济社会发展提供稳定、可靠的清洁能源支持,促进新质生产力的快速发展。

其次,为适应新质生产力的发展要求,水电不仅需要承担"电能供应者"的任务,更需深度挖掘其在电力系统中作为"灵活性调节资源"的关键作用[22]。随着风电、光伏等新能源大规模并网,电力系统的稳定运行面临着巨大挑战[22]。新能源发电具有间歇性和不稳定性,给电力系统的供需平衡带来了很大压力。水电作为一种具备出色调节能力的能源形式,不仅能够灵活调节发电量以满足电力系统的需求,还可以作为备用能源在系统紧急情况下发挥重要作用,保障电力系统的安全稳定运行。因此,水电作为"灵活性调节资源",对于推动电力系统新质生产力的发展具有重要作用。

此外,新质生产力的发展对水电产业的转型升级提出了更为迫切的需求。新质生产力强调技术创新、高效利用和可持续发展,这要求水电产业在保持传统优势的基础上,不断引进新技术、新工艺,加快转型升级的步伐。水电产业的转型升级不仅有助于提高水电站的运行效率和管理水平,还为水电产业的可持续发展提供了强大的技术支持。

1.3.2 中国水电行业的发展现状

1. 水电行业规模与布局现状

在中共中央政治局第十一次集体学习中,习近平总书记提出:"绿色发展是高质量发展的底色,新质生产力本身就是绿色生产力。"水电作为典型的绿色能源形式,在中国的能源结构中具有举足轻重的作用。它不仅为电力供应提供了保障,而且也为能源绿色转型和经济可持续发展做出了很大贡献。规模方面:表1.1总结了2013—2023年中国水电装机容量。受限于可开发的水电资源日益减少,近年来中国水电装机规模一直保持缓慢增长状态。虽然增长速度有所下降,但中国水电的装机容量依然位居全球首位[21]。在布局方面:中国水电产业呈现出区域化、流域化的特点[23]。四川、云南等水力资源丰富的地区是中国水电产业的主要集聚地。例如,四川和云南在2023年的水电装机容量分别为9759万千瓦和8143万千瓦,占全国水电总装机容量的23.2%和19.3%。它们的水力发电量分别达到了3583.3亿千瓦·时和3198.2亿千瓦·时,占全国水电总发电量的27.9%和24.9%①。

---

① 数据来源:https://caifuhao.eastmoney.com/news/20240318150913783027330。

表1.1 2013—2023年中国水电装机容量

年份	2013	2014	2015	2016	2017	2018	2019	2020	2021	2022	2023
装机容量/万千瓦	28002	30183	31937	33211	34119	35226	35640	37016	39092	41350	42154
增速/%	12.50	7.79	5.81	3.99	2.73	3.24	1.18	3.86	5.61	5.78	1.94

数据来源：国家统计局。

(2)中国水电产业链发展现状

产业链转型升级是夯实新质生产力基础的关键。如图1.6所示，中国水电产业链是一个涵盖多个环节的复杂系统，每个环节都紧密相连，共同构成了水电产业链的整体，而每一个环节的发展都对于整个产业链的转型升级至关重要。在上游环节，水电产业链主要涉及建筑材料和机电设备的生产。这些材料和设备是水电工程建设的基础，包括水泥、钢材、土石等建筑材料，以及水轮机、发电机、变压器等机电设备。这些上游产业的健康发展，为水电工程的建设提供了有力保障。中游环节则是水电产业链的核心，主要包括水工建筑物的建设和水电站的运营。水工建筑物如水坝、闸门等，是水电站的重要组成部分，其建设质量和安全性能直接关系到水电站的正常运行。水电站则根据不同的类型，如坝后式、引水式，以及抽水蓄能式等，发挥着不同的功能，以满足不同区域的电力需求。在下游环节，水电产业链主要涉及电力的输送和终端应用。水电站产生的电力需要通过输配电网络进行传输才能到达最终的用电领域。这些用电领域包括工业、商业和居民用电等，覆盖了社会的各个方面。因此，下游环节的发展状况直接影响到水电产业的经济效益和社会效益。

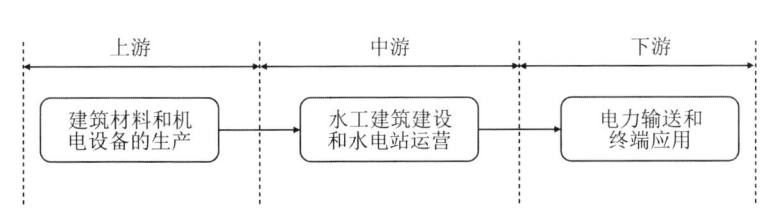

```
上游            中游            下游
建筑材料和机    水工建筑建设    电力输送和
电设备的生产    和水电站运营    终端应用
```

图1.6 中国水电产业链

1.3.3 新质生产力视角下中国水电行业发展面临的挑战

为了推动新质生产力发展，需要壮大绿色能源产业，构建绿色低碳循环经济体系。作为绿色能源产业的典型代表，水电以其绿色低碳、可再生的特性成为新质生产力发展中的重要组成部分。然而，为了进一步夯实水电新质生产力的基础，中国水电产业还需应对多方面的严峻挑战：

(1)中国水电资源分布不均，开发利用难度较大，制约了水电新质生产力的发展潜力。资源要素的合理配置是实现新质生产力的关键。目前，中国水电发展同时面临着资源分布不均和开发利用难度较大的困境[24]。首先，水电站的选址需要综合考虑地质、气象、水文等多方面因素，以确保工程的安全稳定。中国的水电资源主要集中在西部地区的江河，如长江、黄河、雅鲁藏布江等，这些地区地势高差大，水能资源丰富。然而，这些地区的自然环境恶劣，地质条件复杂，交通不便，给水电站的选址、建设和运营管理都带来了极大的困难[25]。且这些地区的生态环境脆弱，水电站的建设和运营必须充分考虑生态保护和恢复，这就增加了工程的复杂性和成本。其次，随着水电开发规模的不断扩大，剩余可开发的水电资源日益减少，这意味着未来水电项目可能面临更为苛刻的自然条件，从而增加了开发的难度。水电开发难度的增大对开发技术提出了更高的要求。在复杂地形和恶劣气候条件下,水电项目需要采用更为先进的技术和设备来确保工程的安全性和稳定性。最后,水电项目的建设成本也在不断增加。一方面,随着技术的进步和设备的升级,水电项目的投资成本自然会上升。另一方面,由于资源减少和开发难度增大,水电项目的建设周期可能会延长,从而增加了项目的财务成本。此外,水电项目还需要考虑后期运营和维护的成本,如设备维护、水库管理、生态补偿等。因此,亟须从产业布局和区域协调的角度出发以应对上述挑战,从而更好地发挥水电新质生产力的发展潜力。

(2)水电发展面临较多的环境制约因素,限制了水电新质生产力的可持续发展。新质生产力强调要坚持生态优先,坚定不移走绿色发展之路。在中国水电行业的发展过程中,生态环境保护与平衡发展是一个不可忽视的挑战。水电站的建设和运营往往会对当地的生态环境产生影响,如何在发展水电产业的同时保护好生态环境,实现经济、社会和生态的协调发展,是当前面临的重要问题[26]。首先,水电站的建设通常会涉及水库的修建,这会导致淹没一定的土地和植被,从而对当地的生物多样性产生影响。同时,水库的蓄水会改变河流的水文条件,影响下游的水生态系统和渔业资源。其次,水电站的运营过程中也会产生一定的环境问题,如水体污染、噪声污染等。这些问题不仅会影响当地居民的生活质量,还可能对生态环境造成长期的损害。最后,随着民众环保意识的日益增强和环保政策的不断加强,国家对水电站建设和运营的环保监管日趋严格,对水电产业的发展提出了更高的要求。因此,水电产业在追求发展的同时,必须更加注重与生态环境的和谐共生,从而实现水电新质生产力的可持续发展。

(3)市场机制不完善,不利于发挥水电新质生产力的竞争优势。水电产业的特殊性,决定了其投资规模巨大、回报周期长,且受到自然条件、政策环境等多重因素的影响。然而,现有的市场机制未能充分反映水电的这些特性,导致水电产业的投资回报难以达到预期,进而影响了水电新质生产力的竞争优势[27]。首先,市场机制改革对水电产业的运营模式和市场竞争力提出了新要求。随着电力市场的逐步放开,水电产业需要更加灵活地参与市场竞争,通过优化运营管理、提高发电效率、降低运营成本等方式来提升自身的竞争力。然而,目前中国水电产业的市场机制方面还存在一些问题,如电价形成机制不完善、电力交易不够灵活等,这在一定程度上制约了水电产业的发展。其次,电力市场的竞争压力日益加剧。随着技术的进步和成本的降低,风电和太阳能等新能源的发电效率不断提高,使得它们在电力市场中的竞争力逐渐增强[26]。相比之下,水电虽然是一种清洁、可再生的能源,但在新能源的冲击下,其市场份额正在逐年下降。国家统计局数据显示,截至2016年底,水电装机33207万千瓦,占总装机的20.1%。但截至2023年底,水电装机42154万千瓦,仅占总装机的14.4%。最后,投资回报的不确定性也是水电产业面临的一个重要问题。水电站的运营受到多种因素的影响,包括水资源状况、市场需求、电价政策等。这些因素的波动可能导致水电站的经营收入和利润水平出现较大变化,从而影响投资者的回报预期。特别是在市场竞争激烈的地区,水电站的投资回报的不确定性相应增加。因此,为了培育水电新质生产力的竞争优势,需要不断完善现有的市场机制。

(4)为了加快水电新质生产力发展速度,中国水电产业将面临技术创新与产业升级的双重压力。新质生产力特点是创新,关键在质优,本质是先进生产力。为了加快水电新质生产力发展速度,需要不断推动技术创新和产业升级,以适应新的发展需求和市场竞争。然而,目前中国水电产业在技术创新方面还存在一定的短板,同时在产业升级方面也面临一定的挑战。首先,技术创新是水电产业持续发展的核心驱动力。然而,技术创新并非易事。它需要大量的研发投入、人才支持以及政策支持。对于许多水电企业来说,尤其是中小型企业,可能面临资金短缺、技术储备不足等问题,难以承担技术创新的风险和成本。其次,推动产业链优化升级是加快发展新质生产力的重要举措。随着全球能源结构的转型和清洁能源的发展,水电产业需要不断提升自身在能源体系中的地位和作用,与其他可再生能源实现协同发展。这要求水电产业在产业链上下游进行深度整合,推动产业向高端化、智能化、绿色化方向发展。然而,产业升级同样面临诸多挑战。一方面,水电产业需要克服自身在产业结构、技术水平、管理能力等方面的不足,提升整个产业的竞争力。另一方面,水电产业还需要与相关政策、法规和市场环境相适应,形成有利于产业升级的外部条件。最后,培育新质生产力要求要实现教育、科技和人才的良性循环。然而,中国水电产业在人才培养和引进方面还面临一定的挑战。一方面,水电产业的专业人才储备不足,难以满足产业发展的需求;另一方面,水电产业的工作环境相对艰苦,对人才的吸引力有限,导致人才流失问题严重。因此,为了加快水电新质生产力的发展速度,中国政府亟须加大对水电产业技术创新的支持力度,推动产业升级。

(5)为了充分发挥水电新质生产力的价值,还需解决社会接受度与公众参与的问题。水电项目的建设和运营不仅涉及经济和技术层面,还涉及社会、文化和环境等多个方面。水电项目在建设和运营过程中,面临着社会接受度与公众参与方面的诸多挑战。首先,尽管水电产业在环保和生态保护方面做出了很多努力,但其对生态环境的影响仍然不容忽视。水电站的建设往往需要占用大片土地,尤其是在山区或河流附近等敏感区域[28]。这不仅直接影响了当地居民的生产生活,还可能触及到他们的文化根基和情感纽带。与此同时,由于水电站的建设通常伴随着大规模的移民安置,如何妥善安置这些受影响的居民,确保他们的生计和生活质量不受影响,就成为一个复杂而敏感的社会问题[29]。这些问题常常引发当地居民对水电项目的不满和抵触情绪,从而严重影响了项目的社会接受度。其次,公众对于水电项目的环境影响和可持续性问题的关注度日益提高。尽管水电作为清洁能源具有诸多优势,但其对生态环境的影响仍然不容忽视。公众对水电项目可能导致的河流生态破坏、水生生物栖息地丧失等问题表示关切。同时,随着环保意识的提高,公众对水电项目的环保标准和生态保护措施提出了更高的要求。最后,在公众参与方面,水电项目同样面临着诸多挑战。由于水电项目的建设和运营往往涉及多个利益相关方,包括政府、企业、当地居民等,因此如何确保各方利益的平衡和协调便成为一个难题。因此,妥善协调水电发展与社会公众之间的关系,是充分发挥水电新质生产力价值必须克服的挑战。

1.3.4 水电行业助力新质生产力发展的政策建议

技术革命性突破、生产要素创新性配置和产业深度转型升级是发展新质生产力的三个核心要素。因此,为了夯实水电新质生产力的基础,需要着力打通束缚水电新质生产力的堵点卡点,让各类先进优质生产要素向发展新质生产力顺畅流动。为此,需要从以下几个方面做好保障工作:

（1）优化资源配置与实现区域协调发展。首先,新质生产力要求摆脱传统生产力发展路径。因此,政府需要从战略性的视角出发,制定和完善水电产业的发展规划,明确水电产业的发展目标、重点任务和政策措施。规划应充分考虑资源禀赋、市场需求、生态环境保护等因素,科学确定水电产业的发展规模和布局,避免盲目发展和无序竞争。同时,规划还应注重与其他能源规划的衔接和协调,确保水电产业在能源结构中的合理比重。其次,生产要素创新性配置是催生新质生产力的关键要素。为此,中国水电产业需要更加注重资源的优化配置和区域协调发展。一方面,通过加强跨地区、跨流域的水电项目合作,实现水电资源的互补和共享;另一方面,推动水电产业与区域经济、社会、环境的协调发展,实现经济效益、社会效益和生态效益的统一。最后,针对复杂地形和恶劣气候条件下的水电项目,国家应鼓励科研机构和企业加强技术合作,共同研发适用于西部地区的先进水电技术和设备,积极促进产业高端化和智能化。例如,开发适应高海拔、高地震烈度地区的坝体结构,研究提高水电站发电效率和运行稳定性的新技术等。同时,政府应加大对西部地区交通等基础设施的投资力度,改善水电项目的施工条件,降低建设成本。

（2）需要更加注重水电产业与生态环境的协调发展。首先,新质生产力本身就是绿色生产力,必须加快发展方式的绿色转型。因此,在水电项目的规划、建设和运营过程中,应始终坚持生态优先、绿色发展的原则,确保项目与生态环境的协调发展。其次,加强水电项目的生态补偿机制建设。通过设立生态补偿基金、实施生态修复工程等方式,对水电站建设对生态环境造成的损害进行补偿和修复。同时,鼓励水电站开展生态友好型运营,如采用生态流量下泄、鱼类增殖放流等措施,减少对生态环境的影响。最后,还应加大水电项目的环保监管力度。在推动水电产业发展的过程中,政府应加强生态环境保护监管,确保水电站建设和运营的环保合规性。通过建立健全水电站建设和运营的环保标准体系,加大对水电站环保设施的监管和检查力度,确保各项环保措施得到有效落实。对于违反环保规定的行为,应依法进行严厉处罚,形成有效的约束机制。

(3)推动市场化改革与发展模式的转型升级。首先,为了更好地发挥水电的新质生产力价值,政府需要发挥绿色金融的牵引作用。通过优化信贷政策,鼓励商业银行等金融机构为水电项目提供长期、稳定的贷款支持。同时,政府可以设立水电产业投资基金,吸引社会资本参与水电项目的建设和运营。政府还可以推动水电项目的多元化融资,如发行企业债券、引入外资等,以降低资金来源的不确定性。其次,政府应加强对水电产业投资回报的引导和保障。政府应制定合理的电价形成机制,充分考虑水电的成本、效益和市场需求等因素,确保水电产业能够获得合理的收益。政府可以通过推动电力交易的灵活性,鼓励水电与其他能源形式的互补发展,提高电力系统的整体效率。此外,为了培育水电新质生产力的新动能,需要转变水电的传统发展模式,探索符合新发展理念的先进生产力的质态。可以通过培育市场需求与拓展应用领域,来提升水电的竞争力。政府应鼓励水电在更多领域的应用,如工业、农业、城市供水等,拓宽水电的市场需求,积极探索风光水互补发电、抽水蓄能与常规水电一体化开发等新模式。同时,政府应支持水电企业探索多元化经营模式,如开展售电业务、发展清洁能源等,提高企业的盈利能力和市场竞争力。最后,政府还应加强水电项目的风险管理。通过建立风险评估机制,对水电项目的投资风险进行定期评估,为投资者提供决策参考。同时,政府可以推动保险公司开展水电项目保险业务,为投资者提供风险保障。政府还可以加强水电项目的信息披露,提高市场的透明度,降低投资风险。

(4)加大科技创新支持力度。首先,新质生产力的特点是鼓励创新。因此,政府应加大对水电产业技术创新的支持力度。通过设立水电产业技术创新专项资金,鼓励企业加大研发投入,推动新技术、新工艺、新材料的研发与应用。同时,加强产学研合作,推动科研机构与企业的深度合作,形成产学研一体化的创新体系。其次,政府应推动水电的产业链和供应链的优化升级,为加快新质生产力发展提供有力保障。通过制定产业升级规划,明确产业升级的目标和路径,引导企业加大技术改造和产业升级力度。同时,加强产业链上下游的协同合作,推动水电产业向高端化、智能化、绿色化方向发展。最后,要优化人才培养模式,为发展新质生产力培养急需人才。因此,政府应重视水电产业人才的培养和引进工作,为产业的发展提供有力的人才保障。通过加强高校、科研机构与企业的合作,培养一批高素质的水电产业专业人才。

(5)增强与公众的沟通机制。首先,为了发挥水电新质生产力的价值,政府应加强水电项目的环境影响评价和公众参与机制。为此,为了降低水电项目对环境产生负面影响,需要在水电项目的规划和建设阶段,应充分开展环境影响评价,确保项目符合环保要求。同时,建立健全公众参与机制,广泛征求当地居民和相关利益方的意见,充分考虑他们的利益诉求。通过公开透明的决策过程,增强公众对水电项目的认同感和信任感。其次,政府应加大对水电产业环保宣传和科普教育的力度。通过举办环保宣传活动、开展科普讲座等方式,向公众普及水电产业的环保优势和生态保护措施。同时,加强媒体宣传,提高公众对水

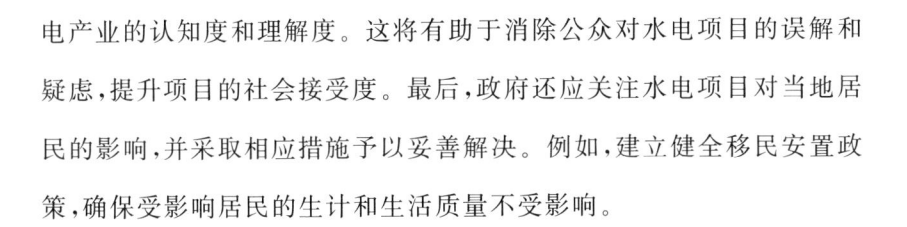

电产业的认知度和理解度。这将有助于消除公众对水电项目的误解和疑虑,提升项目的社会接受度。最后,政府还应关注水电项目对当地居民的影响,并采取相应措施予以妥善解决。例如,建立健全移民安置政策,确保受影响居民的生计和生活质量不受影响。

1.4 能源行业

2023年9月,习近平总书记在黑龙江考察时首次提出"新质生产力"的概念,为新时代加快科技创新、推动高质量发展提供了科学指引。在推动新质生产力发展的背景下,应重点关注能源行业的新质生产力发展。能源行业中以风电光伏为代表的新能源行业本身就是符合新质生产力发展要求的新产业,而以煤为主的化石能源则与新质生产力之间存在较大的差距。然而数字经济的发展为传统化石能源产业的发展提供了契机,通过将移动互联网、云计算、大数据等新一代通用信息技术应用于传统能源行业,可以使煤炭等行业呈现出新的生机。

在"双碳"目标约束下,应充分推动数字技术在能源行业的应用,实现能源行业的智能化、数字化转型,打造能源行业新质生产力。中国的资源禀赋具有"富煤、贫油、少气"的特点,这决定了煤炭是中国重要的能源,煤炭行业是中国重要的能源行业。推动包括煤炭行业的数字化转型对于新质生产力的发展具有重要意义。此外,电力行业也是关乎国民经济命脉的重要能源行业,2023年国家统计局统计数据显示,全社会用电量同比增长6.7%,有力地支撑了国内生产总值5.2%的增速。推动电力行业数字化转型,可以保证全社会用电需求,实现经济的稳定发展。本节以煤炭行业和电力行业作为能源行业的代表,探究了能源行业数字化转型对新质生产力发展的影响。能源行业数字化转型与新质生产力发展相辅相成。新质生产力作为经济社会发展的新动能,发展新质生产力势在必行。因此,要深入分析能源行业数字化转型与新质生产力之间的关系,厘清能源行业数字化转型过程中新质生产力发展面临的挑战,并提出针对性的政策建议,实现能源行业新质生产力的提升。

1.4.1 数智赋能与能源新质生产力的逻辑关系

数字化和智能化是新一轮科技革命和产业变革的重要趋势,为加快形成新质生产力提供了重要赛道。其中,以云计算、大数据、人工智能等为代表的通用信息技术加速突破应用促进了数字经济与实体经济深度融合,推动了产业升级,为加快形成新质生产力提供了重要支撑。能源行业的数字化转型是指将数字技术应用于能源行业,利用数字信息技术推动能源行业的生产运营,提高能源供应效率,并实现能源行业的高质量发展[30]。通过与工业互联网、人工智能等数字技术实现深度融合,能源行业将具备更高的环境友好性。能源行业的数字化转型给能源行业带来了增长的新动能,同时数字化转型过程中带来的高效能、高质量、高科技等特征与新质生产力相同。充分利用数字信息技术可以推动整个能源行业的创新和生产力的进步,即推动新质生产力发展。

新质生产力是由技术革命性突破、生产要素创新性配置、产业深度转型升级而催生的先进生产力质态,是推动构建现代化产业体系的关键力量。新质生产力可以推进数字技术与实体经济深度融合,抢占行业智能化制高点。数字技术不仅包括以数据要素为核心的数字技术,而且包括与实体经济发展相关的一系列智能技术。要以数字技术进一步推动各类生产要素有机组合,推进高质量发展,激发各类生产要素活力,推动企业降本增效,整合产业链资源,着力破解能源行业在推动高质量发展过程中供求结构不匹配的问题,推动行业发展高质量、高效能发展,形成能源行业发展的新动能[31]。图1.7展示了能源行业数字化智能化与新质生产力之间的逻辑关系。

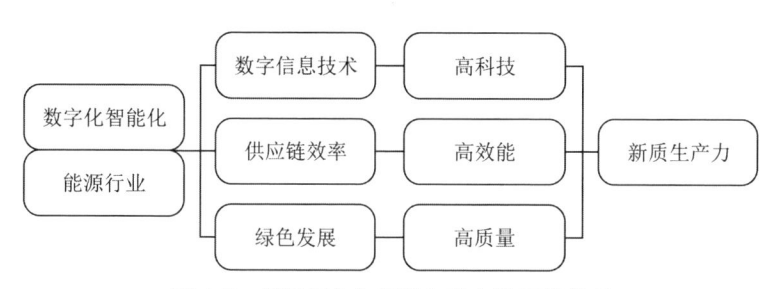

图1.7 能源行业与新质生产力的逻辑关系

1. 煤炭数字化转型与新质生产力

数字技术可以应用于煤炭生产、储运、交易等各个方面,通过自动化和智能化等手段提高生产效率,减少资源消耗和环境污染,助力煤炭行业的数字化和智能化转型,推动煤炭行业高质量发展。依靠数字技术,煤炭生产企业可以更好地优化资源配置,利用先进的勘探技术和数据模型,精确预测煤炭储量和质量,优化采矿方案,提高资源开采利用率。此外,数字化转型还可以提高煤炭供应链管理水平,优化物流,降低运输成本,提高供应链的效率和灵活性。数字经济背景下,数字技术与煤炭行业深度融合将提高煤炭产业链的各环节效率,进而提高煤炭行业的整体效率。数字技术将全面提高煤炭行业新质生产力,打造煤炭行业经济增长的新模式。

数字技术推动了煤炭行业的安全发展。数字技术与矿山融合将推动数字矿山建设,数字矿山将推动煤炭行业的安全发展。数字矿山技术通过虚拟平台,模拟最优的煤炭生产状态,提高煤炭行业的劳动效率,同时提高煤炭行业的安全性。例如,山西省出台了智能煤矿建设规范,成为全国首批煤矿智能化建设地方标准,将5G技术引入智能煤矿建设,推动煤炭开采由机械化、自动化、数字化向智能化发展,打造煤炭无人(少人)智能开采新模式,建设了一批智能矿山和智能综采工作面。无人(少人)的煤炭开采模式会使得煤炭行业的安全事故数量大大减少。此外,数字技术推动了煤炭行业与其他行业的协同发展。例如,与清洁能源产业的协同发展,可以推动煤炭企业向清洁能源领域转型,开发和利用煤层气等新能源资源。与智能制造和物联网产业的协同发展,可以实现煤炭生产过程的智能化和自动化,提高生产效率和质量。

数字技术可以提高煤炭行业的环境检测和治理能力。通过数字化的环境监测系统,可以实时监测煤炭企业的排放情况,并及时采取相应的处理措施。此外,数字技术与实体经济的深度融合推动的数字经济也给煤炭企业提供了国际合作和市场拓展的新机遇。煤炭企业可以与国际合作伙伴分享技术和经验,开展技术合作、项目合作和市场合作。同时,积极参与国际碳市场,推动碳交易和碳减排合作,推动煤炭行业绿色低碳发展。应用数字技术,可以推动煤炭企业加快研发和应用低碳、清洁和环保技术[32],提高产品的质量和附加值。

综上,数字经济的应用将提高煤炭行业的生产效率,提高煤炭生产的安全性,降低煤炭生产造成的污染,实现煤炭这一关键能源行业的高质量、高效能发展。而数字技术作为一种高新技术,本身就具备高科技的特征。而高科技、高效能、高质量即为新质生产力的三个重要特征。因此推动能源行业的数字化智能化,就是在推动新质生产力的发展。

2. 电力数字化转型与新质生产力

电力行业的数字化转型将推动新质生产力飞速发展。在电力市场化交易的前提下,电力行业将以分布式可再生能源并网、微电网建设、储能等设施的研发为突破基础,大数据分析、云计算、配电网自动化等电子信息技术为依托,形成电力行业快速发展的新动能。电力行业作为国民经济的支柱行业,必须加快数字化、智能化转型。电力行业数字化转型可以优化其产业链布局,电力行业数字化转型将催生电力行业发展新模式以及新型电力产业[33]。

数字化转型将催生电力行业新模式。电力行业的数字化智能化转型将全面促进电力行业发展理念、服务模式和技术应用等方面的创新。未来,电力客户,包括个人客户、工业客户等,与电网的关系将实现实时互动。这种联系不仅可以提升电力行业的效率,而且可以提高客户的生活质量。随着参与客户的不断增加,电力客户服务端将产生其他附加价值。

电力行业的数字化智能化转型将催生出一些新兴产业,如电力和能源互联网、节能环保、新一代信息技术、新能源、新材料、新能源汽车和无人机产业的融合发展,等等。数字信息技术将推动输变电智能网、智能配用电、源网荷协调优化、智能调整控制等诸多关键领域中的创新发展,新一代智能变电站、分布式电源等功能都将在新技术的支持下得以实现。

1.4.2 数字经济和能源行业的发展现状

1. 数字经济发展现状

自2017年数字经济首次写入《政府工作报告》以来,中国的数字经济规模不断增加,在国民经济中的比重也不断提高。根据国家互联网信息办公室发布的《数字中国发展报告(2022)》,2022年中国数字经济规模达 50.2 万亿元,占国内生产总值的比重达到了 41.5%。中国在科技创新和创业方面取得了显著成就,在人工智能、大数据、物联网和新能源领域涌现了众多的科技新创企业。目前人工智能在语音识别、图像识别、自然语言处理等领域得到了广泛应用。数字经济的发展也催生了电子商务、数字消费的发展,中国的电子商务市场规模巨大。虽然数字经济金融、消费等领域实现了融合发展,推动了经济的稳定增长,但是数字经济和能源领域的融合仍处于起步阶段,存在较大的发展空间。

2. 煤炭行业发展现状

2002—2012 年是煤炭产业发展的"黄金十年"。煤炭企业的技术水平、行业利润等不断高升。但这一时期煤炭行业的飞速发展实质上是一种粗放式增长,其背后存在安全、环境、资源和人才等一系列问题。如图 1.8 所示,2012 年之前,煤炭价格指数呈现出波动上升的态势,但 2012 年之后,煤炭价格指数逐渐降低。煤炭行业飞速发展背后的问题逐渐显现,并且煤炭行业飞速发展带来的煤炭产能过剩问题逐渐严重。2016 年以来,国家积极推动煤炭行业的供给侧结构性改革,颁布各项政策积极推动煤炭行业的化解过剩产能。虽然去产能政策缓解了煤炭价格指数的降低,但是严格的产能限制对煤炭行业的生产能力造成了一定的打击。煤炭生产能力向个别省份、个别企业集中,为保证煤炭充足供应,部分省份甚至开始推进煤炭增产。如 2021 年以来,云煤集团原煤产量年均增长 30% 以上,逐步扩大煤炭跨区域调运量。云南省人民政府办公厅也发布了《云南省煤炭产业高质量发展三年行动计划(2023—2025 年)》,其中提到要每年释放新增产能 1000 万吨左右。

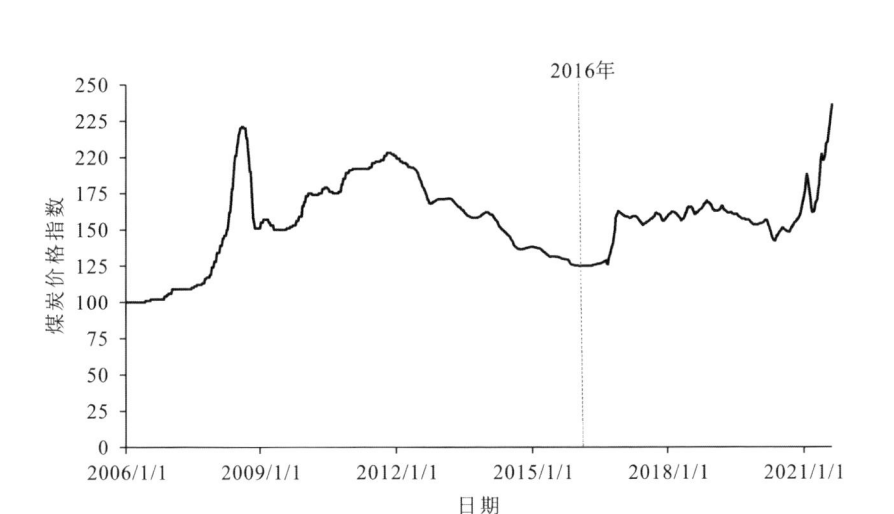

图 1.8　中国煤炭价格指数

数据来源：中国煤炭工业协会。

目前,中国煤炭工业进入需求增长放缓的新常态。如图 1.9 所示,2016 年以来,中国煤炭消费量缓慢增长。一方面,煤炭作为中国的主要能源,经济增长需要消耗大量煤炭,随着中国经济步入新常态,煤炭消费量增速放缓;另一方面,随着新能源的发展,煤电逐渐在电力系统中发挥基础性的作用,并且发挥灵活性电源的作用。同时,煤炭工业也面临着"双碳"目标等环境约束。此外,煤炭行业勘探、设计、生产、安全、运销、洗选、环保等方面仍存在一些问题,阻碍了新质生产力的发展。就煤炭生产而言,煤炭开采会对周围的环境产生负面影响,造成土地沉陷、水土流失、水质污染等问题。而且,煤炭生产面临一定的安全问题,其中工人安全是必须关注的重点。煤矿作为煤炭产业的核心缓解,矿井内存在瓦斯、爆炸等危险因素,严重影响了矿工等煤炭作业基层人员的健康安全。

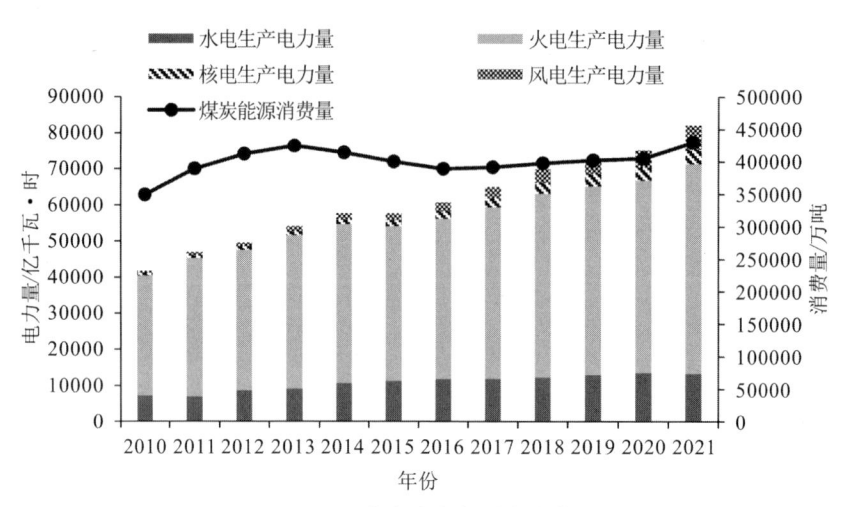

图 1.9 电力生产与煤炭消费

数据来源：国家统计局。

此外，煤炭行业勘探、设计、生产、安全、运销、洗选、环保等方面仍存在一系列问题，阻碍了新质生产力的发展。就煤炭生产而言，煤炭开采会对周围的环境产生负面影响，造成土地沉陷、水土流失、水质污染等问题。煤炭行业还具有较大的安全问题，其中工人安全是关注的重点的问题。煤矿作为煤炭产业的核心环节，矿井内存在着瓦斯泄漏、爆炸等危险因素，严重影响了矿工等煤炭作业基层人员的健康安全。

3. 电力行业发展现状

电力行业快速发展，新能源在电力系统逐渐发挥着越来越重要的作用。如图 1.9 所示，2010 年风电发电量为 446 亿千瓦·时，2021 年，风电发电量达到 6561 亿千瓦·时。由于电力在国民经济生活中得到了广泛的应用，与煤炭、石油等行业相比，电力行业的数字化转型具有天然的优势。国网能源研究院发布的《2022 国内外能源电力企业数字化转型分析报告》显示，电力行业数字化转型在能源行业中的贡献超过

50%。因此,应进一步推进电力行业的数字化转型。此外,电力行业目前仍使用较为粗犷的业务运营方式,并未推动产业链的延伸。

4. 能源行业数字化转型

目前,能源行业的数字化转型处于起步阶段,但中国正在稳步推进能源数字化转型,部分省份也积极出台相关政策。2023年3月国家能源局发布《关于加快推进能源数字化智能发展的若干建议》,指出要加快行业转型升级,以数字化智能化技术带动电力、煤炭、油气等按行业转型发展。随后,山西省作为煤炭大省,积极响应国家能源局颁布的相关政策。2023年6月,山西省发展和改革委员会出台《关于煤炭产业和数智技术一体化发展的意见》,指出要加快全省煤炭产业数字化转型。2023年8月,山西省能源局、省市场监督管理局发布了《山西省煤矿智能化标准体系建设指南(2023版)》用以切实支撑、引领煤矿智能化建设、推动煤炭产业与数字技术一体化融合发展。

1.4.3 新质生产力视角下能源行业数字化转型面临的挑战

中国作为世界上最大的能源消费国,面临能源需求、供应限制和消费的压力。目前中国正处于高工业化和城市化的时期,短期内很难改变高能耗的产业结构和能源强度上升的趋势。中国能源产业的结构不合理,迫切需要数字化和智能化来改变目前的困境。然而,能源行业的数字化智能化发展仍存在一些问题:缺乏明确的技术路线,最具市场发展前景的技术和项目还不明确;政策体系、实施细则、市场机制还不完备;目前推进的项目还不能够实现商业化运转,成本高,不具备盈利性;缺乏可预期收益以吸引资本跟进;融资渠道有限,主要以企业自有资金加银行贷款为主,与社会资本对接不够。

数智赋能特定能源行业时存在较大阻碍。尤其是对煤炭行业而言，难点在于如何推进数字技术和煤炭行业的融合。首先，由于煤炭资源储存条件的复杂性、煤矿企业位置的偏远性，煤炭行业的数字化转型难度较大[34]，而且煤炭行业内部不同企业的数字化水平差距较大，部分煤炭企业生产组织体系尚未适应数字化转型的需要。其次，数字经济需要大量的数据作为运算基础，数字技术应用于煤炭行业需要收集、分析大量的煤炭相关数据，但是煤炭行业的相关数据往往涉及国家机密。此外，部分煤矿多处于偏远地区，地形位置等复杂信息也使得煤炭行业的数据收集存在困难。最后，煤炭行业数字化转型需要的配套技术水平较低。煤炭行业的数字化转型需要先进的数字技术支持，包括大数据、人工智能、物联网等新兴技术。煤炭行业存在部分地区技术水平较低和人才匮乏的问题，如何在现有的条件下推动数字技术在煤炭行业的应用是一个较大的挑战。而且相关人才的缺失进一步加大了煤炭行业数字化转型的难度。

除此之外，数字经济带来的市场变化使得煤炭行业面临着更多的市场竞争。在"双碳"目标背景下，数字经济推动了风、光等新能源的发展，煤炭行业要适应新的市场需求变化，并且与风、光等新能源形成竞争，这对传统煤炭企业而言是一个挑战。煤炭行业数字化转型需要大量的资金投入，包括技术设备更新、数据采集和分析等。对于一些规模较小并且地理位置较为偏僻的煤炭企业而言，其将在资金和成本方面面临较大的压力。

电力行业属于国家垄断的产业，是高营收、高利润产业，同时电力行业也存在一些体制性、结构性问题，致使其在数字化转型过程中受阻。电力行业数字化转型过程中，电力行业将面临资金、技术、人才、管理、基建乃至国际合作等方面的一系列难题。近年来,国家经济持续增长,电力需求持续增加。新能源在电力系统中发挥着越来越重要的作用,但是新能源发电具有不平稳的特点,会受到自然条件的影响。因此,电力资源紧缺、电力供应与电力需求发展速度不同步等问题都会逐渐显现。此外,由于电力系统的特殊性,关联业务的收益水平较为丰厚,导致许多电力经营企业没有开拓社会业务的动力。

能源行业数字化转型进程中必然伴随着新质生产力的发展。在这一背景下,能源行业要积极推动数字化转型。在数字化转型过程中,虽然某一具体的能源行业在转型过程中会面临特定的问题,但这些问题也存在一些共性。具体而言,能源行业的数字化转型面临的关键问题在技术、数据、人员、成本等各个方面。就技术方面而言,数字化转型通常需要采用新技术,包括云计算、大数据、人工智能等信息通信技术。对现有数字技术的应用需要对不同的技术进行更新和整合,形成适合于能源行业的基本数字技术,在这一整合过程中,不同的技术之间可能存在兼容性问题,使得能源行业的数字化进程在起步阶段就万分艰难。数据是数字化转型过程中形成的新劳动资料。能源数据往往包含大量敏感数据,包含供应链信息、客户数据等。在数字化转型的过程中如何保证数据的安全,保护客户的隐私,是有待解决的重要问题。数字化转型过程中会产生新的劳动工具,这些劳动工具往往具备高科技的属性,需要劳动者具备相应的技能和知识,以适应新技术和新的工作方式。同时,在这一过程中,还会导致部分员工失业。此外,数字化转型还会导致相关能源企业面临较大的资金投入压力以及竞争压力。

1.4.4 能源行业新质生产力发展的政策建议

依托数字技术，实现产业升级，形成能源新质生产力。在新的时代背景下，能源行业要加强合作，分享共赢的发展思路，延伸产业链，实现资源互补、异地共享，造就能源行业发展的"新模式"和"新动能"。为实现这一目标，应从技术、人才等方面发力，同时政府也应该积极推出能源数字化转型的利好政策，助推能源行业发展。最后，能源行业企业要洞察市场环境，优化自身经营，打造新的商业模式。

(1) 大力发展数字技术，形成符合新质生产力要求的"新劳动工具"。能源行业的数字化、智能化发展需要各种新型技术，包括云计算、大数据、人工智能等。其中，云计算在能源行业中的应用广泛，具体包括数据收集、数据管理、数据维护等。能源行业的数据量巨大。电力行业中，供给侧的发电、输电、配电、调度等生产数据，电网监测数据，都是种类庞杂、数量巨大的典型大型数据。加上煤炭等行业的数据，整个能源行业的数据会更加庞大。能源数据的管理要求能源行业的数据可以存储，并被处理。随着能源行业数据规模的扩大，需要有存储能力与之匹配的系统，同时还要保证数据安全。云计算延伸出来的云存储平台，通过网络技术，使能源行业的数据可以安全保存。数据的维护则要求建立足够的数据中心，尽可能提高数据中心的能源效率。同时对数据进行分析，则要求较高的内存空间和计算性能。云计算技术可以解决规模巨大的分布式存储计算问题，通过虚拟技术、分布式计算、并行计算等技术，可以在短时间内对大规模数据进行快速处理和分析。在推进技术发展的同时，政府应推动制定技术更新和整合的标准，给相关企业提供资金支持和税收优惠，鼓励企业采用先进技术并确保各数字系统之间的兼容性，构建能源行业的数字平台,助推新质生产力。

(2)培养符合新质生产力要求的新劳动者,为数字能源行业提供高质量人才,推动能源行业组织体系适应数字化转型。新的生产工具要求新的劳动者参与,培养新型劳动者的劳动技能,形成与新质生产力发展需求相适应的人才结构。加强能源行业人才培养和技能提升,培养适应数字化时代需求的高素质人才,打造一流的科技领军人才和创新团队。建立完善的人才培养体系,加强职业教育、技能培训和科研人员队伍建设,提高能源行业的创新能力和竞争力。加快形成新质生产力,不仅需要研究能力扎实的科技人才,还需要一批应用能力强的技能型人才,要推进产教融合,完善职业技能培训。要实行更加积极有效的人才激励、人才引进政策。除培养新型劳动者外,企业可以推动人才培训和技能提升计划,帮助员工掌握新技术和知识,提高现有人员适应数字化转型的能力,从而推动行业的整体人才水平。

(3)建设新型基础设施,推动新质生产力发展。数字经济背景下,推进能源行业新质生产力发展需要企业以及地方政府的共同发力。地方政府应推动数字基础设施建设,加强数字技术研发投入,提高当地数字经济发展水平,为能源行业的数字化转型提供数字技术基础设施支持。基于此,能源企业可以积极推进数字化转型,推动数字技术和能源产业链的深度融合,采用先进的信息技术和数据分析工具来提高生产效率、管理效能和决策精度,并应用云计算、大数据、人工智能等技术,实现能源生产过程的自动化、智能化和数字化,提高资源利用效率和环境友好性。此外,政府还应为相关能源企业的数字化转型提供一定的补贴,鼓励企业进行数字化转型投资,降低其成本压力,促进数字化技术在能源行业的广泛应用,进一步推进能源行业数字化转型,推动能源行业新质生产力的发展。

（4）技术的突破和技术经济性的提高是可以预期的,要重点关注能源相关政策和能源市场环境,制定详细的技术路线,从多方面保证数字化转型的顺利推进,充分利用数字技术带来的红利。数字化转型过程中,应建立监管机构与企业的合作框架,共同制定数字化转型的监管标准,确保企业在数字化转型过程中遵守相关标准。同时企业要积极进行文化变革和组织结构调整,给员工提供培训补贴,帮助职工适应数字化转型。能源企业要加强自身应用数字技术能力,降低对政策补贴的依赖,利用数字技术形成新的融资模式、融资渠道。同时构建数字平台,建立扁平化和分散化的商业运营模式,引入多元化、分散化的新型商业模式。总之,能源行业要不断创新,提高技术水平并优化业务模式,推动数字化转型向更高质量的生产力转变。能源企业应充分考虑数字化转型过程中可能的困境及潜在的机遇,提前布局,利用数字技术形成能源行业发展的新动能,打造能源行业新质生产力。

1.5　CCUS 技术

党中央指出:"要加强关键核心技术联合攻关,强化科研成果转化运用,把能源技术及其关联产业培育成带动中国产业升级的新增长点,促进新质生产力发展。"[1]因此,必须积极推动能源技术和相关产业的

---

[1]　新华社.习近平在中共中央政治局第十二次集体学习时强调:大力推动我国新能源高质量发展　为共建清洁美丽世界作出更大贡献[EB/OL].(2024-03-01)[2024-03-31].https://www.gov.cn/yaowen/liebiao/202403/content_6935251.htm.

创新发展,带动传统产业新质生产力的提升。当前中国正致力于能源结构的转型,煤电行业作为传统经济发展的主要能源供应者,面临前所未有的挑战。在此情况下,碳捕集、利用与封存(CCUS)技术备受期待,被认为是目前能够在化石能源利用场景下实现近零碳排放的关键技术。

CCUS 技术通过捕获煤电生产中的二氧化碳并进行储存或利用,极大地减少了煤电行业的碳排放,使其能以更低的环境成本继续在未来能源结构中发挥作用。借助 CCUS 技术的应用,煤电行业有望实现从高碳排放向低碳乃至近零碳排放的转型。这一转型不仅有助于煤电行业顺应日益严苛的环保标准要求,还能够依靠技术创新,驱动产业升级,引导煤电行业迈向更高能效、更绿色环保的发展道路。在这个过程中,CCUS 技术的应用为煤电行业的发展注入了新动能,有力地驱动了煤电行业新质生产力的发展与进步。鉴于上述背景,有必要深入剖析 CCUS 技术与煤电行业新质生产力之间的内在关联,厘清煤电行业与 CCUS 技术耦合的现实条件和 CCUS 技术的发展现状,明确 CCUS 技术发展过程中面临的挑战,并以此为基础提出切实可行的政策建议,以期加快推动 CCUS 技术的研发与应用步伐,从而更有效地为煤电行业新质生产力赋能。

1.5.1　CCUS 技术与煤电行业新质生产力的内在联系

本节将从电力系统稳定、传统产业升级,以及 CCUS 技术自身发展三个角度深入探讨 CCUS 技术与煤电行业新质生产力之间的内在联系,它们之间的逻辑关系如图 1.10 所示。

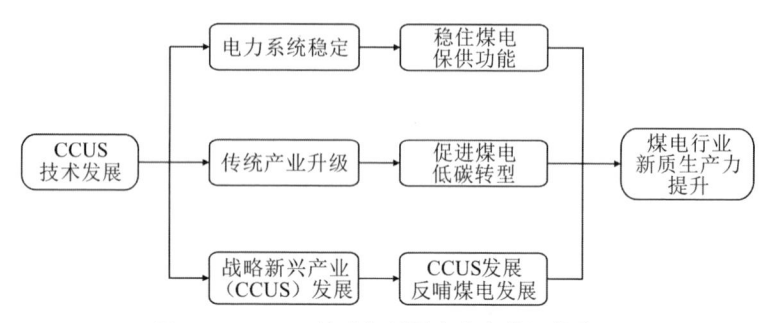

图 1.10　CCUS 技术与新质生产力的逻辑关系

1. CCUS 技术稳住煤电行业保供功能

CCUS 技术稳住了煤电行业作为国家能源安全战略中的基石地位，为煤电行业发展新质生产力提供有力保障。发展新质生产力，首要任务是提升中国的能源安全水平。一方面，由于中国的资源禀赋、产业结构以及历史投资等多重因素影响，中国对煤电高度依赖。如图 1.11 所示，2023 年火力发电在中国的电力能源结构中仍占据 65.7% 的比例，而煤电是火力发电的主要组成部分。另一方面，随着新能源在电力体系中的份额不断增加，其固有的波动性、随机性以及易受气候条件影响的特性不可避免地对电力系统的稳定性构成了实质性挑战。特别是当新能源在能源结构中占据更大比例时，电力系统对于灵活应对负荷变化的需求更加迫切。煤电凭借其技术成熟度高、产业链完备以及煤炭资源储量充足等优势，在中国电力系统中扮演着"压舱石"的角色，确保了电力供应稳定。因此，随着绿色低碳发展目标的紧迫性日益增强，为了确保中国能源安全，亟须深度推动 CCUS 技术与煤电行业的融合应用，以期让煤电继续保持其在电力系统供应安全中的核心作用，这为煤电行业新质生产力的发展提供了坚实的保障。

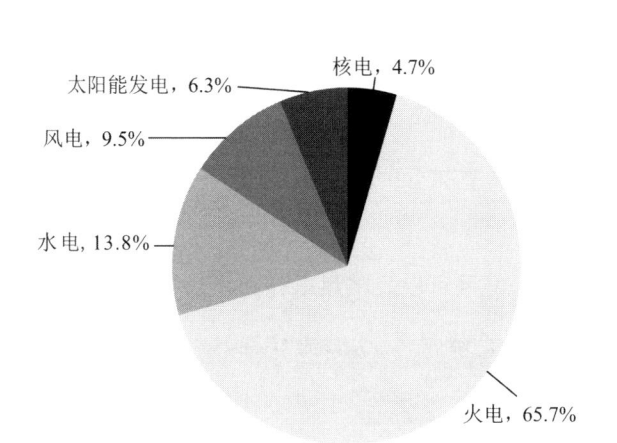

图 1.11　2023 年中国电力结构

数据来源：中电联《2023 年全国电力工业统计快报》。

2. CCUS 技术促进煤电行业低碳转型

CCUS 技术能够在煤电生产环节实现显著的碳减排效果，促进化石能源体系实现低碳、清洁和可持续发展模式的优化升级，为煤电行业新质生产力赋能。绿色发展是高质量发展的底色，新质生产力本身就是绿色生产力。为促进煤电行业新质生产力的发展，就需要推动煤电行业的绿色低碳化转型。《低碳电力系统规划与碳排放流分析》报告显示，2022 年中国电力系统生产运行环节的年排放二氧化碳总量约为 43 亿吨，约占中国总碳排放的 40%，是中国最大的碳排放行业，其中大部分的碳排放来源于火电。火电碳排放主要源于燃煤发电过程，单纯依靠降低煤耗措施来进一步减排的空间已较为有限。尽管太阳能、风能等清洁能源是理想的替代方案，但它们的电力输出受天气和季节影响大，因而难以完全替代现有的火电机组[35]。为了实现电力行业碳中和的目标，促进煤电行业的绿色、低碳发展，对含碳能源实行低碳排放处理就显得尤为重要。在此背景下，CCUS 技术作为关键的化石能源低碳利用技术路径,能够有效地捕捉煤电生产过程中释放的二氧化碳,并通过封存或转化为有价值产品,从而大幅减少电力行业的碳排放。因此,通过帮助煤电行业低碳转型,CCUS 技术可以促进煤电行业新质生产力的增长。

3. CCUS 自身发展可以反哺煤电行业发展

作为一种战略性新兴产业,加快 CCUS 产业的发展不仅是必要的,更是新质生产力发展中一项至关重要的任务。随着 CCUS 产业新质生产力的不断发展,其可以反哺煤电行业的发展,通过强化煤电行业低碳保供功能,从而有力驱动煤电行业内新质生产力的增长与提升。推广 CCUS 技术,实质是对传统煤电行业的深度革新和产业升级。通过将先进的 CCUS 技术融入煤电行业,可以激发产业内部的技术研发活力,驱动煤电行业乃至整个能源领域的技术创新和转型升级。具体来说,CCUS 技术的推广应用会催生一系列相关高新技术的研发创新,包括但不限于高效、低成本的碳捕集技术、碳转化利用技术以及碳存储技术的研发突破。这些技术的研发和产业化将引领装备制造行业向着更加环保、智能的方向发展。例如设计制造出适用于碳捕集设备的高效分离材料和装置,或针对碳利用途径开发新的催化剂和反应器系统等。同时,CCUS 技术还将促进新材料领域的发展,比如研发耐腐蚀、高强度的材料用于碳封存设施的建造,或是用于碳捕集过程中所需吸附剂和膜材料的研发。将这些新技术、新材料运用到煤电行业,可以更好地推动煤电行业转型升级,还能带动煤电行业产业链的进一步发展,助力煤电行业形成新的经济增长点,从而更好地为煤电行业新质生产力赋能。

1.5.2 煤电与CCUS技术耦合的现实条件与发展现状

1. 煤电与CCUS技术耦合的现实条件

一方面,中国煤电实施CCUS有较好的地域耦合潜力,这一现实条件凸显了CCUS技术与煤电新质生产力之间的重要关联性。《中国碳捕集利用与封存年度报告(2023)》显示,中国拥有约1.21万亿至4.13万亿吨的CO_2地质封存潜力,主要涵盖咸水层和油气田等多种地质储存资源,可以满足未来的CO_2封存需求。随着未来煤电产业布局的战略重心持续向西北部地区转移,并着力向规模化、集约化方向演进,这片区域内如新疆、陕西、内蒙古等地所蕴含的丰富的化石能源储备,恰好与塔里木盆地、鄂尔多斯盆地等大型陆上CO_2封存地形成了高度的空间匹配。这种天然的地理耦合性有助于简化CO_2的输送流程,极大地精简CO_2从排放源头到封存目的地的输送环节,从而有效降低了运输成本,为全面推进CCUS技术的广泛应用以及实现其相关资源的优化配置提供了强有力的支撑。这种布局调整不仅彰显了煤炭资源产地与适宜封存CO_2的地质构造在地理位置上的紧密结合,而且还为构筑煤电CCUS产业集群创造了极为有利的条件。此外,随着大规模煤炭能源基地向西部迁移,将有利于统筹规划和建设CCUS区域网络,通过共享基础设施,充分发挥产业集聚效应和规模经济效益。据CCUS专委会预测,到2050年,那些具备良好地质封存条件的坑口燃煤电厂在采用CCUS技术后,其完全供电成本可能下降至0.25元/千瓦时左右。这些现实条件无疑为中国全面推广CCUS技术,实现煤炭资源的清洁、高效利用奠定了稳固的基础,并为煤电新质生产力的增长提供了广阔的发展机遇。

另一方面,中国作为全球煤电存量机组规模最大且平均年龄较低的国家,在面对严格的碳排放约束下,煤电产业面临的"退役潮"可能导致大量资产搁浅[36]。因此,为促进煤电行业新质生产力的提升,可以运用CCUS技术来促进煤电行业的绿色低碳化发展,以延缓煤电资产遭受过早淘汰的命运。国家能源局报告显示,截至2021年底,中国煤电装机容量达到11.1亿千瓦,占总发电装机容量的比重为46.7%。2021年中国煤电的度电煤耗约为305克,其中超临界和超超临界机组占比超过50%。运行年限方面,中国煤电机组的平均运行年龄仅为全球平均水平的一半。这表明,中国拥有一支庞大且年轻的煤电机组,它们具有通过CCUS技术改造实现大规模碳减排的基础上延长使用寿命的潜力。然而,现有煤电机组实施CCUS改造的时间窗口非常有限,在中国"双碳"目标约束下为10~20年。按照当前煤电存量机组服役时间计算,在未延长服役期限的前提下,预计自2030年至2045年间,将有约6.5亿千瓦煤电装机容量退役,占现役煤电装机总量的60%以上。因此,在2030年前,大规模推广CCUS技术,开展规模化示范项目,是延缓煤电机组过早退役最为关键的战略时机。若未能及时实现技术创新与产业化能力储备,在面对2030年碳排放峰值之际,煤电或将面临大规模的淘汰。这一现状不仅会使巨额固定资产深陷沉没成本损失的问题之中,同时也会对电力系统的安全防护及稳定性维持带来更大的挑战,进而加剧能源转型的成本问题和复杂程度。值得一提的是,CCUS技术在煤电行业的应用不仅能实现显著的碳减排,还能创造可观的就业机会,有助于缓解煤电行业在优化转型过程中可能出现的就业矛盾,特别是在煤电产业集中的地区,借助CCUS技术可以避免大规模失业带来的社会经济风险。综上所述,中国现今运行的庞大且先进的煤电系统,承载着巨大的固定资产投入、复杂的产业链条、众多的从业人口等多重因素,简单地废弃煤电并不现实,无论是从实施的可行性还是经济合理性角度看均不合适。因此,在剩余的10~20年窗口期内,推广和应用CCUS技术对中国煤电行业转型升级、实现低碳发展至关重要,可以有效助力煤电行业新质生产力的提升。

2. CCUS技术的发展现状

作为战略性新兴产业的重要组成部分,CCUS技术的发展不仅能够促进该领域本身的创新升级,而且还能够为促进煤电行业新质生产力发展提供关键驱动力。因此,有必要了解CCUS技术的发展现状。

(1)CCUS示范项目的数量和规模不断增大。根据《中国二氧化碳捕集利用与封存(CCUS)年度报告(2023)》所披露的数据,截至2022年底,中国在CCUS技术开发及实践应用领域取得了显著进展。据统计,中国已处于运行状态或正处于规划设计阶段的CCUS示范项目数目已接近百个,其中实际投运的项目占比超过一半,这些项目的总二氧化碳捕集能力达到了大约400万吨/年,相比于2021年增长了约33%,有力证明了中国在提升碳捕集效能与技术水平方面所取得的重大突破和实质性进步。与此同时,二氧化碳注入能力也有了大幅提升,达到约200万吨/年,同比增长约65%,充分体现了中国在构建完整的CCUS产业链条上的决心与成效[37]。值得注意的是,标志性事件之一是国内首座百万吨级的CCUS项目——"齐鲁石化-胜利油田百万吨级CCUS项目"的成功启动,该项目不仅是中国CCUS技术突破的重要里程碑,更是大型工业化应用的成功典范。此外,中国在规模化推进CCUS技术上不断开创新篇,宁夏地区的一个300万吨/年规模的CCUS示范项目已全面进入建设阶段,其建成后将进一步提升国内CCUS整体处理能力和技术水平。另外,跨行业国际合作也在积极推进,中国石化联合壳牌、中国宝武钢铁集团以及巴斯夫等国内外知名企业,在华东地区携手启动了中国首个开放式千万吨级 CCUS 项目的前期合作研究工作。

（2）CCUS 技术不断突破。自"十一五"规划起，中国政府通过多元化的科研项目渠道支持 CCUS 技术研发，尤其在燃烧前捕集、化工利用及深水封存等方面取得显著突破。中国的第一代碳捕集技术已广泛实现了工业示范水平的应用，其中部分关键技术甚至达到商业化运营标准，但在系统集成优化和技术成熟度方面仍需不断实践与积累经验。对于第二代技术，研究主要还停留在实验室探索和早期测试阶段。在燃烧前捕集方面，中国的技术水平已达到世界先进行列，正处于工业示范阶段。而在燃烧后捕集领域，虽然已进入中试或示范阶段，但与全球的商业应用相比仍稍有不足。随着新一代低成本捕集技术的演进，其相较于第一代捕集技术成本和能耗优势日益凸显。因而，亟须加快技术迭代以降低成本。

（3）CCUS 政策体系逐步完善。截至 2022 年底，中国已出台逾 70 项 CCUS 相关政策文件，涵盖战略规划、标准体系构建和技术发展等多个维度。战略规划方面，早在 2011 年，国家科技部社会发展科技司和中国 21 世纪议程管理中心推出了首份《中国 CCUS 技术发展路线图》研究报告，设定了阶段性目标并确定了优先发展方向，后续 2019 年的修订版更强化了 CCUS 技术在中国低碳转型中的战略位置，并推进了试点项目实施。标准化方面，《碳达峰碳中和标准体系建设指南》等相关文件系统制定了涵盖 CO_2 捕集设备的制造、工艺流程的设计、输送设施的建设以及利用封存全过程的技术标准和规范，以保障项目合规、安全且高效。技术发展方面，《科技支撑碳达峰碳中和实施方案（2022—2030 年）》《加强碳达峰碳中和高等教育人才培养体系建设工作方案》等政策文件细致描绘了 CCUS 技术的研发路径、技术升级迭代的方向以及技术创新的重点领域，鼓励和支持企业、高校和科研机构围绕这些方向开展技术研发和应用示范。

1.5.3　CCUS 技术发展面临的挑战

CCUS 技术与煤电行业新质生产力的发展具有重要的内在关联，尽管目前中国在煤电行业与 CCUS 技术的结合应用上已经取得了一定进展，但要实现两者的深度耦合并发挥其最大效能，仍面临着一系列严峻挑战。

(1)CCUS 高昂的成本和较低的经济效益，阻碍其规模化发展。新质生产力的发展要求系统性地推动传统产业改造升级、新兴产业规模化发展以及未来产业前瞻性布局，然而，由于 CCUS 技术目前存在高成本和低投资回报率问题，限制了 CCUS 产业链自身的发展与壮大，同时煤电行业向低碳、绿色转型升级的步伐也受到了阻碍。具体而言，CCUS 技术的高昂成本包括了从碳捕集设备的设计制造、安装运行到维护整个生命周期的大量支出，这些显著的成本负担直接加剧了煤电企业在采用该低碳技术时所承受的经济挑战。与此同时，尽管 CCUS 技术具有长远的环境效益，但其短期内的投资回报率相对较低，使企业在追求经济效益和社会责任之间往往难以找到理想的平衡点，从而抑制了企业主动采用和大规模推广 CCUS 技术的积极性，这些因素都不利于 CCUS 产业和煤电行业新质生产力的发展。

(2)CCUS 商业模式尚未完善，制约其产业链的纵深发展。当前 CCUS 技术不完善的商业模式状况在一定程度上阻碍了其与煤电行业新质生产力的协同发展。为了充分推动煤电行业采用先进低碳技术以释放其生产力潜能，亟须对 CCUS 的商业模式进行优化和完善，使其更好地适应和促进新质生产力的发展需要。目前，"垂直一体化"模式是业界普遍采用的商业模式。在这种模式下，企业需要承担起从二氧化碳捕集、长途输送直至永久储存整个过程的全部责任,形成闭环管理。这种商业模式的优点在于减少了因多方合作可能出现的协调难题和不确定性,保证了项目的连续性和可控性,有助于降低潜在的运营风险。然而,在这种"垂直一体化"商业模式下,企业不仅需要拥有雄厚的资本基础,还必须具备顶尖的技术能力,以便承受从CCUS项目开发、建设到运维全过程所产生的高昂费用,这一要求无疑对众多企业带来了财务挑战。同时,这种高度集中和封闭式的管理方式也在某种程度上限制了不同企业之间以及跨行业间的资源共享和互补合作,不利于充分发挥市场广泛参与和社会化分工所带来的潜在优势。鉴于"垂直一体化"的局限性,业界也在探索更加开放和协同的商业模式。这些模式鼓励跨行业合作,促进技术和资源的共享,包括建立CCUS生态系统、形成战略联盟等,旨在通过合作共赢来扩大CCUS技术的应用范围和影响力。

(3)CCUS缺乏有力的政策扶持,增加了其技术发展的不确定性。科技创新是发展新质生产力的核心要素,但当前中国在CCUS技术领域的政策支持有所不足。这些限制因素阻碍了CCUS技术的快速发展和广泛部署,进而影响了CCUS产业及煤电行业新质生产力的提升。从顶层设计和行业规范化标准角度来看,当前中国对于CCUS技术的发展定位尚处在探索阶段,关于传统煤电行业是否应快速转型或结合CCUS技术的路径选择未达成共识,国家层面统一的CCUS战略规划和详尽的技术发展蓝图有待明确和完善。此外,在中国CCUS项目的实际操作层面还面临着监管归属不清、审批流程不明、技术标准缺失等诸多现实问题。此外,从政府决策层面到公众认知层面,对CCUS技术在当前全局战略中的重要意义认识不足,是导致该产业的推进速度较慢的原因之一,不利于整体新质生产力的提升。在补贴政策方面,虽然中国政府已经实施了多项旨在促进CCUS技术进步的措施,但其在商业应用方面的吸引力仍不明显。当前政策体系在提供法律基础和实际激励方面表现不足,例如,相比于可再生能源、电动汽车和核电行业所享受的税收减免、优惠信贷、关税优惠和配额制度等支持,CCUS领域的政策支持明显较弱[38]。这导致企业参与CCUS项目时面对较大风险,从而减弱了它们的参与意愿。在这样的政策背景下,CCUS技术难以获得一个持续和长期的创新驱动环境,使得其产业化道路更加艰难和充满挑战,难以持续提升煤电行业的新质生产力。

1.5.4　CCUS助力煤电行业新质生产力发展的政策建议

(1)加强顶层机制设计,明确CCUS技术应用的产业发展布局,为煤电行业新质生产力的发展提供保障。在促进煤电行业新质生产力发展过程中,国家层面需要对CCUS技术的发展策略进行高层次的统一布局和设计。首先,国家层面,应将CCUS技术的发展纳入能源安全和低碳转型的战略规划中,强调其在煤电行业新质生产力发展中的核心作用。这不仅有助于提高煤炭的清洁高效利用,减少碳排放,还能延长传统煤电资产的使用寿命。在此基础上,应细化CCUS技术发展的具体战略布局,包括确定研发的核心方向、明确具体任务以及制定相应的政策扶持措施。将CCUS技术从一项潜在战略技术转变为具有战略意义的新兴产业,是实现能源结构转型和减排目标的关键步骤。其次,对于CCUS技术的发展应该分阶段稳步推进。在示范推广阶段,选择适合国情和煤电行业特点的项目,建设一批具有代表性和示范效应的CCUS试点工程,通过实际运行检验技术的可靠性和经济可行性,积累宝贵经验,逐步解决大规模应用过程中可能出现的技术难题和政策障碍。在规模化应用阶段,根据前期研究成果和实践经验,结合市场需求和减排目标,制定全面系统的CCUS产业发展规划,逐步扩大CCUS技术在煤电行业的推广应用范围,实现从点到面、由局部到整体的深化发展。通过这一分阶段、系统性的顶层设计和规划,可以更有效地推动CCUS技术和产业的发展,并进一步加强其在煤电行业的应用,以加速煤电行业的低碳转型和新质生产力的发展。

(2)制定行业技术规范,强化相关体制建设和战略规划,为煤电行业新质生产力的发展积蓄动能。新质生产力的发展需要与之相适应生产关系,发展新质生产力,必须积极优化行业技术规范,建立健全适应新质生产力发展规律的标准体系,通过标准化、规范化的方式引导和支持新技术的研发应用、产业转型升级,从而确保新质生产力持续稳健地向前推进。首先,在"十四五"期间,要紧密围绕国家战略需求,结合国内外最新科研成果和技术发展趋势,系统性地编制中长期技术规划,明确CCUS技术研发的重点方向、阶段目标和实施路径。同时,要加快完善相关行业的技术标准体系建设,确保CCUS项目的规划、设计、施工、运营等各环节均有章可循,既保证技术安全可靠,又能有效提高整体技术水平和经济效益。其次,可研究设立专门针对煤电CCUS产业规模化、集群化建设的专项基金,用于补贴设备购置与改造成本,以达到降低成本、促进企业发展之目的。最后,可建立一套完善的煤电行业碳捕集减排量计算方法,探讨将这些减排量纳入全国碳交易市场的可能性。

(3)充分利用国有大型能源企业的雄厚实力,积极推动CCUS技术研发与示范工作,为煤电行业新质生产力的发展铺设道路。首先,应鼓励国有大型能源企业在资本调配和资源整合上发挥引领作用,积极探索CCUS项目的商业模式创新,促进CCUS技术和产业的健康发展。

第 1 章　传统能源优化：新质生产力的绿色路径

当前，部分大型能源国企已拥有较为扎实的 CCUS 工程实践经验，如国华电力的 15 万吨/年燃烧后碳捕集与封存全流程示范项目，为后续产业规模化发展提供了宝贵的参考。其次，着眼于未来，考虑到经济效益和地区特性，应优先选择具有较大捕集潜能的国有大型燃煤电厂作为示范点，实施全流程、大规模的煤电 CCUS 项目，不断提升工程技术能力与产业化应用水平。在具备良好源汇匹配条件、地方政策积极支持的地区，如陕西、内蒙古、新疆等地，有条不紊地推进煤电 CCUS 全链条工程示范。此外，国有企业应积极发挥自身在人力资源、财力等方面的优势，快速推进新一代低成本碳捕集技术的研发与应用，并展开 CO_2 输送管道等基础设施的前瞻性规划与布局，为今后的大规模产业集群打下坚实基础。最后，国有企业应勇担重任，凭借其在资本运作和人才聚集方面的独特优势，主导跨区域煤电 CCUS 产业化集群的构建，通过统筹规划和共享 CO_2 输送管网及封存设施，消除区域间的行政和行业隔阂，有效压低项目投资成本和风险，进而有力促进 CCUS 集群式发展的行业联动和产业整合。

（4）推进关键技术的创新突破，主动规划产业的核心发展路径，为煤电行业新质生产力的发展注入动力。新质生产力代表先进生产力的演进方向，是由技术革命性突破、生产要素创新性配置、产业深度转型升级而催生的先进生产力质态。因此，为发展煤电行业新质生产力，需要强化 CCUS 关键技术攻关，将该技术视为低碳技术突破口。首先，应聚焦全流程技术链，解决 CCUS 技术中的兼容性、集成优化等关键技术瓶颈，特别是低成本低能耗的碳捕集、资源化利用、管网布局、地下空间的精细评估、高效安全封存以及工程装备与监测等方面。这些技术突破是推动 CCUS 技术产业化的基础，也是实现大规模碳减排的前提。

为实现这一目标,可设立专项扶持资金,并将CCUS技术的研发成果纳入科技研发考核体系,以政策和资金的双重保障激励技术创新。通过设立专项研发资金,重点扶持关键材料和核心技术的研究,促进科研机构和企业在CCUS关键技术上取得突破。其次,应借助中国特色的体制优势和庞大的国内市场,加快技术引进与自主研发的步伐。通过科技战略攻关降低成本,力求在短期内实现技术上的突破和超越,避免技术锁定,最大化碳减排效果。在2030—2035年这一关键窗口期,应提前部署新一代低成本低能耗的CCUS技术,推动技术迭代升级。最后,应紧跟全球前沿技术动态,打造国家级技术研发平台,集中力量攻克CCUS关键技术难题,为煤电新质生产力的发展提供坚实的技术支持。

参考文献

[1] 付兆辉,戚野白,秦伟军,等.中国化石能源高质量发展面临的挑战与对策[J].煤炭经济研究,2019,39(7):24-28.

[2] 张磊.中国石油安全体系评价研究——基于粗糙集及支持向量机方法[J].中国软科学,2022(11):13-19.

[3] 姜永宏,穆金旗,聂禾.国际石油价格与中国行业股市的风险溢出效应研究[J].经济与管理评论,2019,35(5):99-112.

[4] 张希良,黄晓丹,张达,等.碳中和目标下的能源经济转型路径与政策研究[J].管理世界,2022,38(1):35-66.

[5] 周文,许凌云.论新质生产力:内涵特征与重要着力点[J].改革,2023(10):1-13.

[6] 蒲清平,黄媛媛.习近平总书记关于新质生产力重要论述的生成逻辑、理论创新与时代价值[J].西南大学学报(社会科学版),2023,49(6):1-11.

[7] 林伯强.碳中和进程中的中国经济高质量增长[J].经济研究,2022,57(1):56-71.

[8] 辛保安,陈梅,赵鹏,等.碳中和目标下考虑供电安全约束的我国煤电退减路径研究[J].中国电机工程学报,2022,42(19):6919-6931.

[9] MIKKOLA J, LUND P D. Modeling flexibility and optimal use of existing power plants with large-scale variable renewable power schemes[J]. Energy, 2016,

112：364-375.

[10] NIKOLOVA S, CAUSEVSKI A, AL-SALAYMEH A. Optimal operation of conventional power plants in power system with integrated renewable energy sources[J]. Energy conversion and management，2013，65：697-703.

[11] ZHAO C, ZHANG W, WANG Y, et al. The economics of coal power generation in China[J]. Energy policy, 2017，105：1-9.

[12] 郭朝先,陈小艳,彭莉.新质生产力助推现代化产业体系建设研究[J].西安交通大学学报(社会科学版),2024(4):1-15.

[13] 李松霞,吴福象.我国新质生产力发展潜力及驱动因素[J].技术经济与管理研究,2024(3):7-12.

[14] ZHANG W, YAN Q, YUAN J, et al. A realistic pathway for coal-fired power in China from 2020 to 2030[J]. Journal of cleaner production，2020，275：122859.

[15] DONG Y, JIANG X, LIANG Z, et al. Coal power flexibility, energy efficiency and pollutant emissions implications in China：A plant-level analysis based on case units[J]. Resources, conservation and recycling，2018，134：184-195.

[16] HIRTH L, UECKERDT F, EDENHOFER O. Why wind is not coal：on the economics of electricity generation[J]. The energy journal，2016, 37(3)：1-28.

[17] 张一飞.生产关系视域下的现代化道路比较及其启示[J/OL].江苏社会科学,2024(2):1-9.

[18] 刘瑞,郑霖豪,陈哲昂.新质生产力保障国家经济安全的内在逻辑和战略构想[J].上海经济研究,2024(1):40-47.

[19] 彭绪庶.新质生产力的形成逻辑、发展路径与关键着力点[J].经济纵横,2024(3):23-30.

[20] 郭朝先,陈小艳,彭莉.新质生产力助推现代化产业体系建设研究[J/OL].西安交通大学学报(社会科学版).2024(4):1-15.

[21] 张俊涛,程春田,于申等.水电支撑新型电力系统灵活性研究进展、挑战与展望[J/OL].中国电机工程学报.2023(11):1-22.

[22] 林伯强,谢永靖.中国能源低碳转型与储能产业的发展[J].广东社会科学,2023(5):17-26,286.

[23] 裴哲义,黄春雷,马珂等.清洁能源发展与挑战[J].水电与抽水蓄能,2021,7(5):1-3,46.

[24]张锦,丁雅静.水资源禀赋对水电梯级开发效率的影响路径[J].长江流域资源与环境,2024,33(2):336-346.

[25]钮新强.中国水电工程技术创新实践与新挑战[J].人民长江,2015,46(19):13-17.

[26]王舒鹤.中国水电发展的现状与前景展望[J].河南水利与南水北调,2021,50(7):26-27.

[27]谭彩霞,谭忠富,杨佳澄,等."双碳"目标下风光水火联合上网电价设计[J/OL].系统工程理论与实践,2024():1-16.

[28]吴建,邹其会,毛学志.新形势下水利水电工程移民生产安置模式探讨[J].水力发电,2020,46(7):5-7.

[29]范敏.水利水电工程移民安置前期工作的问题及建议[J].人民黄河,2016,38(11):124-127,132.

[30]ZHANG T,SHI Z-Z,SHI Y-R,et al. Enterprise digital transformation and production efficiency: mechanism analysis and empirical research[J]. Economic Research-Ekonomska Istraživanja,2022,35(1):2781-2792.

[31]杨昕,赵守国.数字经济与工业高质量创新的协同互促效应[J].科技进步与对策,2023:1-10.

[32]YI M,LIU Y,SHENG M S,et al. Effects of digital economy on carbon emission reduction: New evidence from China[J]. Energy Policy,2022,171:113271.

[33]LIN B,HUANG C. How will promoting the digital economy affect electricity intensity?[J]. Energy Policy,2023,173:113341.

[34]郭峰,王靖一,王芳,等.测度中国数字普惠金融发展:指数编制与空间特征[J].经济学(季刊),2020,19(4):1401-1418.

[35]董瑞,高林,何松,等.CCUS技术对我国电力行业低碳转型的意义与挑战[J].发电技术,2022,43(4):523-532.

[36]陈语,姜大霖,刘宇,等.煤电CCUS产业化发展路径与综合性政策支撑体系[J].中国人口·资源与环境,2024,34(1):59-70.

[37]罗海中,曾少雁,吴大卫."双碳"背景下CCUS技术发展现状及展望[J].山东化工,2023,52(23):101-106.

[38]梁希,夏菖佑,余晓洁,等.CCUS技术商业化应用面临的挑战和路径建议[J].可持续发展经济导刊,2023(6):16-20.

第2章

市场化机制：新质生产力的调节抓手

依托市场化机制来引导和激发新质生产力,已成为推进产业结构优化和绿色低碳转型的关键。绿电绿证市场的崛起成为中国新质生产力发展的推进器。然而,如何深化市场改革,激发绿色动能以支撑能源转型和新质生产力发展?新能源产业壮大引发市场周期波动、供应链变革和价格挑战,面对市场对期货工具需求的不断提升,新能源期货如何扮演新质生产力发展的加速器?碳市场作为支撑能源系统绿色转型和产业结构升级的重要手段,其在促进新质生产力发展的途径何在?电-碳市场的高效融合成为绿色低碳发展的关键,先进科技将如何助力市场高效融合,为新质生产力发展蓄势赋能?碳酸锂基本面供需的失衡冲击了市场价格,限制了期货服务实体经济的功能发挥,如何妥善运用期货"活水"激发战略性新兴产业的活力?欧盟碳边境调节机制等绿色贸易壁垒对中国高耗能产业挑战凸显,如何有效利用新质生产力所注入的强劲动力应对欧盟碳边境调节机制和攻克绿色贸易壁垒?

2.1 绿电绿证市场

目前新质生产力已经在实践中形成并展示出对高质量发展的强劲推动力和支撑力。中国积极推进风能、氢能和光伏等代替化石能源的技术发展,而绿电随着清洁能源体系的建设不断发展,成为推动新质生产力发展的绿色动力。通过绿证、绿电和碳交易等经济手段,政府鼓励企业将环境成本纳入考虑范围,推动企业绿色低碳转型,进一步加快推进新质生产力的形成。2024 年 1 月 27 日,国家发展改革委、国家统计局联合国家能源局发布《关于加强绿色电力证书与节能降碳政策衔接大力促进非化石能源消费的通知》,这是完善能源消耗总量和强度调控、有效拓展绿证应用场景的又一重要举措。考虑到绿电交易在推动中国新质生产力形成中发挥的作用,本节将从绿电绿证与新质生产力的联系出发,基于其发展现状分析绿电绿证市场在发展新质生产力这一背景下的不足之处,并针对其如何实现高质量发展提出建议。

2.1.1 绿电绿证是新质生产力发展的新引擎

实现碳中和,能源是主战场,可再生能源是主力军。中国能源系统碳排放量占总排放量的 80% 以上,能源绿色低碳转型是实现碳达峰、碳中和的关键举措。《2030 年前碳达峰行动方案》提出将能源绿色低碳转型作为首要任务,更加显现出能源绿色低碳转型的紧迫性与重要性。新质生产力就是绿色生产力,绿色电力一般指风电、太阳能发电和水电等一系列可再生能源电力,在可再生能源发电过程中不产生或很少产生对环境有害的排放物,且不需要消耗化石燃料。相较于传统化石能源,绿电具有可持续性、高普及性和环境友好等优点,可以为能源绿色低碳转型和新质生产力的发展提供绿色动力[1]。

"十二五"国家战略性新兴产业发展规划将战略性新兴产业划分为七个大类,其中就包括节能环保、新能源和新能源汽车。而新质生产力中的"新"和"质"与战略性新兴产业密不可分。推动新能源企业发展和促进其他企业的绿电消费,进一步促成可再生能源大规模、高比例、市场化、高质量的发展,既是培育以战略性新兴产业为代表的新质生产力的重要途径,更是推动绿色低碳转型和保障国家能源安全的一致行动。

绿电大规模、高比例、市场化和高质量的发展离不开体制完善与机制创新。中国对绿色电力的消费还处于起步阶段。消费者可以通过两种方式来购买绿色电力:一种是单独购买绿证进行交易,另一种是将绿证与实际电量捆绑在一起进行交易(即绿电交易)。绿电绿证市场作为绿色电力市场核心机制之一,可以通过市场化交易手段,将可再生能源发电企业直接与需求侧用户连接起来,有效推动可再生能源利用规模的扩大和低碳转型[2]。具体而言,深化绿电绿证市场改革有三个好处:首先,其有助于推进可再生能源项目的建立与发展。发电公司因此能够获取额外的绿色收益,从而使其参与到新能源项目中的热情被激发;其次,深化绿电绿证市场改革有利于促进可再生能源消纳利用。解决消纳问题是可再生能源大规模、高比例发展的关键,随着可再生能源逐渐迈入发展新时期,其规模持续扩大,而绿电绿证市场有效扩展了交易范畴,有助于推动绿色电力的生产和消费,实现可再生能源消纳利用;最后,深化绿电绿证市场改革可以引导绿色消费模式的形成。目前,已经有一些具备环保观念的企业确立全部使用绿色电力的目标,并且某些国家的进口或出口产品中也规定必须包含一定比例的绿色电力,可见,通过购买绿色证书来佐证绿电消费行为是全球普遍认可的方法,企业有消费绿电的驱动力。制度创新是保障,通过为绿电绿证交易构建一个市场有效、政府积极参与和开放共享的新模式,可以充分利用市场在资源配置中的作用,打造出有序竞争的市场架构和体系,激发各类经营主体发展新能源新业态的积极性和创造性,最终推动能源绿色低碳转型和新质生产力形成。绿电绿证与新质生产力发展的逻辑关系如图 2.1 所示。

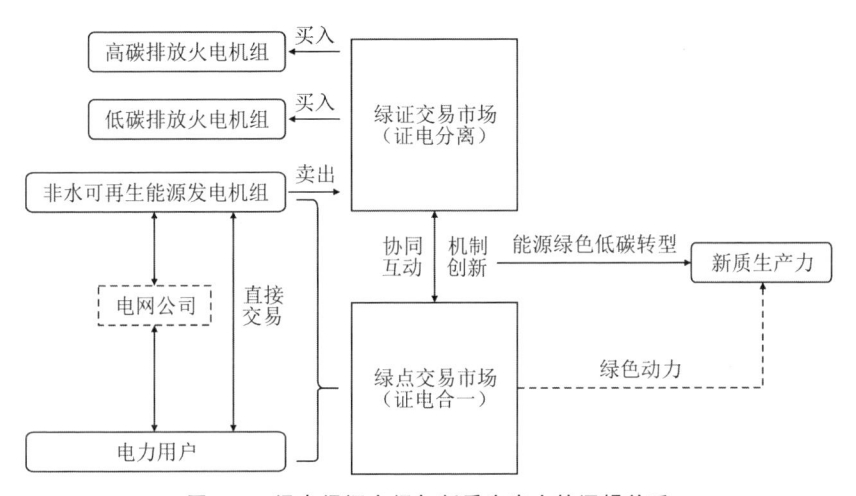

图 2.1 绿电绿证市场与新质生产力的逻辑关系

2.1.2 绿电绿证市场的发展现状

中国绿色电力证书交易制度通过从早期的政策制定到实际发证和市场建设的多个阶段的发展,已被视为促进清洁能源发展且减缓温室气体排放的关键手段。2017 年 1 月 18 日,中国国家发改委等三部委联合发布《关于试行可再生能源绿色电力证书核发及自愿认购交易制度的通知》,明确了中国绿色证书交易机制。同年 7 月 1 日,自愿认购交易开始实行。中国绿色证书的制定和交易规则与国际通用规则基本一致,即将绿证定义为国家对发电企业每兆瓦·时非水可再生能源上网电量颁发的具有独特标识代码的电子证书。可再生能源发电公司可以通过销售绿证来获得环境价值收益,而政府机构、公司、社会组织和个人都能购买绿证,以满足可再生能源消纳需求。绿证交易按照自愿认购原则实行,认购价格不超过证书对应电力的可再生能源电力补贴价,采用公开竞争或协商的形式来定价。在中国,绿证可以被划分为补贴型(非平价)和无补贴型(平价)两种类型。前者的最高交易价格受补贴金额影响,而后者确保了风能和光伏项目能够通过绿证交易获得适当的收入补贴。2017—2023年补贴和非补贴绿证成交平均价格如图2.2所示,在这两者之间,补贴型绿色证书价格远远高于无补贴型绿色证书。2023年7月25日,国家发展改革委、财政部和国家能源局发布《关于做好可再生能源绿色电力证书全覆盖工作促进可再生能源电力消费的通知》,进一步扩大了绿色证书的颁发范围,除了陆上风电和光伏发电企业(不包括分布式光伏),还新增了分布式发电、地热、水力以及生物质等项目。

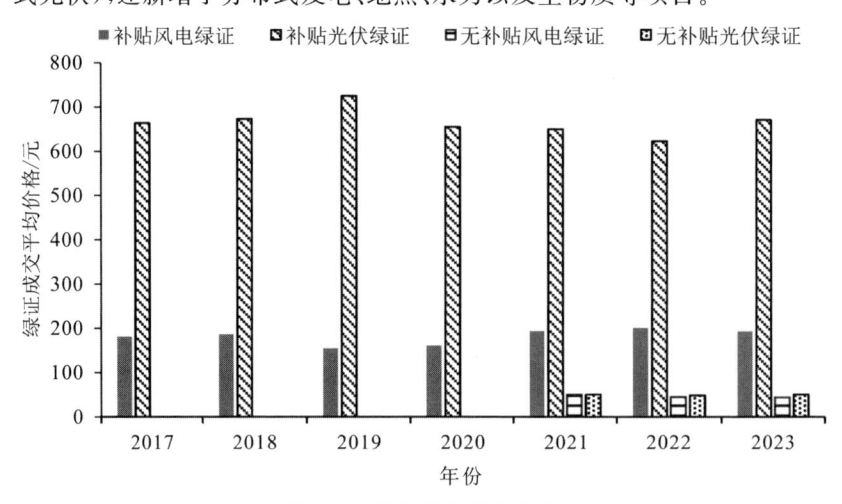

图 2.2 绿证成交平均价格

数据来源:中国绿色电力证书认购交易平台。

2021年9月,《绿色电力交易试点工作方案》(以下简称"《方案》")正式得到批复,在政策上实现了绿证和绿电的统一。《方案》指出,通过绿色电力交易,用户可以购买和使用符合绿色需求的电力,并获得相应的绿色电力消费认证。绿色电力消费证书记录了绿电的生产、传输和交易的完整信息,以实现对绿色电力全生命周期的跟踪和追溯。2022年上半年,《南方区域绿色电力交易规则》和《北京电力交易中心绿色电力交易实施细则》相继发布,两大电网公司发布的文件明确规定了"证电合一"的绿色电力交易方式,这使得购买绿色电力的消费者能够拥有确定的环境价值所有权,《方案》还特别强调了绿色电力证书是可再生能源消费的唯一凭证。目前,在新能源发电占比增加的情况下,电力系统的安全性和稳定性面临更大的挑战,"证电合一"的要求也意味着电网需要具备实时处理与调度的能力,从而导致了巨大的运行费用支出。因此,现阶段"证电合一"和"证电分离"仍是并存的两类交易方式,两种交易方式各有优劣。"证电合一"强调电力的绿色特性,并更好地消纳绿色电力。而绿证作为电能消纳的附属证明,其作用相对较弱。但绿电交易受到市场化程度、电力运输通道充裕度和电力交易政策等条件的影响,难以实现供需的完全匹配。在电量方面,绿电交易由于合约偏差和结算偏差的存在,难以实现全覆盖,因此需要通过绿证交易来进行补充。在环境溢价方面,绿电交易本质上是电力交易,而客户通常选择电能量和溢价的整体价格来进行结算,因此很难清晰地计算出环境溢价的具体价值。"证电分离"则更加强调绿证作为绿色凭证的作用。火力发电和新能源发电是本质相同且无法区分的电能量,主要通过结算来进行区分,此时,将绿证独立出来作为一种单独的交易品种,更能体现绿色价值,具有实际意义。在电量方面,绿证交易可以采用事后交易模式,不受地域、网络或市场化程度等限制,并且能够完全匹配需求量。在溢价方面,绿证交易独立于电力交易进行单独结算,其定价依据是市场对溢价的估值,这是用户对新能源环境价值的客观认定,更具有市场意义。但随着可再生能源技术的发展和电力系统调节能力的提升,"证电合一"将成为主流的绿电交易方式[3]。2024年1月27日,国家发展改革委、国家统计局、国家能源局发布《关于加强绿色电力证书与节能降碳政策衔接大力促进非化石能源消费的通知》,明确扩大绿色电力证书交易市场和范围,并将绿证交易对应电量纳入"十四五"省级政府节能目标责任评价考核指标核算。此外,在实际交易层面,越来越多的国家,以及欧洲地区开始对产品设置绿色贸易壁垒,国内许多企业重视ESG(环境、社会与公司治理)而设立绿色发展目标。双重需求带动使绿电交易规模明显扩大。根据中国绿色电力证书认购交易平台的数据,截至2024年3月,中国累计交易绿证1.35亿个,已有认购者3.5万,最近的挂牌交易月成交均价为26元/个。

2.1.3 绿电绿证市场发展面临的挑战

在能源领域,发展新质生产力的新动能在于持续推动可再生能源高质量跃升发展,但目前中国绿电绿证市场处于多种机制同时存在且相互交织的情况,交易规模和效率都较低,不利于可再生能源的高质量发展。这就需要绿电绿证市场继续完善顶层设计和机制建设,才能发挥好市场在资源配置中的作用,促进能源绿色低碳转型。针对新质生产力发展提出的新需求,中国绿电绿证市场还存在以下不足:

(1)绿电绿证与其他市场仍未实现有效的协调运作,尚未达到合力推动新质生产力形成的效果。在中国绿色电力交易市场开放之后,绿证交易、绿电交易和碳排放权交易这三种市场机制都旨在推动能源绿色低碳转型。然而,交易模式的差异很容易导致一些市场机制之间的冲突[4]。首先,绿电交易和碳交易可能存在重复支付环境费用的情况,导致两个市场之间的衔接不够完善。其次,由于绿电和绿证采用了不同的交易模式,这种差异可能会导致证电关系变得混乱。故作为连接绿证和碳交易市场的纽带,绿电市场需要进一步完善市场机制以提高衔接性。此外,中国的绿电市场本身范围有限,并没有包括诸如海上风电、分布式光伏发电、分散式风电等新能源应用场景类型。补贴外电量不在当前绿证的覆盖范围内,生物质发电、光热发电等发电类型也未被纳入绿证的核发范围,全覆盖亟待落实。

(2)环境价值重复核算导致过度投资,不利于实现新质生产力要求的高效能。目前,环境价值重复核算现象较为普遍。新能源发电企业变现环境价值的途径主要包括出售绿色电力、绿色电力证书或CCER。但国家和地方政策尚未明确规定或限制企业的变现方式,这可能导致新能源发电企业将相同碳减排量的CCER、绿色电力证书、绿色电力出售给不同的企业,从而导致环境溢价重复计算的问题,这可能会引起纠纷,并且不利于全社会准确把握碳减排情况。"证电合一"和"证电分离"并行的交易方式也难以解决新能源发电企业重复售卖环境价值的可能性。部分地方推出的分布式绿电碳普惠项目以及仍未全部用于抵消的旧CCER绿电项目都牵涉到与绿色证书涵盖范畴的交叠。部分地区的电网排放因子计算方法中并未剔除已定向的绿色电力的减排效果。以上都会导致碳减排也被重复计算[5]。多类型的交易机制也会带来可再生能源发电企业的过度投资问题,进一步导致监管不足的情况,这样既会影响到整个市场规模的大小,也对绿电产品的多样化进程不利。

(3)绿电产品灵活性和激励效果不够,引导企业培育新质生产力的动力不足。公司购买绿色电力的动机不同，可能是为了达到自身的环保指标统一采购多个地点的绿电，可能只购置当年的新发售绿色电力来规避总体能耗限制，也可能是为了适应更严苛的产品碳足迹评估标准或利用购买绿色电力的方式减少一部分碳排放额度。然而，实际操作中企业却因采购规模、地域和方式等方面的局限无法达到购买绿电的目的。从购买规模来看，企业因生产规模等原因对绿电需求大，但是当地可供使用的绿电资源有限，故不能仅通过一次交易来满足全部的需求，而可以满足企业绿电需求的企业却又不在同一地理区域。从购买方式来看，部分公司有全国性的业务分布但更倾向于由总部统一购入，而不是按照各地单独设立售电公司去买进。此外，在发达国家，绿电市场既有强制市场又有自愿市场，企业可以根据自身需求灵活采购绿电和绿证，从而提高市场的活跃度。然而在中国，绿证不可转卖，也没有其他方面的激励政策，导致企业购买热情不高，使用绿电的动力不足。

(4)可再生能源电力运输技术不成熟，无法实现大规模绿色电力输送以满足新质生产力的发展需求。"证电合一"需要考虑到输电网的负荷能力。新质生产力中的"新"和"质"，与以战略性新兴产业密不可分，而当前中国战略性新兴产业已形成了以长三角、环渤海、珠三角以及长江中上游等四大产业集聚区的发展格局。换言之，需要绿电的企业主要位于经济发达东部地区，而供应绿电和绿电证书的地区主要在"三北地区"，因此，"证电合一"需要克服远距离输电的挑战。目前已有输电通道均为历史规划，并配套有长期供应的传统电源，并无充足的空余输送能力用于大规模可再生能源电量的输送。[6]但未来，随着市场交易制度及配套电网技术的完善，大规模绿电输送问题的解决只是时间问题。

(5)绿证国际认可度有待提高，不符合新质生产力发展强调的开放理念。目前,绿证成为全球贸易绿色化的重要组成部分,中国企业迫切需要适应国际客户供应链脱碳对绿证的要求。而中国绿证的国际认可度却不高,主要有三个原因。第一,中国绿证缺乏可追溯性,从而直接影响其可信度。第二,中国绿证市场与碳市场缺乏协同,导致绿证的通用性受限。第三,现行政策规定,国内项目只能申领国内绿证,不利于其国际认可度的提高。2023年12月,北京电力交易中心组织立项的《基于区块链的绿电标识应用标准》(IEEE P3224)获批发布,该标准是中国领导的首个国际标准,用于绿电交易领域,通过这一标准,中国正积极提升绿证的国际认可度,以满足全球贸易绿色化的需求。未来随着绿证国际认可度的不断提高,有望形成新质生产力的长期优势。

2.1.4 绿电绿证市场高质量发展的政策建议

(1)完善绿电绿证市场化机制顶层设计,为新质生产力形成发挥制度合力。绿证、绿电和碳交易的协同发展是大势所趋,这需要统筹考虑三个市场的顶层设计,有机融合绿证、绿电和碳交易机制,通过设计科学、合理的互认机制和抵扣方式将绿电(带绿证)的购买与碳排放核算联系起来,明确绿电环境权益,完善核算机制,使绿证成为企业抵扣碳排放量的重要证明[7]。首先,要做好与碳市场的衔接,特别需要处理好电力间接排放的计算问题[8]。灵活制定电网排放因子的评估方式,依据绿色证书的发放及交易状况实时更改和升级各级电网的平均排放因子,以免绿电的碳减排效果被重复计量。在CCER市场上,妥善解决绿色证书与CCER之间的转换问题。相比之下,CCER对于除降低排放额外的需求更为严格,有关部门应该创建一套满足CCER要求的额外性筛选准则,清晰地界定可以转为CCER的绿色证书类型,并且特别关注那些领先的可再生能源发电技术。其次,还应做好与电力市场的衔接工作。就购买绿色证书而言,提倡优先考虑那些对市场化的绿电溢价需求较小的项目,以无偿或者低价获取这些证书。针对还未融入电力市场中但被电网公司统一收购销售的可再生能源发电量,应该依照市场化溢价由低到高来选购绿色证书。而对于没有接受任何其他类型补贴的可再生能源发电量,则应当依据当地绿证最近的3个月或是6个月的平均售价去购买它们,由此产生的金额及得到的绿证按比例分摊给所有电力市场客户。除了市场运行机制的协调,还要关注到地域之间的协同,加快构建合理完善的跨区域交易机制来实现绿电市场的统一定价与协调分配,实现绿色电力就近消纳和跨区域交易的良好运行。

(2)增加绿电产品多样性与完善绿电价格形成机制,让市场成为新质生产力形成的主要力量。在增加产品多样性方面,首要任务是增加除风电和光电以外的新能源发电进入绿电交易市场,让更多类型、更加高效的绿色电力进入市场,增加绿电交易的覆盖范围。其次是推动各方力量开发绿色证书相关的产品,如100%绿电产品、零碳产品等,以最大化地利用绿电的环保属性。关于绿电价格的价格形成机制,其由电能量价格和环境溢价两部分组成,前者是对绿电生产运营成本的量化,后者代表绿电环境属性的价值[9]。当绿电和其他常规能源一同参与市场交易时,其环境价格应当基于市场供需等情况改变。在绿色电力交易合同中,应当清楚地规定电能和绿证的价格,以便更好地反映绿色环境的价值,并激励新能源生产商积极参与市场交易。同时,逐步减少国家补贴、区域壁垒以及地方保护等行为对价格的影响,缓解绿电供需错配的情况,逐步建立更为完善的绿色环境价值体系[10]。

(3)提高输电通道利用率以畅通绿电供应,满足新质生产力发展的能源需求。与可再生能源电力输送效率较高的欧洲国家相比，中国有着独特的国情，即可再生能源电力的输电距离较长，存在绿色电力错配现象，因此亟须探索出符合中国国情的可再生能源输配方案。绿色电力市场的发展依赖于集中式和分布式风光等新能源的开发，目前，中国集中式新能源仍占主体地位，"三北"地区应优化推动大型综合能源基地的建设，中东部地区应推动分布式风光开发。首要是推动绿色电力就近开发消纳，其次是不断提升输电通道的利用效率和可再生能源电量占比[11]。事实上，要实现"证电合一"，就必须不断提升电力大通道的运行效率，在确保用电安全稳定的前提下，加大可再生能源电力跨区域输配能力。同时，需要重视支撑性煤电的开发，促进西部地区的新能源外送，在确保能源安全的前提下，促进可再生能源的消纳。

(4) 加快制定绿证国际互认实施细则，发展符合开放理念的新质生产力。开放发展的新理念要求注重解决发展内外联动问题，为支持外向型企业应对新型贸易壁垒，发展符合开放理念的新质生产力，需要不断推动中国绿证的国际化。首先应加强对外合作，了解 RE100 等绿证有关的国际规则，积极与规则制定方交流沟通，为绿证走向世界打下基础。此外，充分利用数字化和标准化技术，对新能源发电企业的发电数据进行标准核证，并报送给国际绿色电力证书核发机构。通过推进绿色电力证书的国际对接，可以提高其在国际上的认可度。其次是开展试点，政府有关部门、行业专家以及主要利益相关者可以组成工作组，分析国内外体系差异，识别互认障碍，并提出解决方案。通过在自贸区或特定行业内实施试点项目，探索中国绿证与国际绿证的互认操作。通过这些试点项目收集数据，评估互认的可行性和效果，为全面实施互认提供实践依据。

(5)利用以数字经济为突出特征的新质生产力助推绿电绿证交易多方位发展。交易环节方面,区块链作为一种基于信用的技术,处于数字化时代的核心位置,它可以在数字世界纪录绿色电力的流向,并在现实的环境中保证其唯一性[12]。利用区块链技术,运营商能够提升绿电交易的市场影响力。数据共享方面,利用数字技术实现绿色电力证书交易平台与电力交易平台数据的共享和互通,根据上网可再生能源电量直接生成绿色电力证书。市场监管方面,数字经济可以提供强大的监管技术,如大数据分析、人工智能等,对市场进行实时监管,防止操纵行为和欺诈,强化市场监管。数据作为新的生产要素,具有开放性、跨时空和共享的特点,将新型基础设施建设如5G、人工智能、区块链等融入绿电绿证交易市场,将加速市场的信息流通,优化资源配置,提高生产效率,为能源领域新质生产力的形成注入新的活力。

2.2 新能源期货

新质生产力发展背景下,新能源产业蕴含了双重关键角色。一方面,新能源产业自身将成为中国经济竞争力的新引擎之一,在产业发展的过程中推动中国经济高质量发展;另一方面,新能源产业作为新型能源体系的支柱性产业,需要为新质生产力发展提供能源保障,与数字经济、新材料、商业航天等经济发展新引擎形成协同产业体系。

因此,传统的以煤炭、石油为主的能源期货市场体系将无法有效推动新质生产力的发展。面向新能源构建精准适配的期货市场体系既是产业发展的必然要求,也是促进新质生产力发展提速增效的重要手段。广州期货交易所建立的工业硅期货和碳酸锂期货是中国新能源期货建设的开端。随着新能源产业的持续扩容提质,产业周期、供应链风险、商品价格波动等问题将会更加明显,产业对期货市场的需求正在不断增加。在此背景下,有必要深入理解新能源期货与新质生产力之间的互动关系,明确新能源期货的内涵与当前国际、国内发展现状,进而梳理中国新能源期货市场发展面临的现实困境,针对新质生产力背景下的能源转型任务与需求,提出推动中国新能源期货高质量发展的政策建议,促进新能源期货在推动新质生产力发展过程中发挥提速增效的功能。

2.2.1 新质生产力视角下新能源期货的角色定位

新质生产力代表先进生产力的演进方向,是由技术革命性突破、生产要素创新性配置、产业深度转型升级而催生的先进生产力质态。随着中国持续推进能源转型进程以及积极稳妥推进"碳达峰、碳中和"任务,中国的新能源产业已经逐渐成长为技术先进、创新驱动、产业生态布局初步完善的新兴产业[13]。在新能源产业的子行业中,中国普遍保持了全球领先的技术水平和装备制造水平,并已经建立了全球最大的清洁电力供应体系。电力供应以外的新能源产业如新能源汽车、锂电储能设备等同样在技术、创新、市场等多个层面保持全球领先,形成了强大的产业竞争力。因此,新能源产业已经成为推动新质生产力发展的重要引擎,并存在广阔的发展空间,正在持续推动中国经济高质量增长。

新质生产力强调摆脱传统经济增长方式,以创新为发展的第一动力,因此,战略性新兴产业和未来产业将成为新质生产力发展的重要依托。数字经济、新材料制造、商业航天、低空经济、人工智能等产业将作为新质生产力的支柱性产业取得快速发展,并逐步实现对现有生产力的跃迁。新兴产业的发展需要以充足的能源供应作为保障,特别是电力的高效供应成为产业发展的基础性条件[14]。因此,新能源产业也是支撑和推动国家新质生产力形成的能源资源基础,将在新质生产力发展过程中持续发挥关键作用。

总之,新质生产力背景下的新能源产业背负两个重要的时代使命:一是作为新质生产力的组成成分为经济社会高质量发展注入强劲动能,二是作为新质生产力发展过程中能源保障基础的重要依托。因此,新质生产力逐步替代传统生产力成为经济增长新动能的过程中,必将伴随着以新能源为主的新型能源体系逐步代替以化石能源为主的传统能源体系,传统能源金融体系的适应性也将减弱。在生产力从传统向新质跃迁的过程中,积极构建以新能源为核心关注点的配套金融市场成为助力新质生产力发展提速增效的重要手段。

能源金融体系中期货市场的建设是关键一环。[15]与传统化石能源产业相同,保障新能源产业平稳运行,减少其产业链、供应链风险的重点在于维护相关金属材料资源和关键产品的供应充足与价格稳定[16]。新质生产力发展背景下持续推动新能源产业发展,需要提升产业整体的价格影响力和定价能力,避免资源供应链风险,提高产业经营业绩的稳定性。同时,若想发挥新能源产业规模效应、推动新质生产力发展,还需要减少因市场竞争、经济周期而引发的产业系统性风险,提升新能源产业韧性,进而保障新能源产业在全球范围内维持相对竞争优势。由此可见,不断发展并优化精准适配的期货工具对于新质生产力发展引领下的新能源产业至关重要。只有充分发挥期货市场的价格发现与风险管理功能,才能有效保障新能源产业平稳运行,发挥产业的经济增长动能,为其他新兴产业提供能源保障,并与其他新兴产业协同重塑产业生态,形成新质生产力。

图 2.3 总结了新能源期货与新质生产力的逻辑联系。简而言之,新质生产力作为中国经济发展方式的系统性变革,对金融支撑体系提出了针对性要求。新能源期货作为保障新能源产业供应链安全与平稳运行的金融工具,有助于新能源产业作为关键引擎拉动中国高技术产业形成领先优势以及为战略性新兴产业的电力需求提供能源保障。充分明确新能源期货的发展现状与问题挑战,并提出针对性的解决方案,对于新质生产力的发展具有重大的现实意义。

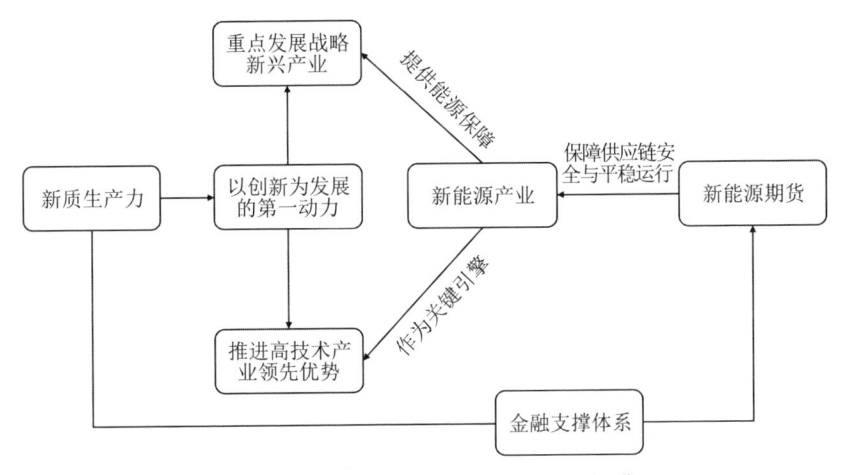

图 2.3 新能源期货与新质生产力的逻辑联系

2.2.2 国内外新能源期货的发展现状

1. 新能源期货的定义与内涵

新能源期货可以被定义为服务于新能源产业的期货品种。新能源产业包括风电、光伏、生物质、地热等发电部门,也包括储能、储氢等储运部门。从广义上讲,新能源产业是新型能源系统的核心,因此,还间接包括了深度脱碳技术应用甚至碳捕集、利用与封存(CCUS)等负碳技术产业。由此可见,新能源产业的能源产品均为电力,但电力供应需要依托技术先进、创新驱动的生产设备。因此,新能源期货应当包括产品端的电力期货以及生产端的设备原材料及成品期货。

虽然新能源发电量占比正在逐渐增加,但是当前中国电力供应仍旧以火力发电为主[17]。因此,产品端的电力期货在短时间内具有传统能源期货与新能源期货的双重属性,随着新型能源体系的逐步建设,电力期货也将融入新能源期货市场体系。而生产端的设备原材料及成品期货则完全面向新能源产业,因此成为新能源期货市场发展的关键。尤其是以新能源发电设备关键原材料为标的的期货品种,是当前全球普遍关注和逐步发展的主要新能源期货类型。表2.1展示了当前技术水平下新能源产业发展过程中关乎关键设备制造的几种原材料。其中,稀土是多种化学元素的统称,在风电设备制造过程中,主要包括的稀土元素为钕、镝和镨。由于这些原材料对于新能源产业的供应链、价值链始终产生深刻影响,因此,目前国际新能源期货市场也以设备材料中的关键金属资源期货为主要发展方向。

表2.1 新能源发展过程中的核心原材料

原材料	对应新能源	对应设备	详细用途
稀土	风电	风力涡轮机	用于风力发电机的永磁材料,提高发电机效率
硅	光伏	硅晶片	用于制造太阳能电池板的主要材料
锂	储能	锂电池	用于制造锂离子电池,应用于电动车辆和能源存储
镍、钴	储能	锂电池阴极	用于电池阴极材料,提高电池性能

资料来源:笔者根据公开资料整理。

2. 国际新能源期货发展的现状

以英国、美国、新加坡等发达国家为代表的国际市场,以关键金属资源期货为起点,建立起新能源期货。其中,英国伦敦交易所建立了锂、钴、镍等新能源期货;美国芝加哥交易所也先后推出了多个锂金属相关的期货品种,包括氢氧化锂和碳酸锂;新加坡交易所则在2022年9月连同金属钴、氢氧化钴期货一并推出了氢氧化锂和碳酸锂期货。

整体而言,受限于新能源产业的整体规模和投资对冲需求,国际新能源期货发展历史并不悠久。但是,发达国家的传统期货市场较为成熟,具有稳定的交易机制和监管体系,能够为新能源期货的交易提供参考和借鉴,有助于新能源期货实现跟进式发展。并且,国际新能源期货市场虽然已经推出了一些典型的期货品种,但期货市场在功能发挥、市场影响力方面仍显欠缺。

美国芝加哥商业交易所碳酸锂期货上市首日成交量仅有数笔,而上市次日甚至无成交量。氢氧化锂期货虽然上市更早,市场建设更为完备,但直到2024年2月仍旧会出现日内无交易的情况。新加坡推出的四种新能源期货则采用了现金结算的模式,并且以第三方机构发布的价格指数为期货标的,形式上更偏重概念而缺少实体企业参与,因此,同样成交量稀少。究其原因,美国、英国、新加坡等已经发展新能源期货市场的国家缺少足够的新能源实体企业参与市场建设,同时,期货市场并不以实物交割为目的,最终导致新能源期货市场流于形式,无法有效支撑产业发展。

3. 国内新能源期货发展的现状

中国尚未推出针对新能源产业产品端的电力期货市场,但积极跟进并引领了新能源产业生产端的期货市场。工业硅和碳酸锂期货是当前中国新能源期货的典型代表。工业硅是用于制造太阳能电池板的主要材料,碳酸锂是用于制造锂离子电池以及其他能源存储设备的原材料。二者的期货品种由广州期货交易所分别于 2022 年 12 月和 2023 年 7 月上市,成为中国期货市场新能源板块体系建设的起点。具体来说,2022 年 12 月 22 日,广州期货交易所推出的工业硅期货不仅是国内首个新能源产业期货品种,也是全球首个工业硅期货品种。而在 2023 年 7 月 21 日,广州期货交易所再次推出了碳酸锂期货,这是国内首个与储能密切相关且有较成熟应用产业链支撑的新能源期货品种,与碳酸锂期货同期推出的还有碳酸锂期权。

  整体而言,国内新能源产业期货起步不晚,且实现了梯次发展。与西方发达国家建立的新能源期货相比,中国的新能源期货具有更高的产业紧密性。不论是首个推出的工业硅期货,还是后续推出的碳酸锂期货,其对标的光伏产业、储能与新能源汽车产业都是中国的优势产业。另外,中国的碳酸锂期货市场还在全球范围内首次采取了实物交割的模式。由此可见,中国发展新能源期货的核心优势在于具有充足的实体产业支撑,作为全球最大的光伏生产国与最大的新能源汽车市场,中国对工业硅和碳酸锂的实际需求量巨大,现货市场广阔,能够为期货市场提供广泛的投资需求基础[18]。

  工业硅和碳酸锂期货推出后,广州期货交易所积极开展市场培育活动,引导新能源产业内企业以及投资者参与市场投资与建设,着力提升市场流动性。目前,工业硅和碳酸锂两个新能源期货品种已经逐步步上市场发展正轨,并逐步发挥出价格发现、套期保值和风险规避功能。图 2.4 展示了中国碳酸锂期货上市以来,碳酸锂与工业硅期货的月度总成交量情况。可见,中国新能源期货市场已经得到了较为广泛的投资参与,成交量规模也在逐月增长,即使受年初效应和产业周期影响,总成交量仍旧高于碳酸锂期货市场初始建立的月份。

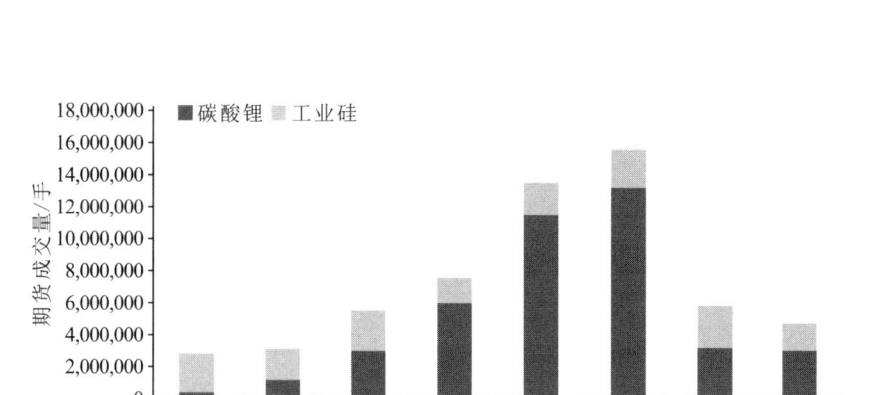

图 2.4　2022 年 7 月至 2023 年 5 月中国碳酸锂与工业硅期货成交量

数据来源：广州期货交易所。

因此，相比全球整体情况，中国新能源期货市场具备首发优势，同时依托强大的产业背景逐步形成了一定的市场规模。在期货品种方面，不仅与国际新能源期货品种基本实现了同步发展，而且还拥有工业硅期货，能够作为独特品种引领全球新能源期货市场布局。同时，中国的新能源期货市场建设积极采取实物交割等模式，有效地区别于国际市场，有利于形成市场影响力。整体而言，中国新能源期货市场，尤其是侧重生产端的新能源期货市场发展势头良好，能够在现阶段推动新能源产业发展。

2.2.3　新质生产力视角下新能源期货发展面临的挑战

总结而言，中国的新能源期货发展优势主要体现在资源产能相对丰富、相关产业积累较好、实物交割运行模式与行业紧密贴合、配备期权合约用于满足个性化对冲需求等多个方面。但是，新质生产力发展背景下，新能源期货市场的培育与体系化建设仍然任重道远。新质生产力视角下的能源转型需要持续推动新能源发展，新能源产业的技术升级、效率优化以及供需扩容都需要以针对性的金融服务体系作为支撑条件。这就需要持续扩大当前中国在新能源期货市场领域积累的优势地位，并努力破除新能源期货发展面临的困境，发挥好金融服务实体功能。面向新质生产力发展，中国新能源期货市场面临的困境主要有如下几个方面：

(1)目前中国新能源期货品种较少，未充分覆盖新能源品种，不利于新质生产力扩容。中国目前的新能源产业期货标的资产中，工业硅是用于制造太阳能电池板硅晶片的主要材料，碳酸锂则是用于制造锂离子电池，应用于电动车辆和能源存储单位的原材料。也就是说，目前中国的新能源期货主要关注了光伏和储能两个细分行业。但是，新能源产业链以及新型能源系统中还包括风电、生物质能等其他行业以及特高压电网建设等内容，除硅、锂之外，新能源产业链中生产端的关键资源也还有钕、镝、钴等诸多品种。因此，虽然中国目前新能源期货品种的数量与创新程度位居全球前列，但是仍未能覆盖完整的新能源产业链，对新能源产业发展的整体支撑效果不足，不利于新能源产业作为新质生产力的组成部分实现整体协同发展。中国新能源期货市场面临的不成熟、不充分问题是各国新能源期货发展的共性问题，这导致推动市场扩容与发展缺少足够的外部参考。另外，如何在扩容的基础上提升多种期货品种的关联性与互补性，也同样需要"摸着石头过河"，逐步探索。另外，中国当前的新能源期货市场与国际市场类似，主要关注新能源生产设备供应链资源，既未建立侧重产品端的电力期货市场，也缺少从生产端延伸发展新能源设备中间产品相关的期货市场。这导致当前中国新能源期货市场体系化不足，难以形成合力。

(2)中国新能源期货市场机制体制不足，影响国际定价影响力，不利于新质生产力保持长期优势。期货价格是公开交易形成的,具有较强的预测性、连续性和公开性,因此,成为许多大宗商品的定价基准。积极推动新能源期货建设,在满足市场需求、稳定原材料市场价格的基础上,还有助于提高中国在全球新能源设备原材料供应市场的影响力和话语权。这对于推动新能源产业成为新质生产力至关重要。例如,上市碳酸锂期货有利于形成中国权威的锂盐价格,能高效、公开、及时地反映国内锂盐市场供需变化,从而增强中国企业在国际锂盐贸易中的主动权,扩大中国碳酸锂企业的国际影响,依托产业影响增加资源定价权。然而,受限于中国整体对期货市场较为严格的管理机制体制,新能源期货市场的参与者受限,流动性成长能力不足,形成的价格影响力容易被更为发达的期货市场所掩盖。同时,市场开放程度受限,缺少国际化的交易平台,使得中国新能源期货形成的价格信号难以有效转化为国际化的定价基准。随着新能源汽车、锂电池、光伏产品等新能源产业链中的制造业产品成为中国出口增长的新引擎,上游资源定价能力的缺失将减少中国新能源产品在全球价值链中的利益分配,不利于新质生产力的形成。

(3)现有期货品种应用效率较低,市场推广较慢,限制新质生产力发展速度。新能源期货推出的目的应是提供价格发现、套期保值、定价权争夺与资本支持新能源产业四个重要功能。随着新能源产业的持续发展,产业的周期性将更加明显,期货市场为生产者提供的价格发现以及风险规避功能将愈发具有现实意义。然而,与传统的化石能源期货市场相比,目前中国建立的两个新能源期货市场中,市场参与者的活跃度不高,对期货品种的关注度和投资意愿也相对有限,交易量虽然优于国际水平,但相对其他传统期货市场仍显低迷。这导致期货难以有效反映市场供需关系和投资者预期,价格发现作用弱化,现货价格、长协价格很大程度上仍会被作为实际产业经营中的定价标准。同时,碳酸锂期货采取实物交割的方式虽然能够避免市场冗余合约,提高市场透明度,但却增加了临近交割时价格大幅波动的风险。这些因素增加了期货品种推出后投资者的观望期,且由于碳酸锂期货上市时机恰逢供过于求阶段,期货品种推出后,价格连续下行,投资者可能更倾向于观望而非积极参与期货交易,导致市场风险难以疏散平抑,市场推广难度增加。新能源期货市场推广的速度如果无法与新质生产力发展的现实要求有效协同,新质生产力的形成与发展速度将会受到限制。

(4)金融系统面向新质生产力的实体支撑功能较弱,不利于协调期货市场发展。新质生产力作为国家发展的重要战略方向,概念相对新颖,所依托的产业也以新兴产业、未来产业为主,因此,现存金融系统整体存在支撑功能较弱的问题。金融系统和期货市场之间存在密切关系,期货市场本身是金融系统的子集,二者能够相互促进、协同发展。但是,当前中国尚未针对新质生产力建设有效的金融服务系统,针对新质生产力中的关键产业也缺少配套的金融产品,如针对技术创新的风险投资、创业公司的融资支持、产业链上下游企业的供应链金融等。这些欠缺在限制新兴产业发展速度的同时,也增加了新能源期货的推广难度。从另一角度来看,新能源产业具有技术密集、子行业众多的特点,并且展现出与其他新兴产业深度融合的良好前景。新质生产力发展也将持续带动新能源产业与其他新兴产业的耦合,形成产业合力,这就对新能源期货市场在降低产业链价格风险和平稳市场情绪等方面提出了新的要求。新能源期货不仅需要满足新能源产业的个性化需求,还需与其他新兴产业相关的金融市场建立起紧密的互动关系。然而,针对其他新兴产业的金融服务市场建设尚未得到重视,这将不利于实现金融市场协同推动产业部门协同的目标,影响新质生产力发展背景下的产业生态形成。

2.2.4 新能源期货助力新质生产力发展的政策建议

(1)适度加快市场建设速度,增加交易品种。中国连续两年陆续推出新能源期货品种,市场建设稳步推进,但之后可以适度加快建设速度。中国发展新能源期货,形成新能源期货定价影响力的关键优势在于庞大的产业规模与海量的市场需求。中国不仅在光伏、新能源汽车领域具有全球领先的产业规模与产量,在风电及新能源配套产业方面同样具有稳固的产业基础。目前的两种新能源期货无法充分适应新能源产业整体的定价参考和风险管理的实际需求,因此有必要进一步加快速度开发基于稀土材料的钕、镝期货,基于锂离子电池的性能材料的铂、钯期货,基于碳交易市场的碳排放权期货等。在全球共同推进新能源期货建设的过程中,率先完成新能源期货综合体系的建设,立足产业链实现多品种协同发展。同时,还应当适度扩充同类新能源期货的具体交易品种及交割库容,抓住新生机遇,逐步推动国内期货成为国际定价基准,以降低国际波动对国内期货市场的影响程度。另外,中国新能源期货市场建设还应当从资源层面转向产品层面,包括积极筹划电力期货,提前布局新型能源体系建设完成后的新能源期货市场体系等。推动新能源设备零部件、半成品期货市场的建设,发挥中国新能源产业链优势,形成良好的价格信号传导机制,利用期货系统稳定上下游价格联动关系,保障中国新能源产业的价值规模,促进新质生产力的发展。

(2)适度允许海外投资者进入,在提升流动性的同时增加国际影响力。持仓量与流动性是保障新能源期货产生并不断提升国际影响力的核心与关键。对于中国而言,新能源材料也存在供给能力弱于需求能力的现实。对于整个新能源产业而言,中国的优势以技术与需求为主,而在原材料资源供给中,中国所占版图较小。为避免新能源材料价格也出现类似于国际原油中"亚洲溢价"的现象,中国应当明确国内新能源期货的建设定位,以推动国内期货成为国际价格基准为目标,适度允许海外投资者进入,在促进市场流动性提升的过程中形成定价能力。以碳酸锂期货为例,中国应充分利用好自身作为碳酸锂最大生产及消费国的身份,通过金融开放等方式吸引更多国外资本流入国内,增强碳酸锂期货市场、衍生品市场的流动性。目前,全球正处于碳酸锂相对过剩的阶段,需求侧相对强势,中国碳酸锂需求占比世界超过80%,更有利于形成期货影响力。中国应当抓住此类发展机遇期,积极引导市场参与,尽快形成国际影响力。由于新能源产业中的关键金属资源,可以在一定程度上等同于石油或天然气,中国还可以参考"石油—美元"的形成过程,在期货基准定价的基础上,进一步推动国际新能源设备贸易的人民币交易结算,尝试形成"新能源—人民币"。

(3) 持续深化实物交割,搭建新能源材料衍生品体系,依托配套建设形成价格预期。目前,中国的碳酸锂期货是全球新能源期货中首个实物交割的品种。虽然实物交割可能存在临期价格波动风险,但实物交割的运行模式能够使期货与行业更为紧密贴合,有利于形成期货长期影响力。因此,新能源期货建设应当持续深化实物交割模式,通过完善规则与流程、提高信息披露透明、建立应急机制等方式保障实物交割模式的高效运行。另外,碳酸锂期货建设过程中的期权协同发展模式也应当得到推广,期货与期权共同推进有助于满足个性化对冲需求,期权市场的发展也能够促进期货市场流动性水平上升。推动新能源期货长期发展还应充分立足新质生产力的发展背景,理解新兴产业对新能源期货的推动作用。一方面,依托大数据、云计算、人工智能等现代化技术和产业,创新金融监管方式,加快在新能源期货市场建立及时、准确的信息采集和发布平台,提高市场信息和数据的公开度与透明度。另一方面,推动政府主导公布高频产量、储量等价格基本面数据,降低投资者参与期货市场交易的信息成本,引导市场基于正确的供求关系形成合理价格预期,从而有效实现期货市场推动新质生产力发展、新质生产力反向保障期货市场高效运行的良性生态循环。

(4)建设面向新质生产力的综合金融服务配套体系,促进新能源期货在框架内协调发展。新能源产业是新质生产力的组成部分,而新能源期货本质上也将是新质生产力配套金融服务体系的组成部分。因此,发挥新能源期货助力新质生产力提速增效的作用还应该着眼于建设面向新质生产力的综合金融服务配套体系,在系统框架推动新能源期货市场发展。满足新质生产力发展的需求,不仅需要提供针对技术创新的风险投资、为创业公司提供融资支持、为新兴产业提供供应链金融等多样化的金融产品和服务,还需要加强金融监管,规范金融市场秩序,提升金融服务的质量和效率。面向新质生产力构建配套金融体系,应当充分强调针对性,充分发挥中国积累的新能源期货市场发展经验,依托创新优势、技术优势、产业优势形成金融优势,进而反向推动产业发展。在新质生产力配套金融服务体系的框架内,新能源期货市场应当与其他金融市场紧密配合,加强市场信息披露和交易透明度,防范系统性金融风险,为新质生产力的发展提供稳定的金融支持。

2.3 全国统一碳市场

碳中和、碳达峰目标的确立要求中国的经济发展方式、产业结构、能源结构等均开展系统性的变革,从而实现经济社会系统的低碳、绿色、高效和可持续。新质生产力为这一变革提供了契机,全方位的产业转型过程需要技术的革命性突破,需要全社会资源的长期合理有序配置。低成本、高效率的转型之路是中国一直坚持探索和追求的。借助市场化手段,推动绿色低碳可持续发展的碳排放权交易市场是实现新质生产力的有力政策抓手[19][20]。2022年4月,中国颁布了《中共中央国务院关于加快建设全国统一大市场的意见》(以下简称《意见》),加快了统筹布局全国碳市场的建设工作。

2.3.1 全国统一碳市场对新质生产力发展的意义

在"双碳"目标的要求下,中国经济要想实现高质量发展,必须催生出由技术革命性突破、产业深度转型升级、生产要素创新性配置主导的新质生产力。在此过程中,建立全国统一碳市场对发展新质生产力意义重大。

(1)碳市场能够助力绿色技术实现革命性的创新。建立全国统一碳市场有利于打破要素流动壁垒,节约成本,实现最大化资源整合及有效利用,有助于绿色技术的创新和发展。碳市场作为中国实现低碳转型一项非常具有代表性的工具,其在政府政策顶层设计的框架下积极推行市场化手段,以碳价为市场信号,引导减碳成本不同的企业、行业、区域按照减碳成本由低到高开展减排工作,倒逼碳成本较高的企业、产业、地区逐步更新技术设备,优化能源结构,产业布局,在社会总体减碳成本得到合理控制的前提下,创造良好的低碳发展环境[21]。

(2)碳市场能够支撑能源系统的绿色转型和产业结构的深度升级。以碳市场为主导的市场化工具能够帮助以化石能源为主的传统能源系统平稳过渡至以新能源为主的新型能源系统。一方面,近年来极端气候事件频发,尤其是极端气象灾害将会给经济社会带来不可估量的巨大损失,为了应对此风险,电力系统的成本会有所上升。另一方面,随着风电、光伏等可再生能源接入电网的比例逐渐上升,原有电网系统的不稳定性也将逐渐增加,为了实现新能源的消纳和电网的稳定可控,需要引入调峰调频设施、储能设备,以及 CCUS 等一系列配套技术,这会导致电网成本的上升。此外,最为关键的一点是,随着未来经济的发展,全社会用电量呈现出不断上升的发展趋势,这也将进一步增大电力系统的成本压力。综上,电力系统的革新将不可避免地带来成本的激增。然而,中国电力市场改革尚未全面开启,使得这样巨额的成本无法通过市场化的手段转移出去,全部积压在电力系统内部。一直以来,我们高度重视电力供给侧改革,而忽视了需求侧的潜在力量。我们要充分运用以碳市场为主导的市场化工具,激发需求侧的潜在动能。

(3)碳金融有助于强化绿色资金的使用效率,实现生产要素的创新型配置。作为发展新质生产力的内在动力,技术的革命性突破、全社会范围内生产要素的自由流动、整个经济系统的深度变革、优质产业的培育都面临巨大的资金缺口。在这一挑战下,绿色金融承担着重要的历史使命。当前,绿色金融发展总体体量不足,有限的绿色资金尚未得到最优化配置,以至于无法满足新质生产力的发展要求。碳金融作为绿色金融中的重要一环,其意义不仅在于强化绿色资金的供给,更重要的是对需求侧资源流动和配置的牵引。例如,碳金融能够推动社会各界力量积极参与碳交易,从需求端激发企业购买绿电需求,将电力系统成本引至需求侧,运用市场化手段消化成本。另一方面,除了参与者,碳金融在未来的发展中将进一步推动金融系统与碳市场的深度融合,打破市场壁垒,促进生产要素的自由流动,从而推动碳市场与绿证市场协调统一发展,真正做到供需匹配,以需求拉动供给,激发市场动能。全国统一碳市场与新质生产力的逻辑关系如图2.5所示。

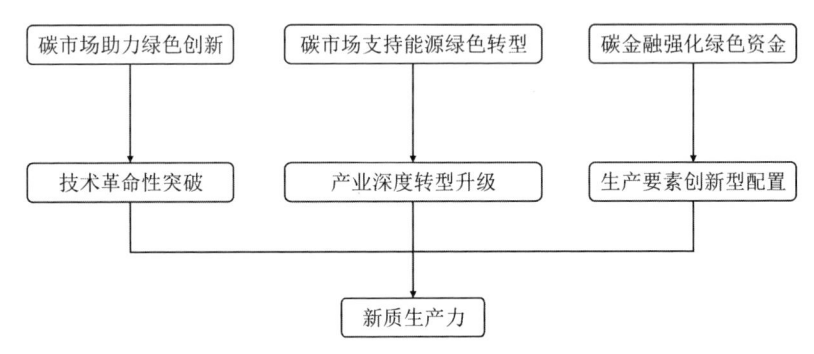

图 2.5 全国统一碳市场与新质生产力的逻辑关系

2.3.2 中国碳市场的发展现状

从2011年第一份关于组建碳市场试点政策文件的出台,到2021年1月1日,中国正式开启了全国性碳市场的新篇章,在首轮履约周期,交易涉及2225家企业,全部列入发电领域的一系列重点排放名单,覆盖碳排放近40亿吨。7月16日,在十年的发展历程中,国内碳市场完成了线上交易。就中国碳市场一直以来的发展状况而言,碳排放交易市场包括两个发展阶段,首先是试点阶段,其次是国内碳市场建设阶段。2013年以后,国内在北、上、广等8个省(区、市)开展专门的碳排放交易试点。2011年10月,国家发改委颁布了《国家发展改革委办公厅关于开展碳排放权交易试点工作的通知》,其中确立了7个省(区、市)开展专门的碳排放交易试点活动,包括北、上、广等。2013年6月18日以后,第一批7个碳排放权交易试点省份相继开展了碳交易活动。2016年12月,福建省开展了专门的碳交易市场活动,成为国内排名第8位的碳交易试点地区。

2013年以后,碳排放交易试点市场经过了十多年的发展,参与单位将近3000家,均为重点排放单位,包括石化行业、钢铁行业、电力行业等,碳交易设定了具体的碳排放配额,CCER(中国核证自愿减排量)给予补充。碳排放配额侧重于免费分配,将有偿竞价当作后续补充。配额分配制度在各试点之间有所不同,大多是依据企业的历史排放数据进行配额的发放,在此基础上,配额的分配制度也考虑了行业的基本标准或是企业减排需要承担的成本。2014年,试点碳交易市场配额成交规模接近2000万吨,此后,保持每年30%的年均增长率。到2021年6月,中国开展的试点碳市场设定的累计配额成交量大多控制在4.8亿吨二氧化碳当量左右,成交额超过114亿元。尽管碳交易试点覆盖的企业在碳排放中占比较高,但配额的交易量相比于全国总二氧化碳排放量较小,碳交易发展空间较大。另外,碳交易的活跃程度与当地的配额分配有关,配额较为紧张的试点市场交易较为活跃。例如:北京市配额分配相对严格,要求服务业或是制造业不断完善基础设施,进行绝对减排。碳交易价格方面,大部分试点活动平均价格保持在20~40元/吨,而北京的交易价格高于其他试点,达到80元/吨。

基于《全国碳排放权交易市场建设方案(发电行业)》,结合统一规划而言,2021年7月,国内构建的碳交易市场逐步发展为世界范围内体量最大的碳交易市场,其交易规模约是欧盟的 2 倍。就总量来看,全国碳交易市场应当做好碳排放配额控制,需要将产业结构、经济建设纳入考虑。覆盖范围方面,考虑到发电行业基础数据良好且碳排放占比大,率先将 2225 家发电企业纳入碳市场进行交易,后续将逐步覆盖到化工、造纸等其他行业领域。监督核查由省级主管部门进行抽查,若未完成履行,则施以更严厉的处罚。

为了尽快完成"双碳"目标,国内统一碳市场启动之后立刻进行了各种交易活动,涵盖了不同的参与主体,引起社会各界重视。第一周的碳配额成交量维持在 483.30 万吨左右,成交规模接近 24969.68 万元,整体来看交易活跃,运行平稳。同年 10 月 23 日,国家生态环境局颁布了《关于做好全国碳排放权交易市场第一个履约周期碳排放配额清缴工作的通知》,随后于 12 月 31 日 17 点前,使重点排放履约任务得以完成。配额核定工作设定了具体的排放单位配额,碳市场交易在 11 月之后迅速活跃,单日成交量屡破新高。12 月 16 日,市场第一天的成交量超过 2000 万吨,打破了开市以后的成交量纪录。在第一个履约周期内,国内碳排放交易市场在年末截止,同时 2021 年度交易于同日结束,收盘价控制在 54.22 元/吨左右,比开盘当天价格增长了 12.96%。全年交易日超百天,重点排放单位积极推动了市场交易发展,碳排放配额成交量保持在 1.79 亿吨左右,成交规模维持在 76.61 亿元。在规定时间内,一旦企业碳排放配额不符合要求,则应当进入碳交易市场完成碳配额的购买,以便对碳排放量起到抵消作用。也正是由于这一规定,我们可以发现越临近履约期结束,碳交易表现越发活跃。在首个履约期,国内碳市场一直保持稳定趋势,并在金融市场出现很多绿色金融领域的产品及服务创新。此外,截至 2024 年,国内的碳价一直保持稳步上升的态势，然而市场各方交易缺乏活跃度，存在集中交易的情况。

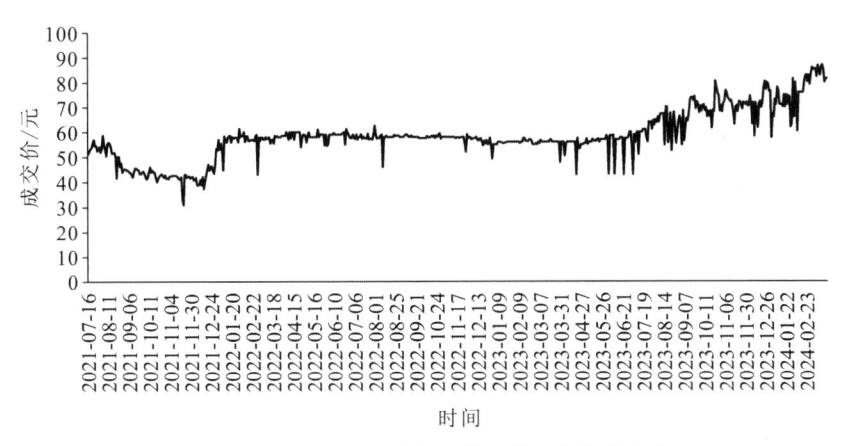

图 2.6　2021—2024 年全国碳排放权交易成交价

数据来源：CSMAR 数据库。

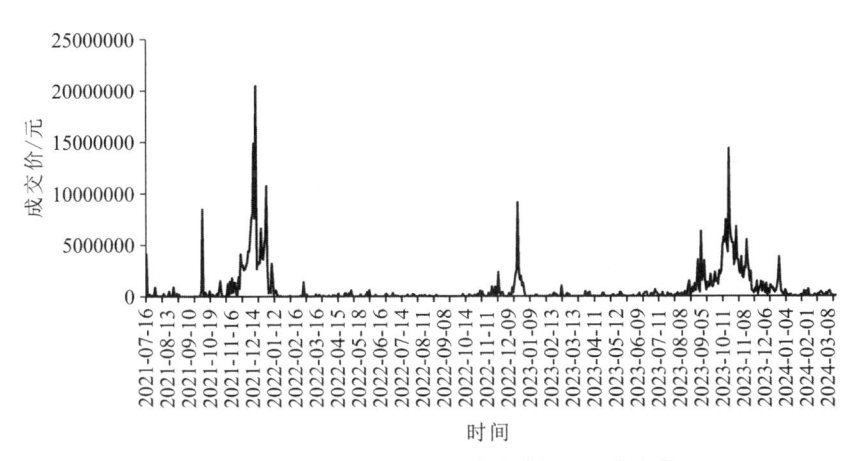

图 2.7　2021—2024 年全国碳排放权交易成交量

数据来源：CSMAR 数据库。

2.3.3　新质生产力视角下全国统一碳市场建设面临的挑战

全国统一碳市场的建设和深入发展肩负着发展新质生产力的重大

时代使命。发展新质生产力并非放弃原有的产业基础,而是利用新技术对传统产业进行赋能,改变原有产业的发展模式,实现整个产业体系的绿色转型和可持续发展。在这一过程中,国内统一的碳市场建设要以市场化手段,以最优化的社会成本实现生产要素的流通和配置,打破原有的产业格局和要素壁垒,完成新质生产力要求下的资源整合。建设统一且完备的碳市场对助力发展新质生产力意义重大,且充满挑战。

以碳市场为代表的绿色金融引导了社会范围内价格信号的合理区间[22]。现如今,国内统一碳市场发展有限。从理论上讲,由碳价格所引导的市场信号将会以最低成本在全社会范围内实现最优效率的减排目标,然而这个目标的实现是需要满足特定假设的。

(1)目前的碳市场只有电力领域参与其中,无法在系统中实现减碳成本的差异化,这与发展新质生产力的最优成本需求是不匹配的。目前中国已经建成世界范围内规模最大、运行稳定的电力系统。未来,在"双碳"目标的要求下,中国将建成一个以清洁能源为主导的新型电力系统。在电力供应得到保障的条件下完成这一发展目标,需要除电力系统以外的社会资源的介入和支持。而碳交易市场仅仅覆盖了电力行业,所有的减碳成本将在该行业内流动和堆积,无法实现成本转移,碳价所反映的市场信号也无法发挥作用。因此,国内碳交易市场需要吸引更多行业参与其中。为打破行业壁垒,建立真正统一的国内碳市场,《意见》于2022年4月发布,此文件更加强调了以市场手段促进全社会范围内资源流通,以及打通壁垒的重要性,同时也树立了统一碳市场的发展理念,促进全社会碳成本自由流动,力争以市场的手段实现全社会减碳成本最小化。

(2)现阶段中国碳市场交易的碳金融产品只有现货合约,产品单一,流动性较差,投资者热情不高,这与发展新质生产力的价格发现需求是不匹配。在较为成熟且有效率的金融市场中,交易产品往往是多元化的,同时期货价格也具有价格发现的效果。随着碳市场建设工作的深入展开,今后必将发展出一系列碳期货等金融衍生产品。另外,当前较低的碳价也激励了亟待转型企业提前布局碳资产的意愿。在"双碳"目标的机制下,未来碳排放权的总量无疑是一个天花板,经济发展的必然性导致了碳价走高的必然性,社会范围内各个行业积极参与碳交易,提前完成碳资产的战略性布局,既有利于提前积累未来的碳资产红利,又有利于社会性的高效率节能减排。

(3)现阶段中国碳市场的政策体制建设尚不完善,最开始的顶层设计、碳数据质量的审核、参与机构的惩处机制等等,均缺少完善的政策法规[23],这与发展新质生产力的制度建设需求不匹配。碳市场属于一种特殊形式的制度创新,它以政策性的制度设计为基础架构,以市场化的机制为运行内核。政策体制建设的不完善会导致中国碳市场的建设和运行本身存在问题,难以实现良好发展。法律制度的漏洞,或者说缺乏长期政策的指引会导致投资者无法形成长远的预期,无法坚定投资者的投资信心,最终丧失参与交易的热情。此外,由于碳金融经验和专业能力的不足,一些企业只有在国家政策的带领下才能得到发展,主观能动力量缺乏。上述因素均不利于形成有效碳价的合理区间。

(4)在碳市场向全国统一大市场的深入推进工作中尚存在诸多问题,初期的碳市场内部很难打破生产要素自由流通的壁垒,无法实现市场化配置,这与发展新质生产力的要素流动需求不匹配。就目前而言,碳市场好像是一个封闭的系统,不开放,也不融合。其他市场主体并没有积极配合,形成协调发展的态势,这在很大程度上影响了碳市场向全国统一大市场转变的进程。绿色金融自身的发展存在很大问题,比如,以银行为主的金融机构并未在业务经营活动中起到促进绿色金融可持续发展的切实作用[24]。具体来讲,首先,金融机构在开展绿色活动的环节中侧重于绿色信贷,贷款主体往往是生产附加值不高的企业。其次,非银行金融机构没有积极参与其中。绿色证券、保险只是以试验为主,即便拥有良好的发展前景,供给仍然难以保障,在很大程度上影响了这种产品的可持续发展。总之,绿色金融尚未能发挥显著的引领作用,自身发展的缺陷导致其很难支持国内碳市场的建设和碳金融的发展。截至目前,在国内碳市场的建设过程中,参与机构主要以银行、证券、保险为主,各类基金、期货等其他金融机构占比则相对有限。

2.3.4 新质生产力视角下全国统一碳市场建设的政策建议

1. 完善政策体制建设

新事物的发展需要法律法规的正确指引,结合以上分析来看,全国统一碳市场要想助力新质生产力发展,需要配备完善的政策体制。无论是顶层建设阶段、试运行阶段,还是当前国内碳市场向更大范围的发展阶段,都需要有一套动态化且可以及时调整的政策体系。我们应当充分意识到,国内统一碳市场的建设对新质生产力发展意义重大[25]。碳市场应该像一张覆盖全社会各个领域的网,以市场化的手段引领着整个社会生产要素的流动,匹配供需,以最低的成本实现整个经济系统的转型升级和绿色发展[26]。新质生产力要求以革命性的绿色技术创新赋能原有的产业结构,改变传统产业结构的发展路径,这种系统性的变革需要付出极大的经济成本。要想实现这个宏伟目标,就必须建立统一的大市场,打破资源壁垒,实现生产要素在全社会范围内的自由流动。从经济学角度看,这种具有正外部性的极具规模的市场体制机制建设单靠市场的力量极难实现,这就凸显了完备且具有纲领性的政策体制建设的重要性。

为了培育新质生产力发展,国家应当及时颁布法律法规来促进碳市场发展。法律法规的制定可以为碳市场提供明确的规范和指导,促进市场的健康运行和发展。通过法律法规的支持,中国可以建立起更加完善的碳市场体系,为各参与主体提供更多的发展机会和保障。在碳市场发展过程中,行政手段可以打破市场内部壁垒,加速统一大市场的建设和发展。政府也可以通过行政手段来引导市场参与者遵守规则,促进市场公平竞争,从而推动碳市场的健康发展。此外,高屋建瓴的顶层设计对于碳市场的长远发展至关重要。通过制定系统完备的政策框架和规划,可以帮助投资者建立长期稳定的信心,吸引更多资金和资源进入碳市场,推动市场的持续繁荣和发展。顶层设计的合理性和前瞻性将有助于引领碳市场朝着更加健康、可持续的方向发展,为碳减排和应对气候变化做出积极贡献。

2. 激励国内金融机构参与碳市场

金融机构积极参与碳市场交易活动对发展新质生产力是具有深远意义的。首先,金融行业为整个经济社会的稳定运行提供基础血液,对于一个运行良好的经济系统而言,金融行业的参与有利于评估和帮助参与企业对冲和把控当前碳市场运行的风险。其次,从行业的特殊性来说,金融机构有绿色资金引流的作用,能够集中并再分配社会性资源向绿色产业倾斜,积极推动全社会碳中和进程。从碳市场发展的角度看,金融机构的积极参与也有利于绿色金融助力碳交易的开展。具体来说,大量的期货公司势必会开发出多元化的碳金融产品和交易工具,加速完善市场建设,吸引投资者,也更有利于投资者提前布局碳资产,管理碳风险敞口。长期来看,金融机构的参与有利于给予投资者长远预期,促进合理碳价的形成,以便在全社会范围内以最低成本实现绿色发展。

目前及今后的一段时间,金融系统应进一步挖掘国内碳金融发展的潜力,随着碳市场参与主体的增加,应对相关的金融产品进行改革创新。对以银行为主的金融机构而言,应加快绿色金融全方位发展,并与参与碳交易企业的经营活动相结合,设计出一系列适应碳市场发展的绿色金融产品。对非银行金融机构而言,要对参与碳市场的需求进行全方位把握,促进绿色证券、信托、保险等实现进一步发展,同时基于此研发出全新的产品,展现行业影响力,增加利润,从而带动碳远期、碳期货等更多市场的发展,以多元化的碳金融产品吸引更多的投资者参与到碳市场,形成具有正反馈的良性互动,最终实现两个市场的深度融合,为更大范围内形成统一市场奠定基础。

3. 强化数据监管,做好信息披露

碳市场作为促进绿色低碳发展和新质生产力发展的先进工具,正处于其发展的探索阶段。由于相关经验尚不充分,无论在建设还是运营过程中都面临着一系列亟待解决的问题[27]。现阶段法律法规的不完善,使得参与企业无法正常进行碳交易。无论是数据的收集、整理、记录还是后期的审核、奖惩均未形成规范的流程,加之市场化程度、市场效率、流动性等方面均有所不足,导致相关的交易和碳排放数据质量不高。

因此,应鼓励社会各方做好信息披露和数据管理工作。发展新质生产力,实现"双碳"目标是一条充满曲折但坚定不移的道路,社会各方都应有坚持绿色发展的觉悟以及保证经济高质量发展的责任。无论是政府、国有企业、还是私人投资者,需要加大风险控制力度,进行全方位的信息披露,为以后在统一的披露标准下归并并审核数据打好坚实的基础,带动全社会的低碳转型升级。

强化数据监管在建立国内统一碳市场中至关重要。首先,建立完善的数据采集和验证机制。为确保企业报告的碳排放数据准确可靠,可以通过第三方机构进行审计验证,减少数据造假和误差。其次,建立统一的数据标准和格式,便于不同企业之间进行数据比较和交换,提高市场透明度和效率。同时,加强数据安全保护,确保敏感信息不被泄露,维护市场秩序和参与者权益。另外,建立实时监测系统,及时掌握市场动态和变化,有助于政府部门及时调整政策,保障市场稳定运行。最重要的是加强数据管理与治理,建立专门机构负责数据监管工作,明确责任分工,加强监督执法,确保数据监管工作的有效实施。通过强化数据监管,提升碳市场的公信力和有效性,推动碳减排工作,实现绿色低碳发展目标。

此外,数字化的发展也较好地支持了相关数据工作的记录、存储和后期查验,提升了信息披露的透明度。在全国统一大市场的背景下,数字化的发展可以增进各方资源的互联互通,强化信息的流动和反馈,有利于资源整合和效率提升。

4. 确保绿色金融体系良性发展

为助力新质生产力的发展,碳市场的建设与发展应与其他绿色金融政策相互补充,形成协同效应。绿色金融应致力于最大化地支持碳市场的长期发展规划,特别是:金融机构在其中应该扮演怎样的角色?是否应出台相应的绿债政策支持企业参与碳交易?金融机构是否应该给予参与碳交易企业相应的贷款红利或减免优惠?在发展新质生产力的时代背景下,绿色金融将承担全新的责任使命,集中引领社会资源以支持碳市场交易,换言之,金融机构应展现自身的优势,整合一切社会资源,以最小成本助力"双碳"目标的实现[28]。

与国外绿色金融相比,国内绿色金融的发展主要靠相关政策的出台来扶持。例如,国内金融机构在贷款过程中会在一定程度上倾向于更具绿色环保特点的行业企业,这种具有政策导向性的做法会导致市场活力下降,一定程度上制约未来的发展前景,不利于绿色金融的可持续发展。同时,政府干涉力度较大,也直接造成了绿色金融发展过程中出现较为明显的资金价格信号扭曲的现象,扭曲的价格无法为投资者提供准确的市场信息,从而误导投资者,导致投资者做出错误的决策判断。另外,绿色金融是一种为服务于低碳发展而应运而生的新颖的金融模式,应该具备引导社会良性循环发展的正向效应。因此,首先要对经济、环境效益的关联性进行平衡,其中,价格作为最重要的指向标,其形成过程只有在市场指引下才能实现可持续发展。为保障绿色金融建设的顺利进行,政府应当构建全新的定价制度,出台一系列法律法规,给予市场更多权力,构建全新的传输机制,并保证其呈现出自下而上的特点,确保绿色金融形成健康、良性、可持续的发展模式。

2.4 电碳市场协同

2024年1月,中国温室气体自愿减排交易市场(CCER市场)在北京正式宣布重新启动。CCER即国家核证自愿减排量,是指对中国境内包括可再生能源、碳汇等项目的减排量进行量化核证,并在国家温室气体自愿减排交易注册登记系统中登记的温室气体减排量。CCER的重新启动,意味着碳市场的碳配额和自愿减排的"双轮驱动"模式重新

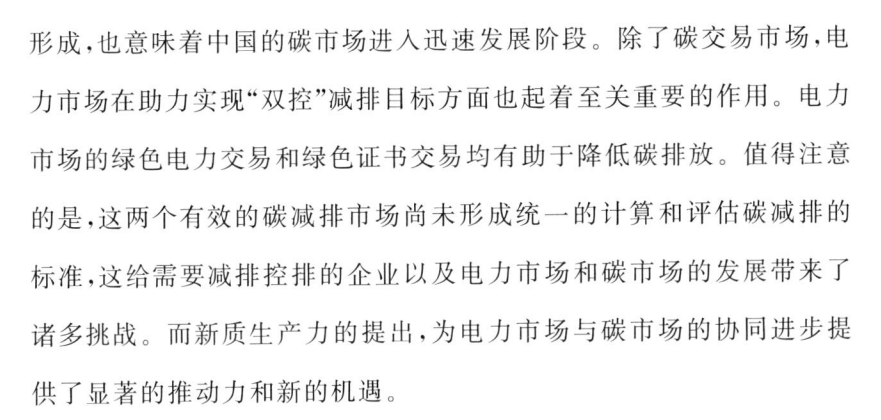

形成,也意味着中国的碳市场进入迅速发展阶段。除了碳交易市场,电力市场在助力实现"双控"减排目标方面也起着至关重要的作用。电力市场的绿色电力交易和绿色证书交易均有助于降低碳排放。值得注意的是,这两个有效的碳减排市场尚未形成统一的计算和评估碳减排的标准,这给需要减排控排的企业以及电力市场和碳市场的发展带来了诸多挑战。而新质生产力的提出,为电力市场与碳市场的协同进步提供了显著的推动力和新的机遇。

电-碳协同是指电力交易和碳排放权交易在两个市场各个领域之间的协同作用。随着全球对减碳的持续关注,各国对可再生能源的需求不断增长,电-碳协同成为推动能源过渡和转型的关键策略[29]。电力市场与碳市场的协同发展能够优化能源生产和消费,是实现碳减排目标的最重要的途径之一。中国的电力市场和碳市场都处于起步阶段,具体来说,中国的碳交易市场以及电力市场的绿电交易均在2021年才启动。目前两个市场的绿电、绿证以及碳配额等环境权益相关的政策分属不同的部门来管理。两个部门的数据尚未形成互认互通,而相应的政策和市场体系也并没有建立完善的衔接机制[30]。因此,建立一个互通的数据库是实现电-碳市场的协同发展有效途径。另外,中国碳交易市场和绿色电力交易市场都在逐步扩大规模[31]。在此背景下,关于有减排需求的企业能否通过购买绿电绿证等方式来冲抵碳排放配额的问题依然存在争议。大多数的观点认为,要实现能源双控目标,打通电碳市场的壁垒是一个有效可行的手段。因此,必须构建一个既能够支持电力市场,又能满足碳市场需求的政策体系。这不仅是达成"双碳"目标的必经之路,更是推动新质生产力发展的重要课题。

在前文的讨论中,我们已经指出了两个市场无法实现协同发展的关键障碍:体系构建的不完善以及数据共享的缺失。然而,新质生产力的提出为我们提供了解决这些问题的新视角和技术支持。新质生产力的核心在于对技术、生产要素和产业结构的全面革新。这种生产力的革新不仅体现在对传统生产方式的升级,还体现在新型生产工具的智能化、高效化、低碳化和安全性上,这些工具极大地提高了生产效率。在这一过程中,科技创新发挥着至关重要的作用,它不仅推动了新产业、新模式和新动能的产生,而且也为新质生产力的发展提供了源源不断的动力。

特别值得注意的是,先进科技是新质生产力发展的驱动力,其中数字化、网络化和智能化技术尤为关键。电-碳市场的协同发展正需要依靠这些技术来突破数据共享的障碍和市场间的隔阂。因此,将新技术应用于传统电力市场和碳市场的改革,利用新一代科技与数据要素的结合,打造一个协同发展的新型电-碳市场,将成为未来市场的发展方向。

2.4.1 新质生产力视角下的电-碳市场

从电力市场的角度出发,新质生产力的发展依赖于稳定可靠的能源供应,而电力市场所提供的能源管理和分配机制是实现这一目标的关键。电力市场通过供需双方的交易活动,实现了能源资源的高效配置和利用,确保了能源需求的满足和供给的优化。

在新质生产力的推动下,可再生能源技术成为电力市场发展的重要方向。随着新能源技术的不断进步,电力市场正逐步向可再生能源转型,这一转型不仅促进了资源的可持续利用,还增强了绿色电力的市场竞争力。这种转变为绿色电力的广泛消纳创造了条件,预示着可再生能源在电力结构中的比重将不断提升。

同时,新质生产力的发展对绿证市场产生了积极影响。绿证作为

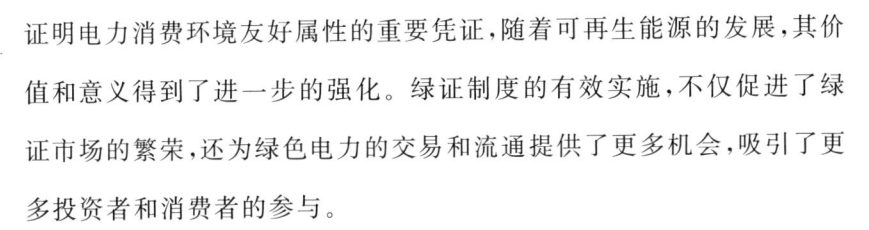

证明电力消费环境友好属性的重要凭证，随着可再生能源的发展，其价值和意义得到了进一步的强化。绿证制度的有效实施，不仅促进了绿证市场的繁荣，还为绿色电力的交易和流通提供了更多机会，吸引了更多投资者和消费者的参与。

此外，新质生产力还推动了电力市场供需模式的革新。电力市场化改革的深入，结合大数据、云计算等前沿技术的应用，实现了电力系统的优化调度，有效降低了资源浪费，平衡了电力供需关系。这种模式的优化推动了电力市场向低碳、高效方向的演进，提升了市场的整体运行效率。

最后，新质生产力对电力市场改革提出了新的挑战和要求。为了适应绿色电力市场的发展需求，电力市场需要建立更加灵活的电价机制，优化资源配置，推动市场的开放和竞争。新质生产力的持续推动，将加速电力市场改革的步伐，为绿色电力市场的发展营造更加有利的市场环境。

从碳市场的角度来说，传统生产模式往往伴随着大量的碳排放，而新兴的生产方式则倾向于采用更为清洁和环保的方法。这种转变不仅与碳排放的减少紧密相连，而且对碳市场的成长起到了显著的促进作用。碳市场作为一个通过碳排放配额交易来调控和降低碳排放的系统，其有效运作依赖于市场的积极参与。在企业层面，新质生产力的推进鼓励企业采纳环保的生产策略，通过减少碳排放来获得市场优势。此外，新质生产力还要求企业对碳排放进行更为精确的管理，包括追踪碳足迹、评估减排潜力以及管理碳资产，这些活动不仅增加了碳市场的交易量，也扩大了市场规模。企业在提升碳排放数据的报告和管理水平的同时，也增强了市场参与者间的信任，提升了市场的可靠性。

从更宏观的市场角度来看，新质生产力的发展催生了一系列创新技术，这些技术提高了碳市场的运作效率。例如，精确的测量和监测技术使得企业和个人能够更准确地计算和管理碳排放；区块链和人工智能技术简化了交易流程，降低了交易成本；而风险管理工具和需求预测模型则增强了市场的稳定性。这些技术的发展不仅提升了碳减排项目的数量和质量，还为碳市场带来了新的发展机遇，如碳信用额交易和碳抵消项目吸引了更多参与者加入，从而增加了市场的深度和广度。

在政府层面，新质生产力的发展可能促使政策和监管环境进行相应的调整，以适应新技术和市场模式的变化。这可能包括制定更为严格的排放标准，提供更有力的政策支持，以及完善市场规则，为碳市场的健康发展创造更加有利的条件。通过这些措施，碳市场将更好地服务于环境保护和气候变化应对的全球目标。

为了更直观地展示新质生产力与电力市场和碳交易市场的逻辑关系，图2.8详细展示了新质生产力如何推动电碳市场向协同发展的方向演进。

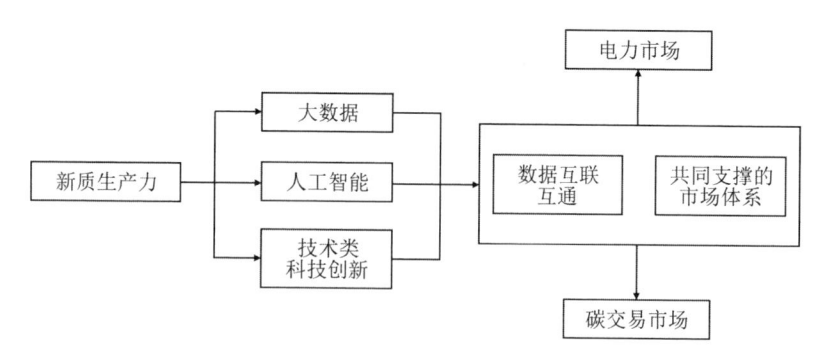

图2.8 电碳市场协同与新质生产力的逻辑关系

2.4.2 电-碳市场的协同机制及其所面临的挑战

1. 电-碳市场协同发展的衔接点和相互作用机制

在中国碳市场的发展蓝图中,交易产品主要分为碳排放权配额(CEA)和国家核证自愿减排量(CCER)。这一市场机制通过配额制度,有效地将减排责任分配给企业,不仅提高了减排效率,还降低了实施成本,成为实现减排目标的重要政策工具。新质生产力在这一过程中发挥着关键作用,它通过推动技术创新和提高生产效率,为企业实现低碳排放提供了技术支撑和经济激励。CCER作为碳排放配额的补充,为控排企业提供了一条通过购买额外减排量来满足履约要求的途径。这种机制不仅为可再生能源企业提供了环境价值的变现渠道,而且间接推动了清洁能源的发展,体现了新质生产力在促进环境可持续发展方面的重要作用。

电力市场的减排策略则主要通过绿色电力交易和绿证交易两种方式实现。新质生产力通过引入智能电网、高效能源管理系统等先进技术,优化了电力生产和消费模式,使得绿色电力交易更加高效和便捷。而绿证交易则提供了一种灵活的选择,购买方可以通过购买绿证来证明其电力消费的清洁性,而无须直接购买可再生能源电力。这两种交易方式都有助于实现绿色电力的环境属性交易,但它们在电力市场中的作用和影响各有侧重:绿色电力交易直接影响电力供需关系,而绿证交易则不会直接影响电力市场供需关系,而是更多地体现为对可再生能源项目的支持,这些都是新质生产力推动下的产物。

电力市场与碳市场的协同发展,得益于温室气体核算体系的衔接。新质生产力在提高能源利用效率、推动清洁能源技术进步等方面发挥着重要作用,使得企业温室气体排放的核算更加精确和科学。随着电气化水平的提升,电力间接排放逐渐成为主要排放源,新质生产力通过促进电力系统的智能化和低碳化,为有效控制和减少温室气体排放提供了强有力的支持。

碳价格与电力价格之间存在密切的传导和相互作用关系。新质生产力通过提高可再生能源的竞争力和降低化石能源的依赖度,影响了碳价格的形成机制。碳价格的变动直接影响不同能源电力的竞争力,提高了化石能源发电的成本,进而影响电力市场的出清价格[32]。与此同时,可再生能源因其较低的碳足迹,在碳价格上升的趋势下显示出更强的价格优势。尽管目前绿色电力的排放尚未在碳市场中得到充分认可,但电-碳市场的互通互联将增强可再生能源在电力市场中的竞争力,这也是新质生产力推动下的必然趋势。此外,碳价和电价的传递还需综合考虑地区差异、政策差异及市场条件的影响,新质生产力在这一过程中发挥着调整和适应的作用。

2. 电碳市场协同面临的挑战

在探索电-碳市场协同发展的进程中我们发现,这种协同作用对电力市场的供给侧和消费侧产生了显著影响。在消费侧,绿色电力的购买成为控制排放企业实现减排目标的关键途径。虽然绿色电力的价格反映了其内含的环境权益成本,导致企业需支付溢价,但新质生产力的应用,如智能电网和区块链技术,为企业购买和追踪绿色电力提供了一个更加透明和高效的平台。这些技术的应用有助于提升企业对绿色电力价值的认识和接受度。然而,当前企业购买的绿色电力在碳排放核算中通常被视作普通电力,导致企业通过购买绿色电力实现的碳减排得不到碳市场的认可,这降低了企业购买绿色电力的积极性。尽管北

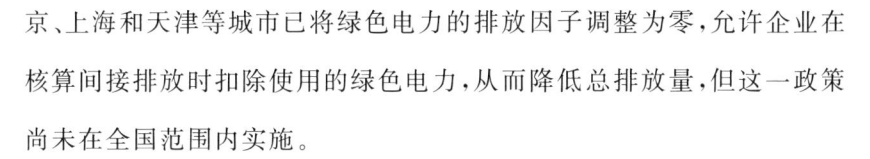

京、上海和天津等城市已将绿色电力的排放因子调整为零,允许企业在核算间接排放时扣除使用的绿色电力,从而降低总排放量,但这一政策尚未在全国范围内实施。

在供给侧,新质生产力的引入,特别是在可再生能源项目的开发和管理中,提高了绿色电力的供应效率并降低了成本。先进技术的应用,如大数据分析和人工智能,优化了能源生产和分配,同时物联网和自动化技术提升了能源设备的运行效率。尽管如此,绿色电力、绿证和碳交易市场中环境权益的重复计算问题依然存在。一些可再生能源项目在国内获得补贴的同时,也在国际市场上获得了绿证,导致了环境权益的重复领取。在CCER项目重启的背景下,海上风电和并网光热发电等项目在参与CCER的同时,与绿证政策的衔接存在一定的问题。此外,绿电和绿证在碳市场的核算方面也面临认证挑战。缺乏电碳联动的核算体系,使得控排企业无法通过购买绿证和绿电来有效抵消其排放量,影响了企业参与绿电和绿证交易的积极性,也阻碍了他们充分展现对环保的承诺和责任。

跨区域电力间接排放的准确计算也是当前面临的挑战之一。跨区域电力输送作为省级碳排放总量和强度考核的重要组成部分,对于建立区域碳预算制度至关重要。然而,随着"源荷分离"现象的加剧和跨区域输电比例的增加,跨区域电力输送所代表的环境价值难以得到准确核算。目前,电力行业普遍使用电网碳排放因子作为电力消费和碳排放之间的联系[33]。由于无法区分外送电力的类型,例如可再生能源的比例,通常采用外送电力乘以地区碳排放因子的方式来估算碳排放量,这种方法往往高估了跨区域输送电力的碳排放,导致核算结果出现偏差。新质生产力的应用,如大数据分析和云计算,可以提高跨区域电力流动的监测和评估精度,从而更准确地计算间接碳排放。这对于建立区域碳预算制度至关重要,也是缓解能源资源分配不均和电力供需紧张问题的关键。

为了解决这一问题,需要优先推动区域层面的协调碳控制和减排工作,这对于缓解能源资源分配不均和电力供需紧张的问题至关重要。计算跨区域电力的间接碳排放需要与交易电力结构保持一致,这将直接影响绿色电力资源的分布格局,并影响可再生能源消耗配额制度的有效实施。通过建立更为精确的核算机制,可以促进电力市场和碳市场的协同发展,而新质生产力的进一步发展和应用,将为电-碳市场的协同发展提供强有力的技术支持和解决方案。

2.4.3 新质生产力助力电-碳市场协同发展

电力市场与碳市场在中国能源消费向清洁、高效、低碳方向转型的过程中发挥着互补和一致性的作用。尽管两个市场的目标和机制存在共通之处,但目前它们之间的整合与协同尚未形成系统性的框架,未能完全释放出协同效应的潜力。由于两个市场在参与主体、交易价格、产品类型等方面存在交集[34],它们的互联互通将有助于共同推动清洁能源的发展和碳减排目标的实现。从电力市场的角度来看,与碳市场的协同发展能够增强绿色电力的市场竞争力,促进能源结构的优化和转型升级,推动电力市场向更加规范和健康的方向发展。这不仅有助于提升绿色电力的市场份额,还能够激励技术创新和能源效率的提升。从碳市场的视角出发,电-碳协同有助于优化碳价格在两个市场之间的传导机制,增强碳价格信号的有效性,提高碳市场的流动性和活跃度,从而更有效地激励企业采取减排措施。

新质生产力的发展为电碳市场的协同提供了强有力的支持。数字化和智能化技术的应用加速了数据的互联互通,促进了电-碳市场机制的完善,打通了价格传导机制,提高了碳价格的有效性。大数据分析和人工智能技术可以帮助更准确地评估和预测电力消费和碳排放的关系,为市场参与者提供更清晰的决策依据。同时,区块链技术的应用可以确保交易记录的透明性和可追溯性,增强市场信任度,促进绿色电力和碳减排项目的认证和交易。

因此,加快电力市场和碳市场的协同发展不仅是实现能耗双控向碳排放双控转化的有效手段,也是推动能源结构转型和实现可持续发展目标的关键策略。新质生产力的融入将为这一转型提供技术支撑和创新动力。

1. 以新质生产力助力电-碳市场数据的互联互通

电力大数据以其广泛的采集范围、高度的准确性、实时性强和数据密度大等特点与能源活动紧密相连。以电力大数据为基础,我们能够有效地推算和反映能源活动的状况,为能源统计提供坚实的数据支持。通过各省能源大数据中心的进一步整合,我们可以将电力市场与碳市场的数据结合起来,探索一种综合性的用电与排放监测方法,建立一个省级的多维监测系统,不仅能够实现对企业碳排放数据的实时监控,还能显著提升统计工作的准确性和效率。

基于电力市场交易数据,综合考虑企业的用电结构,并精细核算不同发电类型的碳排放的数据统计方式能够有效促进电碳市场的协同发展,并提高碳排放数据的准确性。然而,由于数据的不完善,目前电-碳市场尚未建立起一个完整的核算体系。例如,在碳排放核算过程中,由于尚未充分考虑企业购买绿色电力的比例,故无法全面真实地反映企业的碳排放水平。为了解决这一问题,国家发展改革委发布的《完善能源消费强度和总量双控制度方案》强调了加强能源计量和统计能力建设,以及建立健全能源计量体系的重要性。

新质生产力的核心在于科技创新[35],包括大数据、人工智能和数字化等领域的进步。大数据技术在电-碳市场数据的互联互通中扮演着关键角色。它能够有效地存储、处理和分析涉及能源生产、消费和交易等方面的大量数据,揭示数据之间的关联性,为市场决策提供坚实的数据支持。人工智能技术则能够对大量数据进行智能分析,挖掘出有价值的信息,为市场决策提供依据。此外,科技创新的应用,如物联网和新型传感器技术,可以加速实现电碳市场的互联互通,提供实时监控和数据采集,从而为数据分析和市场决策提供强有力的技术支持。

在新质生产力的推动下,电-碳市场数据的互联互通将实现数据的高效流动和价值最大化。尽管如此,实现电-碳市场数据的互联互通仍面临诸多挑战,如数据标准不统一和数据安全问题等。因此,在利用技术创新、大数据和人工智能的同时,我们也应加强数据的安全管理,推动电-碳市场数据的互联互通向更高水平发展。

2. 以新质生产力促进了电-碳市场机制的完善

目前中国电力市场与碳市场正处于各自独立发展阶段,缺乏一个统一且完善的市场机制来实现两者的协同发展。然而,新质生产力的涌现为电-碳市场的机制完善和整合提供了新的动力和方向。

首先,新质生产力通过增强市场竞争性和透明度,以及引入创新的交易机制,深化了电力市场和碳市场的市场化改革。具体而言,新质生产力的发展不仅推动了碳减排技术的创新,还引入先进的数据分析和智能决策系统,促进了各类环境权益商品以及绿色电力交易的多样化,例如,利用大数据分析,可以更准确地预测碳排放量和电力需求,为市场参与者提供更明确的交易信号;利用人工智能技术,可以自动执行碳交易合同,降低交易成本并提高效率。利用物联网技术,可以实时监测和管理碳排放,为碳市场的监管和运行提供技术支持。另外,新质生产力加速孵化的碳期货和碳期权等金融衍生品,满足了市场参与者对风险管理和资产配置的需求,从而增加了市场的活跃度,并推动了两个市场的协同发展。

其次,新质生产力的推广加速了清洁能源的应用和可再生能源在电力市场中的占比提升。新质生产力的推广加速了清洁能源的应用和可再生能源在电力市场中的占比提升。例如,通过区块链技术,可以确保可再生能源证书(如绿证)的发行和交易的透明性和安全性,从而提高了绿证的市场认可度和流通性。同时,智能电网技术的应用,提高了电力系统的灵活性和可靠性,使得分布式能源资源(如太阳能和风能)能够更有效地并入电网。这一趋势增加了绿电和绿证的交易和流通,从而促使了碳市场与电力市场之间建立联动机制。

新质生产力的崛起还推动了碳配额市场与绿证市场的整合。通过建立统一的碳排放核算和认证机制,实现了碳配额与绿证的互通互认。例如,区块链技术可以用于创建一个去中心化的碳排放权和绿证交易平台,提高交易的透明度和效率。这种整合机制不仅提高了碳减排行为的透明度和有效性,而且促进了碳市场与绿证市场的协同发展,进一步推动了电-碳市场的完善与协同。

3. 以新质生产力优化碳价格形成机制,提升碳定价的有效性

随着新质生产力的不断进步,企业正逐步转向更高效且环境友好的生产模式。这一转变得益于资源利用效率的提升和对环境保护的重视。在此背景下,完善电力市场和碳市场的价格形成机制,使之更准确地映射市场供求关系及资源的稀缺性,对于引导企业资源向高效率领域集中至关重要。精确的碳定价不仅对企业的战略决策产生积极影响,而且激励企业优先选择清洁能源和低碳技术,进而推动碳市场与电力市场的有机融合。

新质生产力的提升还意味着企业将更加重视数据分析和技术创新。通过运用尖端的数据分析技术和模型,结合实时监测和反馈,企业能够更准确地评估自身的碳排放状况和成本。这有助于精确设定碳排放配额和定价水平,从而促进碳市场的稳定运行。这样的机制不仅提升了碳定价的精确性,也为电力市场向清洁转型提供了支持。通过综合考虑电力市场的供求关系及资源的稀缺性,可以精确地确定碳排放配额和定价水平,确保碳成本在电力市场的价格中得到充分体现,从而引导企业向低碳、清洁的发展方向转型,推动电力市场和碳市场之间的协同进步。

通过建立碳市场与电力市场之间的交互机制,碳排放权的价格信号得以有效传递给发电企业。这一机制确保了企业在制定发电策略和定价时能够全面考虑碳排放成本,推动电力市场朝着更环保、可持续的方向发展。同时,市场竞争机制也激发了企业的创新活力,促进了低碳技术的发展和应用,为电力市场与碳市场的协同发展注入了新动力。

2.4.4 政策建议

在新质生产力的推动下,政策制定者应把握时机,致力于电力市场与碳市场的深度融合与协同进步。据此,提出以下政策建议:

(1)利用新质生产力的数字化、网络化特征,完善电力间接碳排放核算方法和标准。首先,通过丰富的发电数据和电网数据,建立综合考虑绿色电力扣除和CCUS碳捕集扣除等因素的新型电力碳排放核算体系。其次,完善省级电力碳排放精细化核算标准和方法,推动优化跨区电力间接碳排放责任分摊机制。最后,加快研究生产和消费侧共同承担跨区电力间接碳排放责任,明确适应统筹区域协同降碳和电力保供的跨区电力间接碳排放责任分摊机制。

(2)加快研究并完善区域碳排放考核机制,利用新质生产力发展下的智能化管理平台,建立多元化的考核体系。除了对碳排放总量进行控制,还需要关注诸如单位GDP碳排放、能源强度等相对指标,以全面评估地区的碳排放表现。另外,碳"双控"考核应实施动态调整的分配机制,指标分配要综合考虑地区资源禀赋、降碳潜力和消耗成本等因素,与区域协同降碳路径相一致,最大化降低全社会减排成本。

(3)充分发挥大数据在新质生产力中的优势,加快绿电绿证核算体系和抵扣机制的完善与推进。一方面,完善绿电绿证消费核算体系,并推动其与国际减排机制的对接,提高国际认可度,推动绿色电力消费核算和认证体系获得国际认可、满足欧盟碳边境调节等各类机制要求,为出口企业在控排方面提供便利。另一方面,推动绿电绿证在中国碳市场履约中的抵扣机制,支持中国、区域和省级电力排放因子的常态化更新和发布,扩大绿电绿证在碳市场履约中的抵扣范围。

2.5 碳酸锂期货市场

发展新质生产力是推动高质量发展的内在要求和着力点,是中国能源绿色低碳转型、保障能源安全的关键路径。在此背景下,"绿色金融"不仅是建设金融强国的篇章之一,更是推动新质生产力发展的重要力量。作为现代金融体系的有机组成部分,期货市场在服务实体企业、响应经济社会发展需求与产业结构优化调整中发挥着不可或缺的作用,为实现经济的绿色转型贡献了独特的力量。新质生产力代表新质态的生产力,核心在于通过科技创新,推动高质量发展、服务实体经济、服务国家战略[36]。就期货行业而言,通过引入金融"活水"滋润实体经济,主动服务和融入新质生产力,为新质生产力发展蓄势赋能,是其不可推卸的责任和使命。

新质生产力的提出,明确了壮大战略性新兴产业和培育未来产业的基本路径,强调要积极开展前瞻性顶层设计,尊重产业发展规律,优化产业布局[37]。被喻为新时代"白色石油"的碳酸锂,在"新三样"(新能源汽车、锂电池及光伏产品)的锂电池和新能源汽车两大主轴中发挥着不可替代的关键作用。随着新能源产业的持续扩容,产业链对于碳酸锂期货市场的需求也将不断增加。如果没有碳酸锂期货的推动,碳酸锂产业链以及新能源产业的发展会受到极大的制约。因此,本节将针对新质生产力背景下的能源转型任务与需求,理解碳酸锂期货市场如何妥善运用这股期货市场的"活水",在产业发展过程中承担风险管理和资源配置的角色,激发能源领域的战略性新兴产业的活力,进而加速形成能源产业新质生产力。在此基础上,梳理中国碳酸锂期货市场发展面临的现实困境,提出推动中国碳酸锂期货高效发展的政策建议,促进碳酸锂期货在推动新质生产力发展过程中蓄势赋能的功能。

2.5.1 碳酸锂期货赋能新质生产力发展的理论逻辑

新质生产力并非无根之树、无源之水。它的孕育与壮大不仅离不开科技创新、资源的汇聚整合,亦需对战略性新兴产业以及未来产业的培植和激励,而战略性新兴产业和未来产业的发展需要金融、期货市场的大力支持[38]。碳酸锂期货的上市将增强市场的活力与流动性,填补中国关于锂相关期货品种的市场空缺,并在全球碳酸锂定价和新能源领域中加强影响力与竞争力。碳酸锂期货市场的天职是服务于碳酸锂产业链上的实体企业,其不仅能够为碳酸锂产业链上下游的新能源汽车、储能电池等相关的战略性新兴产业的价格风险分散和转嫁提供坚实的基础,还能进一步丰富实体企业管理市场风险的策略。因此,碳酸锂期货可以为新质生产力提供价格发现和风险管理功能,有效保障碳酸锂产业、新能源产业和储能行业的平稳运行,为其他战略性新兴产业和未来产业提供能源保障,进而加快形成能源产业新质生产力。

中央金融工作会议强调,金融的要务是要为经济社会发展提供高质量服务,创新驱动发展作为高质量发展的重要引领是金融工作的目标。作为社会经济发展的重要支柱,金融扮演着促进实体经济发展、创造就业机会和落实新质生产力的重要角色[38]。期货市场在赋能产业发展的同时,通过促成要素流动实现资源的高效配置,为战略性新兴产业和未来产业注入强大的动力,可以为新质生产力蓄势赋能。能源产业新质生产力的形成着力于创新配置能源生产要素,推动能源新产业建设[39]。碳酸锂期货市场作为资源配置的枢纽,可以优化相关生产资料,同时通过数据赋能为能源新质生产力实现资产配置,打通碳酸锂产业链上的实体企业降本增效的通道,以金融"活水"培育能源新质生产力,实现全要素生产率的迭代升级,进而加快形成新质生产力,促进经济高质量发展。

新质生产力由高质量劳动者、高质量生产资料以及高科技含量的生产方式有机结合而产生[40]。通过科技创新的赋能,有利于优化传统期货市场中资源配置的方式,提升资源配置效率。随着新生产力推动碳酸锂期货市场的不断完善和不断强化其服务实体经济的功能,资源将以更合理的方式分配到新能源等战略性新兴产业和未来产业,实现期货市场从"低级"向"高级"的演化,最终推动产业向高端化、智能化方向发展,为经济增长注入新动能,并反馈于能源产业新质生产力,促进新质生产力的发展。碳酸锂期货市场与新质生产力的逻辑关系如图2.9所示。

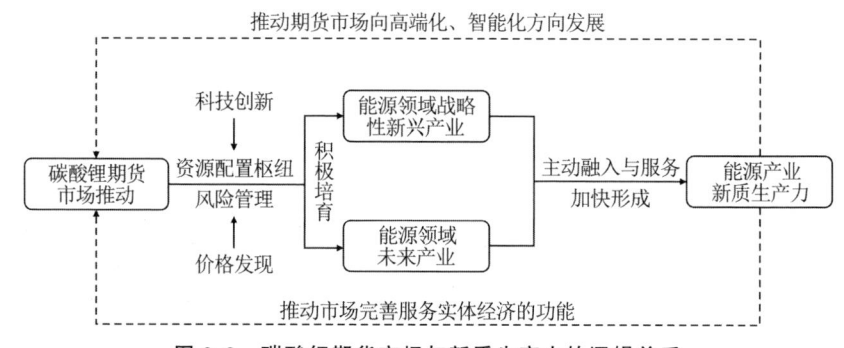

图 2.9 碳酸锂期货市场与新质生产力的逻辑关系

2.5.2 碳酸锂市场的发展现状

1. 碳酸锂期货的简介

碳酸锂作为锂产业中的中游产品,不仅是锂电池正极材料的基础前驱物,在新能源车辆及储能系统领域的应用愈加广泛,亦在陶瓷、玻璃、医药及催化剂等多个行业扮演着不可或缺的角色。伴随新能源汽车产业的蓬勃发展,电池原材料价格的波动愈发显著。国际各大期货交易所正紧锣密鼓地推进金属锂期货的上市工作,旨在为市场参与者提供风险管理的有效工具,以应对原材料价格震荡带来的挑战。截至

2022年9月26日,新加坡证券交易所(SGX)携锂期货合约加入"战局",继伦敦金属交易所(LME)和芝加哥商业交易所(CME)之后,成为全球第三个推出锂期货合约的平台。值得一提的是,SGX涵盖了碳酸锂以及氢氧化锂两种合约,而其他交易所主推氢氧化锂期货。

随着全球对锂材料需求的逐年攀升,各经济体间对锂矿资源的争夺愈显激烈。在这场资源博弈中,中国企业积极出击,不仅立足于国内青海、西藏、四川等原材料产地,还遍及远至南美洲、澳洲等富含锂的角落。得益于"双碳"战略的有力推进,中国在碳酸锂的生产与消费上,已位居全球领先国家之列,为市场带来了前所未有的发展契机。2023年7月21日,广州期货交易所(简称"广期所")开创性地推出了世界首个实物交割锂期货品种——碳酸锂期货,为投资者搭建了一个交易和套利的全新平台。广期所推出的碳酸锂期货在设计上与产业链的吻合度极高,以现实的供需情况为支撑,采纳了实物交割的模式。由此,实物交割不仅提升了合约的实用性,更激发了市场的活力。自其上市以来,流动性随交易时间的增长而逐渐提升,投资者的参与热情日益高涨,期货市场对于产业的服务功能愈发明显,展示出其正在加速主动融入和服务于新质生产力。此外,随着市场投资者的认识日益加深,碳酸锂期货的现货引导作用预计将稳步增强,其在服务新质生产力发展上的功能性也将日益突出。

2. 碳酸锂期现货市场的发展现状

碳酸锂期货上市以来运行态势稳健,市场交易行为持续理性,有效展现了期货市场对实体经济、新质生产力的服务功能。具体来看,实体企业规范有序地融入市场,积极利用碳酸锂期货从事基差贸易及仓单服务等操作,深化了期现市场的融合。目前,中国发展为全球碳酸锂产品的最大生产者和消费者,然而2023年却迎来了供需格局的重大转变,碳酸锂的供应从紧张状态转入全面盈余。随着国家"双碳"目标的提出,新能源产业及锂资源开发持续得到资金推动,加之报废电池的回收再利用为锂资源链带来第二波供应浪潮,供给端发生了根本性的结构性变化。在需求端,受2023年新能源汽车补贴退坡政策影响,国内政策推动力度减缓,新能源行业的增长从此前的迅猛发展过渡到更为理性的增长阶段,需求增长边际趋于减速。这种趋势在碳酸锂的直接下游行业——动力电池领域也有所体现;经历了初期的快速扩张之后,逐渐进入一个更加稳健的增长期。供应端的过剩现象初现端倪,行业增速放缓至一个更为平稳的水平。这一变化直接影响到了磷酸铁锂和三元材料价格的持续走低,伴随而来的是"金九银十"传统销售旺季意外的不旺。

在2023年的大环境下,碳酸锂市场的价格总体走势呈现出一种震荡下行的态势,这一现象在很大程度上反映了行业内产能过剩的现状。供应端时而出现的扰动,加上需求端的短线冲高,致使碳酸锂的价格逐渐摆脱了过去波澜壮阔的行情。碳酸锂期货的推出,促使资本的力量开始渗透至市场之中,推动了期货和现货市场价格的高度一体化。如图2.10所示,在一季度初至4月中旬之间,受国内新能源汽车政策调整及传统消费淡季的影响,新能源汽车的销售量有所减少。作为动力电池关键原材料的碳酸锂随之出现了供大于求的状况,库存层层叠加,沉重打击了市场价格,导致价格猛跌,从接近60万元/吨的历史高位滑落至15万元/吨上下的区间。而后,在4月末至5月,动力电池行业的主动去库存行为与市场需求的渐次回升,促使了碳酸锂价格的部分反弹。紧随其后的6月份,随着动力电池企业补库工作告一段落,及锂云母产能恢复,碳酸锂价格在双方博弈中稳坐 30 万元以上的高位水平徘徊。然而,自碳酸锂期货上市以来,伴随动力电池产量的持续下跌,市场对碳酸锂的需求开始减缓,加之资本市场的参与,价格走势愈加颠簸,期货与现货市场的走向渐趋一致,价格逐渐向下游走。此外,图 2.11 和 2.12 所揭示的是自中国碳酸锂期货市场上市之日起的月度成交量和月度成交额。从交易额来看,截至 11 月底,其累计交易额已攀升至 32211.9 亿元,而前 3 个月内,碳酸锂期货市场交易额在总量中占比不足 1%。同时,其累计成交量达到了 2205.5 万手,但在期货市场总交易量中仍占较低比例,这说明虽然碳酸锂期货交易活跃程度逐渐提升,但在全国期货市场上的份额依旧有限。因此,碳酸锂期货自上市以来已吸引了广泛的投资者关注,纵然受到年度初期的季节性效应以及产业周期波动的影响,其成交量和成交额依然高于期货市场成立之初的水平。

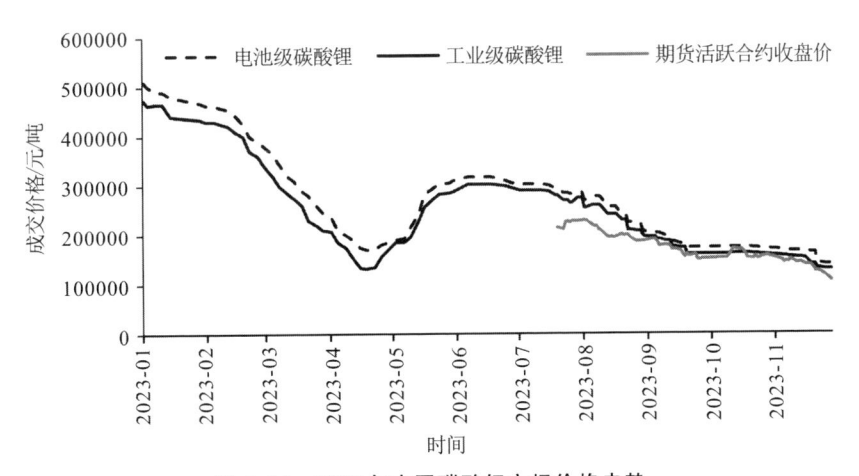

图 2.10 2023 年中国碳酸锂市场价格走势

数据来源:Wind 数据库。

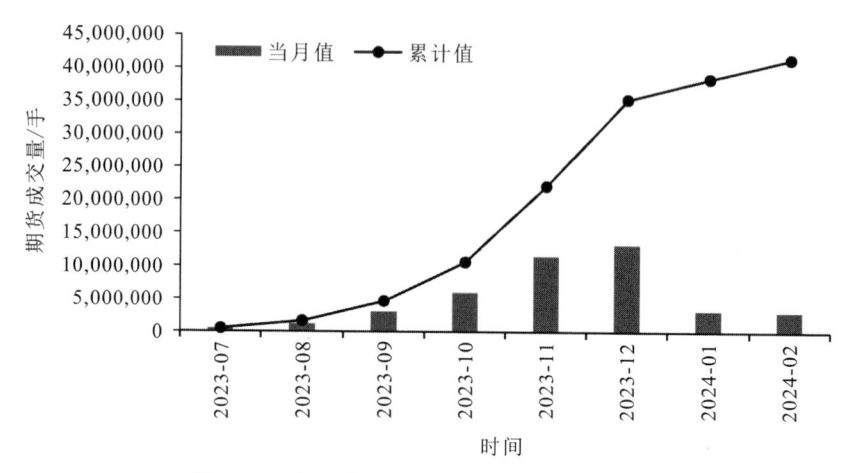

图 2.11　中国碳酸锂期货上市以来月度成交量

数据来源：Wind 数据库。

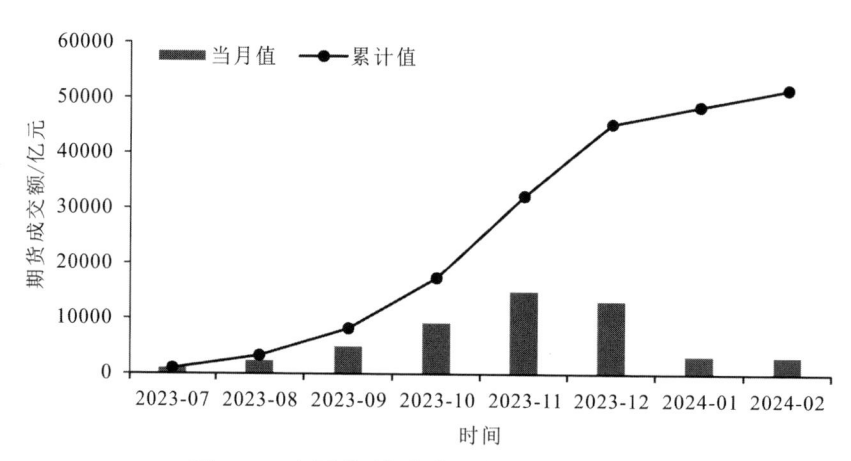

图 2.12　中国碳酸锂期货上市以来月度成交额

数据来源：Wind 数据库。

2.5.3　新质生产力视角下碳酸锂期货发展面临的挑战

与其他成熟期货市场相比，中国碳酸锂期货市场尚处于萌芽阶段，可能引发若干不利影响，如期货价格的剧烈波动可能会对现货市场造成扰动,进一步影响到商品的供需关系及产业链上下游发展。这就要求在促进碳酸锂期货市场规范化、透明化、国际化的同时,也要填补市场参与者对多元化风险管理工具的需求,从而提升企业应对风险的能力,保证生产质量与效率,促进新质生产力加速发展。在此过程中,可能会面临以下挑战:

(1)基本面供需的失衡冲击着碳酸锂价格,不利于能源新质生产力的健康发展。2022年末,碳酸锂现货价格从历史高位开始"断崖式"下跌,市场对此做出的全面供过于求的预测一直持续。由于2021年至2022年的价格高涨带动,资本纷纷投入锂资源领域,导致全球范围内锂资源产能的快速增长。然而,终端新能源市场需求的增长却不瘟不火,这种不匹配预示着未来碳酸锂的产能仍将有过剩之虞。与此同时,市场主导的过剩情绪导致碳酸锂期现货价格的连续下跌,这种大幅度的价格波动削弱了投资者的参与热情,加剧了碳酸锂期货市场的供应扰动风险。尤其是碳酸锂期货主力合约上市初期就出现的12.56%暴跌,再次印证了市场对未来需求的悲观预期。哪怕之后工业减产和终端需求小幅反弹给现货和期货价格带来了短暂的支撑,也无法根本改变供应过剩对价格下跌趋势的牵引。此外,随着各锂盐工厂恢复生产的消息不断传出,南美、澳洲矿产锂资源进口量的日益增加,这加深了市场关于供应过剩的忧虑,从而在一定程度上淡化了新能源领域内由期货市场所带动的正面乐观预期。在这种情况下,投资者可能倾向于持观望态度,而不是积极投身于期货交易中,这让碳酸锂期货市场服务实体经济、优化资源配置的功能难以得到充分发挥,限制了其对能源新质生产力加速形成的支持作用。

(2)市场的结构尚未臻于完善,机构投资者的市场占比有待提高,制约了在国际锂产品定价中的话语权。一方面,期货价格通过公开市场交易形成,能够高效、透明、及时地反映国内锂盐市场的供需变化。但受期货市场管理体制的严格监管、市场竞争格局由外国企业主导以及资源供应集中度高等限制,碳酸锂的期货市场流动性不足,难以形成具有普遍影响力的价格信号,使得中国在国际锂资源市场的议价能力相对不足。例如,在锂价攀升的浪潮中,澳大利亚矿商为追求利益最大化,采取了网上竞拍锂矿的营销策略,加剧了锂价的蹿升速度,不仅推动了市场行情的进一步火热,也对中国的新能源等战略性新兴产业稳定发展构成了干扰。需要认识到,新质生产力与战略性新兴产业的发展紧密相关,彼此相依,相互促进。对战略性新兴产业和未来产业的积极扶持,可以为新质生产力提供适宜的发展条件。因此,在此基础上,优化碳酸锂期货市场的结构,提高市场流通性,增强中国在国际锂盐贸易中的主动权已成为当务之急。另一方面,市场结构的合理性和完善程度是期货市场正常运作和高质量发展的硬性指标,也是其发挥预定功能的基础。成熟的期货市场不但需要完备的法律支撑和规范的市场机制,更需要吸引足够比例的生产经营者和机构投资者参与。当前投资者教育和培训的不足,制约了企业认识到期货市场价值的广度和深度,直接限制他们积极参与的意愿,进一步导致市场上机构投资者的比重偏低。结果是套期保值参与者的数量不足,使得市场更易受到非理性波动的困扰,且可能会对期货市场风险管理的专业性造成损害,进而制约了碳酸锂期货对新质生产力服务功能的发挥。

(3)市场推广步伐缓慢,交易量比重低,限制了能源新质生产力的发展速度。相较于其他成熟的期货市场和品种,碳酸锂期货市场的累计成交量及交易额在全国期货市场中占比较低,表明碳酸锂市场参与度不足,活跃度有限。市场参与者需深入了解市场情况,包括宏观经济环境、行业信息和资金流向等,以形成对未来价格走向的判断。尽管广州期货交易所在碳酸锂期货上市前后组织了多项培训活动,旨在提升投资者对该期货产品的认知,但现货企业在期货上市初期的观望态度以及市场价格的下行趋势,综合影响了市场参与者对期货的接受程度,进一步影响了市场推广的效率。同时,尽管市场开放程度持续扩大,市场参与度及准入条件仍有改善空间。例如,与其他国际期货市场相比,中国对国际投资者的开户和交易程序要求相对严格,这限制了全球投资者在中国碳酸锂期货市场的参与度。市场推广的缓慢不仅不利于企业和行业利用期货市场高效配置资源,同时也制约了企业通过期货市场价格信号进行采购、销售、融资等经营决策的能力,这些决策对优化资源配置、调整生产计划至关重要。此外,期货市场发挥不足还意味着无法为能源新质生产力提供充分的服务和支持作用。

(4)上游原材料仍存在依赖进口问题,国内锂资源勘探与开发也尚显不足,供应链面临的风险不利于碳酸锂期货市场的健康发展。尽管中国拥有较为丰富的锂矿资源,但由于品位普遍偏低、优质锂资源相对不足,特别是分布在青海和西藏的盐湖卤水型锂矿因镁锂比高而提取难度较大,江西宜春地区的锂云母矿资源虽储量丰富,但多数为低品位含锂的陶瓷土矿[41]。2023年能源统计年鉴数据显示,中国的锂矿总进口量仍高,尤其是从澳大利亚、巴西及非洲的进口量中可见一斑。锂矿自产量仅占总供应的小部分,这对于中国作为全球最大的动力锂电池生产国的需求而言显然是不够的。随着贸易网络的日趋复杂和贸易规模的不断扩大,依赖进口的原材料供应链面临的风险可能会进一步上升。随着新能源产业与储能电池行业等战略性新兴产业的持续发展,将持续推动对锂资源需求的急剧扩张。在这样的趋势下，保障锂资源安全稳定供应具有重要意义[42]。供应链的稳定不仅是促进新质生产力形成与增长的重要基础，也是保障国家经济安全与社会稳定的关键。同样，只有通过加快形成能源新质生产力，才能实现更有效的资源管理和更高资源利用效率，优化原材料供应链的结构，确保锂资源使用价值最大化，最终提升中国在全球市场竞争力。

（5）当前碳酸锂市场存在风险管理工具不足的问题，特别是在多元化碳酸锂期货及其衍生品方面，无法满足不同投资者群体的需求。新质生产力的不断发展势必进一步推动碳酸锂产业链和新能源、储能以及其他相关战略性新兴产业的融合，这就要求碳酸锂期货市场在减缓产业链价格风险与提升风险管理能力方面必须迎合新趋势的诉求。推出新的衍生品种不仅可以为投资者提供更多的金融工具，而且还能扩展市场的衍生品交易策略，如投资者可以通过对现货与衍生品进行不同方式的组合以实现自己的投资目标。遗憾的是，广期所当前推出的挂牌合约及与国际对标的合约品种相对有限，可能未能有效满足企业及投资者在期权、互换合约、远期合约、指数基金以及衍生品组合和结构化产品等方面的实际需要。随着新质生产力快速发展，与碳酸锂产业链紧密相连的战略性新兴产业和其他未来产业对多样化风险管理工具的需求也在上升。越来越多企业正借助期货市场实施风险管理，迫切需要市场引入更多的衍生产品以实现风险的有效分散和转移。衍生品种类的不足限制了多元化风险对冲策略的建立，并且未能为投资者提供高度个性化与定制化的选择，从而影响了他们在风险管理、资产配置和收益增长等方面的投资决策。因此，若碳酸锂期货和相关衍生品的开发不受重视，这将不利于构建多元化风险管理工具体系,进而影响新质生产力快速发展背景下多样化风险管理平台的形成与优化。

2.5.4 碳酸锂期货赋能新质生产力发展的政策建议

在新质生产力的视角下,中国碳酸锂期货面临的现实困境和问题可以从以下几个方面着手解决:

1. 期货与现货互动:完善现货市场以促进期货市场的秩序化发展

成熟期货市场实现套期保值与价格发现等核心功能时,现货市场能够发挥基础性的作用[43]。现货市场不仅能及时响应价格变化,确保流动性充沛,更在商品的实际交割中实现对风险的最基本管理,从而有利于推动新质生产力的形成。因此,正确处理碳酸锂现货市场与期货市场之间的关系,充分发挥金融市场服务实体经济的作用,加强碳酸锂现货市场的规范化建设便成为当务之急,借此指引期货市场朝秩序化方向发展。只有在现货市场扎实的信息聚合、流动性供给以及高效的资金配置基础上,期货市场才可能实现其他本质功能,进而规避价格波动的风险,维护碳酸锂产业及锂电产业实体经济的健康发展,推进传统生产力向新质生产力的迈进。此外,鉴于在碳酸锂行业中上游原材料仍依赖进口、国内锂资源勘探与开发尚显不足、供需失衡问题总冲击期现货价格等问题,因此,应该以新质生产力为着力点,加强锂资源的勘探与开发利用,尤其是高端开发利用的人才和技术储备,进一步提升锂资源的供应保障能力。最后,考虑到全球产能过剩的现实困境,还应该逐步深化产业政策支持,通过优化产业链生态布局,激发碳酸锂产业链末端的消费需求,化解市场需求疲弱与产能过剩的困局,以积极调动投资者入市的热情。

2. 完善监管框架：监管和风险管理体系的持续完善

通过完善期货市场的监管机制和风险管理体系，可以提高市场透明度和信任度，避免不必要的风险和损失，从而推动新质生产力的发展。近年来，国际局势波谲云诡，地缘政治纠葛及自然灾害等风险因素交织，导致短期风险事件频频爆发。这些变数给资本操弄市场提供了可乘之机。由此，价格波动超脱实际供需关系，不仅不利于产业的正向发展，也加剧了产业链上企业经营的风险性。在此形势下，在巩固和提升碳酸锂期货市场监管体系的同时，应构建完备的风险管理机制，以确保期货市场能够有效地发挥其基本功能，为能源新质生产力搭建一个多维服务平台，并涵盖价格探索、风险防控以及资源优化配置等关键领域。与此同时，考虑到碳酸锂期货市场尚处于发展初期阶段，相关法规的合理制定和实施就显得尤为重要。此举旨在实质性地预防和抑制国内外资金的恶性竞争和过度投机行径，为碳酸锂期货交易营造一个环境规范、秩序井然的市场氛围，以避免产生类似"伦敦镍"事件对市场造成的异常冲击。既有政策体系的缺陷不应成为碳酸锂期货市场构建和运作的绊脚石，否则将直接影响投资者的长期信心和参与热情，对碳酸锂市场的良性增长构成不利因素。此外，推进碳酸锂期货市场监管体系的完善，还需不断优化交易机制，灵活调整管理准绳，创新细则内容，优化参与者进行实物套利交易的体验，增进投资者的信赖感，为新质生产力的加速形成贡献力量。

3. 强化中介服务：加快碳酸锂期货推广步伐

期货经营机构能够通过深刻洞察和精准把握市场脉动，满足消费者需求并解决消费者痛点，实现业务的创新和优化，提高市场推广的效率，从而为新质生产力的发展和进步创造沃土。期货经营机构不仅是链接各参与者的桥梁和纽带，更是激发市场活力、促进服务功能迭代提升的关键力量[44]。对这些机构来说,强化核心竞争力不仅是构建金融强国、助推实体经济、培养新质生产力的重要路径,也是时代赋予的重要使命。首先,期货公司必须全力打造专业且富有激情的客户服务团队,同时建设精干而高效的运营团队,以期为客户提供卓越和高效率的服务。其次,当前碳酸锂市场推广缓慢,中介机构应致力于专门的推广及培训教育服务,为企业提供投资者教育,普及碳酸锂期货与合约交易的知识,加强企业参与碳酸锂期货操作能力的培育,引导投资者树立正确的交易避险理念,从而降低期货市场的投机性行为比重。在培训过程中应特别注重差异化策略,对于大型企业提供专项培训,鼓励其参与期货市场,并精通期货工具的使用,实现期现结合的战略规划,使得先进产能够引领期现两市,提升行业集中度。对于中小企业,则避免泛滥的专业知识注入,采用更加通俗易懂的方式,由现货领域的专家进行期货市场普及教育。尤为关键的是,在数字化潮流的推动下,期货经营机构同样需要主动适应变革,实现与科技的深入结合,以此提升服务品质和效率,更好地促进碳酸锂产业的快速发展和促进能源新质生产力的形成。

4. 促进国际参与:适度提升市场国际化水平

市场需求是新质生产力形成的动力与方向,在全球碳酸锂供大于求的背景下,需求端展现出较强的市场话语权。首先,中国作为碳酸锂的最大生产和消费国,应当施展其市场主导优势,鼓励期货公司等金融机构适度拓宽国际业务,通过境外分支机构的设置、引进外资股东、跨国经营活动的展开,或利用金融开放政策,吸引国外资本进入。引入境外交易者参与内地碳酸锂市场,预期不仅将有效提升碳酸锂期货市场及其衍生品市场的流通活性,促进中国产业链向国际化迈进,还有望将中国庞大的经济体量、强劲的内需市场和雄厚的生产实力转化为深化全球影响力的关键磅礴之力,从而为能源新质生产力的发展蓄势赋能。与此同时,应在严格监管的前提下,仿照原油期货市场的发展经验,引进外资做市商,以此提升交易层面的国际化程度。做市商制度旨在保障期货市场流动性,活跃交易氛围,满足投资者需求,即机构投资者在市场持续报出期货合约买卖价格,并承诺按报价成交,利用自营账户与投资者进行交易,从而增进市场的及时反应性和流通性[45]。最后,应进一步加强金融科技的应用,优化交易成本并适当的增加激励机制,以吸引更多的做市商群体。在此基础上,提升做市商群体间的竞争,可使碳酸锂期货价格更准确地映射海外市场对供需态势的预期。将做市商制度与国际化紧密结合,不仅仅能够提高碳酸锂期货的国际化水平,更是催化能源新质生产力发展的加速器。

5. 品种体系建设:健全碳酸锂期货品种体系与多元融合发展

为主动融入和服务能源新质生产力,碳酸锂期货市场不仅需谋划全局,也需在品种体系建设方面多维推进。首先,需进一步细化和完善碳酸锂期货市场的构建,打造一个更全面的碳酸锂期货产品体系。紧密结合国家"双碳"目标及新能源市场建设,在统筹规划、优化布局基础上,健全碳酸锂期货产品体系。为锂电行业各纵向环节的企业提供广泛的期货品种选择,以及强化套期保值等功能,确保企业可持续健康发展。同时,还应该积极推进期货衍生品的建设,如期权、互换合约、远期合约以及不同衍生品的组合产品和结构化产品等,从而为投资者提供更多元化的风险管理策略。其次,应持续推进现有期货合约与交割标准的优化,增强碳酸锂期货在价格发现上的能力,确立国内碳酸锂批发价格的基准地位,推动碳酸锂价格真正向市场化转型,从而提升传统产业全要素生产率,支持传统产业深度转型升级。最后,服务新质生产力不应限于单一领域,也不应仅停留于交易与交割阶段,而是应深化期货

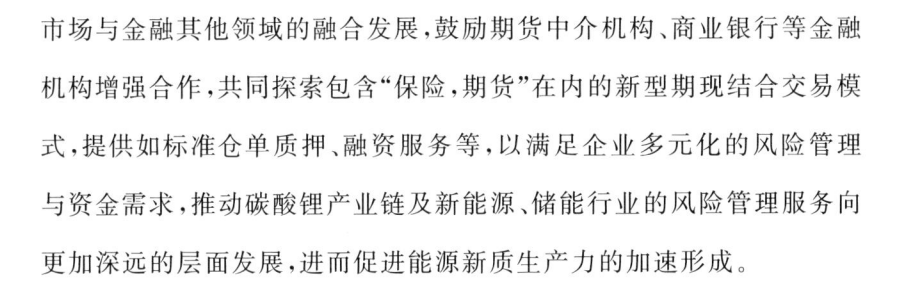

市场与金融其他领域的融合发展,鼓励期货中介机构、商业银行等金融机构增强合作,共同探索包含"保险+期货"在内的新型期现结合交易模式,提供如标准仓单质押、融资服务等,以满足企业多元化的风险管理与资金需求,推动碳酸锂产业链及新能源、储能行业的风险管理服务向更加深远的层面发展,进而促进能源新质生产力的加速形成。

2.6 碳核算体系与欧盟碳边境调节机制

新质生产力是推动中国社会经济实现全面变革的重要发展力,代表了国内经济发展方式的重要转变,标志着中国将从以传统产业发展为主的产业体系转向以颠覆性技术和前沿技术为支撑的新兴产业体系。然而在此过程中,中国不可避免地面对国际地缘政治风险、贸易风险等多重风险因素的冲击。近年来,以欧盟碳边境调节机制为代表的绿色贸易壁垒对中国高耗能产业发展提出了新的挑战[46]。要有效应对欧盟碳边境调节机制,突破绿色贸易壁垒,必须加快中国传统产业的绿色低碳转型[47]。其中,产品级碳核算体系是重要工具。而新质生产力不仅注重新兴高科技产业的发展,同时也对于新一代碳足迹核算体系的构建具有重要战略意义。

2.6.1 依托新质生产力完善产品碳足迹核算体系

新质生产力是以创新为关键,超越传统的经济增长方式、能源消耗方式以及科技发展路径,兼具高科技、高效能、高质量三类发展特征,符合新发展理念的先进生产力质态[47]。产品碳足迹核算是评估产品在整个生命周期中产生的温室气体排放量的过程。新质生产力与碳足迹核算两者间存在密切关联。一方面,建立精准、高效的产品碳足迹核算体系依赖于新质生产力创造的先进数字化生产工具。另一方面，新质生产力的发展为企业加快建立产品碳足迹核算体系提供了新动能。新质生产力、产品碳足迹核算体系以及欧盟碳边境调节机制三者之间的具体关系如图2.13所示。

```
┌─────────────┐      ┌──────────────┐      ┌──────────────┐
│  新质生产力  │      │产品级碳足迹核算│      │欧盟碳边境调节机制│
├─────────────┤      ├──────────────┤      ├──────────────┤
│   高科技    │  ──→ │助力开发数字化 │  ──→ │1.碳足迹核算是应│
│   高效能    │      │碳管理工具，提 │      │对碳边境调节机制│
│   高质量    │      │高产品碳足迹核 │      │的基础设施     │
│ 数字化 智能化│      │算水平         │      │2.碳足迹核算能够│
│             │  ──→ │赋能企业进行碳 │      │厘清我国高碳产业│
│             │      │排放生命周期分 │      │受影响情况     │
│             │      │析和生产流程优化│     │              │
└─────────────┘      └──────────────┘      └──────────────┘
```

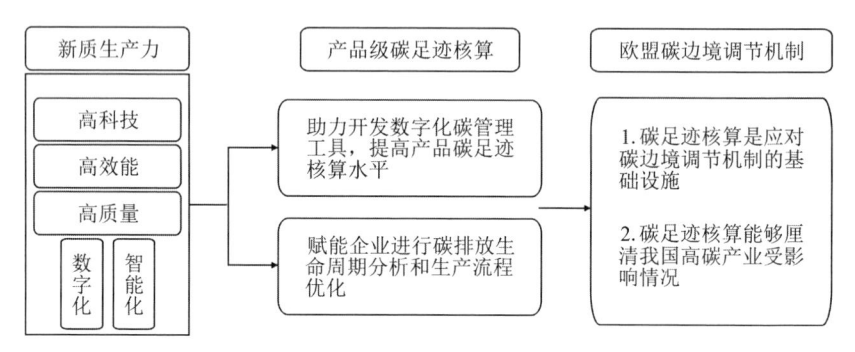

图 2.13　碳核算体系、欧盟碳边境调节机制与新质生产力的逻辑关系

新质生产力助力开发数字化碳管理工具，提高产品碳足迹核算水平。产品碳足迹核算是应对欧盟碳边境调节机制的"基础设施"，有助于帮助企业满足欧盟碳边境调节机制的申报要求。碳核算内部涵盖多种生产流程，对外覆盖产业链上下游企业。通过数字化碳管理工具，企业能够实现自身生产运营碳排放数据的自动采集、存储与计算，有助于企业准确、高效地掌握自身碳排放水平，及时发现生产中存在的各类问题。以数字化技术为核心的新质生产力可从数字核算、数字采集、数字管理多维度出发，帮助企业厘清碳足迹核算流程，降低数据收集难度，同时实现各层级碳排放数据的可核查可追溯，从而有效解决产品碳核算痛点，帮助企业实现全链路低碳治理，为产业链重塑创造新机遇。例如，可以加强产品碳足迹核算体系中的数据采集和分析过程，通过使用先进的传感技术、大数据分析和人工智能等技术，提高碳排放数据的准确性和实时性，为企业提供更加可靠的碳足迹信息。

新质生产力赋能企业进行碳排放生命周期分析和生产优化，提高企业应对欧盟碳边境调节机制的能力。新质生产力的发展释放了中国整体产业发展的重要信号，促使企业更加关注产品的整个生命周期，即从原材料获取、生产、运输、使用到废弃处理的各个环节。通过全面的生命周期分析，企业可以识别并优化产品生命周期中产生的碳排放，从而降低产品碳足迹。此外，供应链是工业企业生产的重要环节，也是产品碳排放的主要来源之一。新质生产力帮助企业优先选择绿色、低碳的原材料和产品，并与供应商合作减少产品碳排放。企业还可以从加强循环利用、实现资源最大化等方面入手，进一步降低产品碳足迹。

因此，有效应对欧盟碳边境调节机制，需要积极响应新质生产力的发展要求，同时依托新质生产力所创造的强大发展动能，助力建设适应国内产业发展阶段的产品碳足迹核算体系。

2.6.2　产品碳足迹核算是应对碳边境调节机制的必要工具

2023年10月1日，欧盟碳边境调节机制法案（Carbon Border Adjustment Mechanism，简称CBAM）正式步入实施阶段，并进入过渡期。CBAM是欧盟应对国际贸易中碳泄漏问题的重要措施，也是其绿色新政的关键组成部分。该政策的核心宗旨是确保欧盟生产的商品与进口商品承担相同的碳成本。根据现行规定，进口商需报告钢铁、铝、水泥、化肥和氢这五种行业的进口商品的碳排放数据。CBAM的过渡期为2023年至2025年，其间不会征收碳排放费用，但从2026年起，欧盟将对进口产品根据其碳排放量征税。在过渡期内，进口商每季度需提交CBAM报告。目前，CBAM报告主要包含三类信息：(1)进口商品的总数量，进口商还需详细说明每个原产国工厂生产的商品类型；(2)实际直接排放量，这取决于进口产品在生产过程中是否采取了减少碳排放的措施,需要企业自行报告;(3)间接排放量,根据 CBAM 条例规定,部分产品在生产过程中的间接排放量也需要报告。因此,目前 CBAM 已经开始要求企业搜集并上报自身产品的碳排放数据。

表 2.2 欧盟碳边境调节机制的政策要点

实施要点	具体内容
覆盖行业	当前:覆盖行业包括钢铁、水泥、铝、化肥、氢和电力行业。 过渡期:欧盟将考虑逐步纳入其他具有碳泄漏风险的高碳产品(如塑料、化工产品等)。 目标:覆盖欧盟碳市场中的产品。
排放核算	鼓励生产厂商自行申报产品生产中的实际排放强度,包括产品的直接排放和间接排放。 如未申报产品的排放强度,则依据所在国同类企业的平均碳强度确定。 如无上述数据,则使用欧盟同类企业中的最高平均碳强度确定。
实施时间	过渡期:2023 年到 2025 年。企业只需进行排放数据的申报,不需缴纳碳费用。 过渡期后:自 2026 年起,欧盟将全面开征碳排放费用。
排放定价	每周碳市场的平均结算价格。
免费配额	与欧盟碳市场同步。2027—2031 年免费配额比例分别为 93%、84%、69%、50% 和 25%,2032 年取消免费配额。
碳价减免	认可进口商品在本国内已支付的碳成本,但只考虑显性碳价,包括碳交易或碳税成本。
收益用途	尚未明确碳边境调节机制的收益用途,仅粗略声明将用于绿色转型。未针对发展中国家设计特定的补偿政策。

资料来源:笔者根据《2023 年 5 月 10 日欧洲议会和欧盟理事会关于建立碳边境调节机制的第 2023/956 号条例》整理。

"碳足迹"这一概念源自"生态足迹",主要衡量人类在各种生产和消费活动中排放的温室气体总量,通常用二氧化碳排放当量来表示[48]。当前,多数碳足迹核算采用的方法是生命周期评价法(LCA)。这种方法主要用于全方位评估相关产品在整个生命周期中排放的温室气体总量,包括直接排放和间接排放。因此,核算碳足迹往往比单纯核算直接

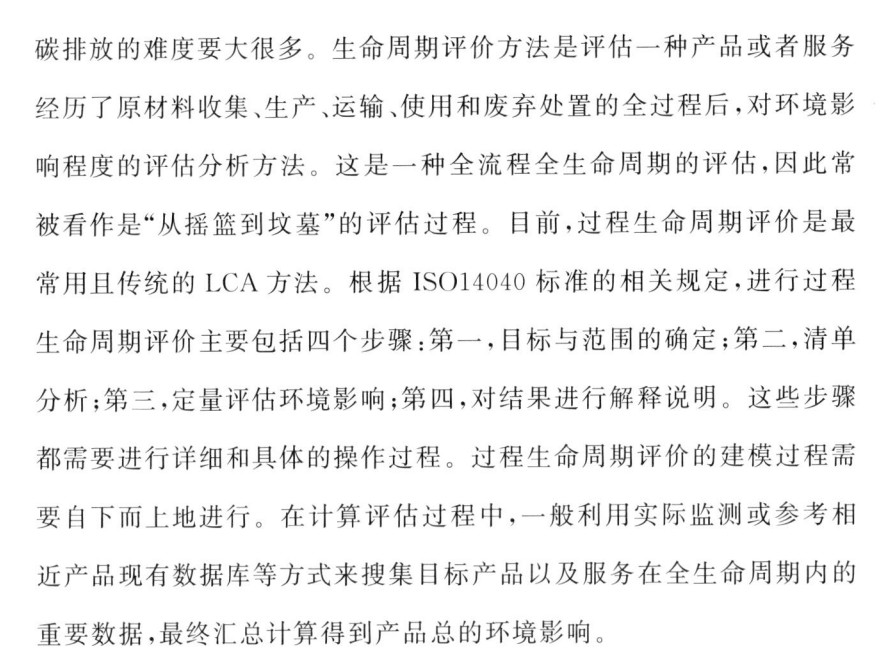

碳排放的难度要大很多。生命周期评价方法是评估一种产品或者服务经历了原材料收集、生产、运输、使用和废弃处置的全过程后，对环境影响程度的评估分析方法。这是一种全流程全生命周期的评估，因此常被看作是"从摇篮到坟墓"的评估过程。目前，过程生命周期评价是最常用且传统的 LCA 方法。根据 ISO14040 标准的相关规定，进行过程生命周期评价主要包括四个步骤：第一，目标与范围的确定；第二，清单分析；第三，定量评估环境影响；第四，对结果进行解释说明。这些步骤都需要进行详细和具体的操作过程。过程生命周期评价的建模过程需要自下而上地进行。在计算评估过程中，一般利用实际监测或参考相近产品现有数据库等方式来搜集目标产品以及服务在全生命周期内的重要数据，最终汇总计算得到产品总的环境影响。

对中国的出口产业来说，碳边境调节机制意味着更为苛刻的减排标准和更加严重的贸易壁垒。可以预见的是，中国高碳行业将受到严重的冲击。欧盟碳边境调节机制实施后，中国高碳产品出口将遭遇严重的贸易壁垒。以钢铁和铝出口情况为例，图 2.14 和图 2.15 展示了 2000 年至 2021 年间中国对欧盟的钢铁和铝出口情况，包括对欧出口的总产值和对欧出口占中国总出口的比重。然而，我们目前还无法准确估计不同高碳行业具体受到的影响有多大。当前，中国对于高碳行业受损的经济影响估计主要停留在行业总体层面，而且排放数据主要依赖于能源环境投入产出数据库。但是，行业层面的数据无法很好地考虑行业内不同产品的具体特征，同时能源环境投入产出数据存在一定的核算误差。因此，政府、学术机构、智库等单位在评估碳边境调节机制时，其计算结果可能不甚精确，无法很好地服务于政府政策制定和企业生产决策。而对中国的高碳产业进行全面的碳足迹核算，能够更准确地评估其在碳边境调节机制下的竞争力变化。此外,全面的碳足迹核算也有助于排放较低的企业在碳边境调节机制下了解自身的竞争优势,推动其趋向于高端化、绿色化的发展道路,为发展新质生产力提供保障。

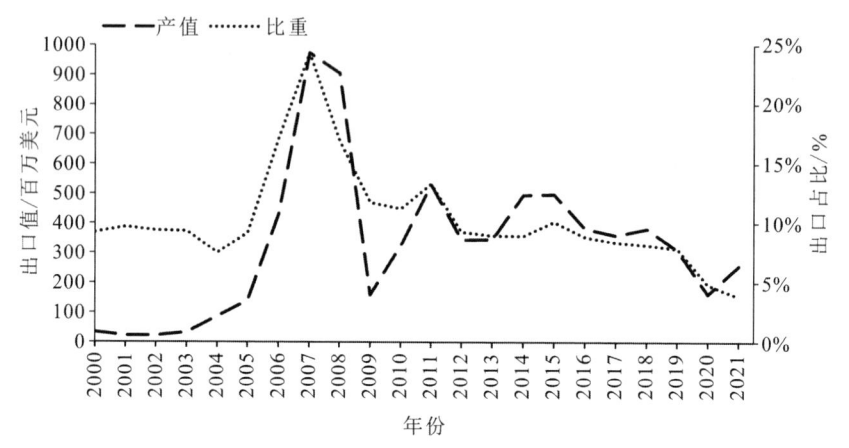

图 2.14 中国对欧盟的钢铁出口产值以及出口占比

资料来源:CEPII-BACI 数据库。

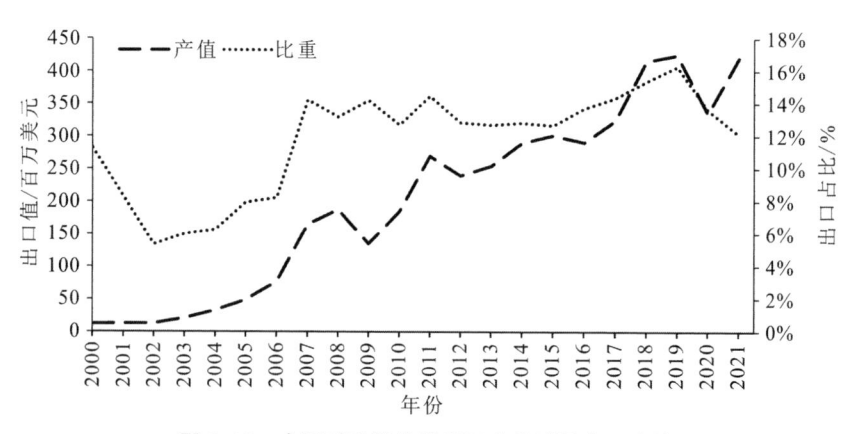

图 2.15 中国对欧盟的铝出口产值以及出口占比

资料来源:CEPII-BACI 数据库。

目前,中国政府已经意识到了产品级碳足迹核算的重要性,并出台了一系列政策措施来推动碳足迹体系建设。例如,国家发展改革委、生态环境部等部门联合发布了《全国碳排放权交易市场建设方案》,明确了碳排放权交易体系的总体目标、制度设计和具体工作安排,为产品级碳足迹体系建设提供了政策支持和指导。生态环境部、商务部等部门已经开始在碳足迹和碳标识领域进行探索性工作,并针对电视机、微型计算机等产品提出了碳足迹评价标准。然而,中国的产品碳足迹核算体系尚处于起步阶段,面对欧盟的碳边境调节机制,中国面临着诸多挑战。这些挑战包括不同产品类别和工艺流程采用的计算方法和标准存在差异,缺乏统一的标准,以及部分产品生产流程复杂,难以获取准确的数据以量化碳排放等。而新质生产力的出现带来了数字化、智能化的新发展动能,也为高耗能企业低碳转型提供了重要支撑。因此,为了应对这些挑战,我们亟须以发展新质生产力为导向和抓手,逐步构建起一个全面的碳足迹核算体系。

2.6.3　新质生产力视角下产品碳足迹核算体系发展面临的挑战

(1)新质生产力在碳足迹追踪溯源的数据平台建设上发挥的作用不足,其先进技术和发展理念尚未体现在碳足迹数据系统建设过程中。具体来看,目前国内的碳足迹核算缺少一个全周期、全产业链、数据可靠且与国际接轨的标准体系。目前国内产品生产环节(如生产、运输、拆解、回收和再生制造等)技术工艺、设施装备以及数字化建设都还处于前期建设阶段。例如,全国固体废物管理信息系统已经上线多年,但还是未实现对全品类产品固体废物信息的覆盖。因此,获取各类产品全生命周期的生产数据就变得异常困难。同时,数据库的建设与管理也面临挑战。目前,无论是国家层面还是行业层面,都缺乏一个统一、专门的全生命周期碳足迹数据信息系统。对于新质生产力来说,数据要素是其重要组成部分,数字化、智能化科技也是新质生产力的鲜明特征,然而这些新兴技术和生产工具目前在碳足迹数据平台建设上发挥的作用还不够,而碳足迹数据平台建设的落后也未能真正激发出新质生产力的潜力。

(2)配套政策机制以及市场激励措施缺位,新质生产力的潜力仍待挖掘。尽管中国政府已经制定了一系列针对低碳发展和绿色转型的政策,如碳税、绿色采购、绿色金融等,但这些政策在实施过程中对品级碳足迹的引导作用有限。首先,在政策激励方面,这些政策往往更侧重于宏观层面,对具体产品的碳足迹排放控制要求不够明确。尽管它们有助于推动企业采取更环保的行动,但由于缺乏具体的产品级指导,因此难以实现对碳足迹的有效管控。其次,现有政策的激励力度也存在不足之处,难以真正调动企业降低产品碳足迹的积极性。对一些企业而言,投入与收益之间的平衡是他们决定是否采取减排措施的关键因素。如果政策激励力度不够,企业可能更倾向于维持现状而不是主动改善产品的碳足迹。同时,从顶层政策设计来看,新质生产力在碳足迹核算体系中的发展定位还不够清晰。碳足迹核算体系是新质生产力在应对气候变化、降低碳排放领域的重要工具,新质生产力也为完善碳足迹核算体系带来新的数智化发展机遇。因此,亟须厘清新质生产力在构建产品级碳足迹核算体系中发挥作用的关键路径,提高中国应对欧盟碳边境调节机制的底气和实力。

(3)企业对碳足迹核算的认可度不高,对于借助新质生产力构建具有企业特色的碳核算体系的积极性不足。企业是新质生产力的主力军和重要实践者,企业构建完善的碳足迹数据系统是推动企业实现数字化、科技化、智能化的重要手段。然而,当前在碳足迹核算方面普遍存在企业认知度低以及测算成本高的问题,这给碳足迹核算体系在业界的推广带来了一定的挑战,也不利于出口企业提升国际市场竞争力。

目前，企业进行碳足迹核算和认证基本是为了满足 ESG 的披露要求，而这种 ESG 报告的审核门槛低，数据水平参差不齐。所以，企业内部对于碳足迹核算的认可程度不高，往往只是为了美化企业形象而进行简单的碳足迹认证。与此同时，企业对于测算成本的担忧也成为一大制约因素。尽管碳足迹认证费用本身可能不高，但如果想要进一步建立完整的碳足迹数据系统，得到国际通行的碳足迹核算证明，企业将需要更多的资金投入。当下，政府对于企业环境信息披露的审查相对宽松，投资者也很少追究企业的具体减排情况。为了避免更多的成本投入，企业可能会倾向于选择简单的碳足迹核算，而不愿意构建自身完整精确的数据核算体系。因此，提高企业对于碳足迹核算系统的认知、打造数智化的新核算系统，对于新质生产力的发展具有重要意义。

2.6.4 新质生产力为产品碳足迹核算体系带来新发展机遇

1. 依托新质生产力，建立体系完善、国际通行的碳足迹核算标准

以发展新质生产力为最终导向，建设统一、数智化的碳足迹核算数据系统，制定完善的产品碳足迹核算规则标准。这一过程需要以国家为主导，行业以及企业多方配合。在国家层面，政府要牵头建立统一规范的碳足迹核算以及认证制度。碳足迹核算标准要成为通用国家标准，具体办法中应至少包括完整的产品列表、明确的核算计量方法、高标准的数据质量监测以及可信的溯源要求等。行业主管部门以及行业协会需要结合各行业自身特点，进一步扩展产品碳排放核算的通则，推进研究和发布自身行业中重点性、代表性的产品碳排放核算细则。相关企业要结合自身生产经营实践，积极进行产品碳足迹核算。同时，企业也可以拓展碳核算业务，积极应用碳核算标准，在实践中发现问题，提出问题。在新质生产力背景下，跨国跨区域的数据链产业链合作成为重要的发展方向。随着全球化程度的加深和数字化技术的应用，各国企业之间的合作变得更加密切，形成了复杂的产业链和数据链网络。在这种情况下，跨国跨区域的合作可以充分发挥各国的优势和资源，实现产业链的优化和协同发展。中国政府也要积极推动碳足迹核算标准与国际统一标准进行互认。在全球化的背景下，各国之间的贸易往来日益频繁，产品的碳足迹核算标准的统一和互认对于促进贸易合作、保障企业和消费者权益具有重要意义。因此，中国政府应加强与欧盟、英国、美国等发达经济体的沟通，推动与这些主要经济体在碳足迹核算标准和认证结果上的互通互认。这不仅有助于中国企业更好地适应国际市场的需求，还可以促进国际贸易的自由化和便利化，为中国企业走向国际市场提供更好的保障和支持。因此，依托新质生产力，建设高标准、国际化的碳足迹核算体系是应对欧盟碳边境调节机制的首要前提。

2. 新质生产力是构建统一碳足迹数据管理平台的重要基础

碳足迹数据管理平台是碳足迹核算体系的重要物理载体。中国政府可牵头成立各行业的碳足迹数据库，为行业、企业开展产品碳足迹核算提供便利。例如，可以利用政策引导或者金融支持的手段，吸引相关企业或者科研单位设计发布碳足迹数据管理系统以及数据库。碳边境调节机制要求产品的碳排放数据必须清晰透明，而这就需要企业提供可靠的碳足迹信息。一个统一可信的碳足迹数据管理系统能够帮助企业更好地满足碳关税的报告要求，提高合规性，减少因碳关税而导致的额外成本。以新质生产力为重要导向，通过利用高效、智能的数据系统，我们可以将大数据智能化技术融入产品碳足迹核算体系中，更好地借助新质生产力的先进工具提高中国应对欧盟碳边境调节机制的能力。

(1)新质生产力是应用大数据、智能化的前沿生产力[49]。而进一步完善碳足迹核算体系恰恰需要充分挖掘大数据、智能化技术的潜力。随着数字化技术的快速发展,企业可以利用大数据分析、人工智能等技术,实现生产过程的智能化管理和优化,从而提高产品质量、降低成本,增强市场竞争力。与此同时,建立完善的碳足迹核算体系同样需要大数据、智能化技术的助力。传统的碳足迹核算往往依赖于半自动化、多流程的数据收集工作,其缺点在于工作量大,且容易出现误差。利用大数据技术,可以对生产过程中的各项数据进行实时监测和分析,包括能源消耗、原材料使用、运输方式等,从而准确计算产品的碳排放量。此外,智能化技术也可以帮助企业优化生产过程,降低碳排放。通过智能化的生产计划和调度,企业可以更加精准地控制生产过程中的能源消耗和废物排放,从而减少碳排放量。同时,智能化的监测系统可以实时监测生产过程中的碳排放情况,及时发现问题并进行调整。因此,新质生产力与碳足迹核算体系的结合,将为企业提供更加智能化、高效化的生产管理方式[50],从而为企业全面应对碳边境调节机制提供帮助。

(2)鼓励更多市场主体参与碳足迹基础数据库建设。建设完善碳足迹背景数据库是一项浩大而复杂的工作,涉及的数据多样且分散。因此,需要积极发动各个市场参与主体,借助各主体的力量共同完成数据库的建设。由于不同行业、不同企业对同种产品的核算方法、参数使用、数据来源等存在较大差异,导致同种产品在不同数据库中数据差异较大。目前中国已经建有不同的产品碳足迹数据库,如中国生命周期基础数据库、《中国产品全生命周期温室气体排放系数集(2022)》等。但由于不同机构采用的核算标准和参数等各不相同,对同一个产品的碳足迹核算结果并不一致。正因如此,为了避免后续应用的麻烦,需要各行业、各企业互相开展同行评议、交叉验证,以尽量避免同种产品不同的碳足迹数据情况出现。此外,国际上碳足迹核算数据库发展已经逐渐起步,这些数据库由不同国家、组织或研究机构建立,并在不断完善中。然而,出于对数据安全的考虑,部分国际碳足迹数据库无法获取中国产品相关的准确数据。因此,有时候我们只能采用国际平均水平来评估中国产品的碳足迹水平。这种情况对中国产品的国际市场竞争力和国际形象都带来了较大的负面影响。为了改善这一局面,有必要允许国际碳足迹数据库供应商在确保数据安全的前提下,依法有序地获取并更新中国碳足迹数据库,这样做有助于改善中国的国际形象和产品竞争力,也能够更好地实现数据库的互联互通。

3. 新质生产力赋能出口企业,率先建设高水平碳足迹管理体系

碳足迹管理体系对于高碳企业进行绿色低碳转型具有良好的促进作用。因此,面向钢铁、铝、水泥等重点高碳行业,政府可以在部分出口密集地区率先推广工业产品碳足迹核算体系建设的试点示范,并有序向其他高碳行业及其他地区推广。新质生产力的重要发展方向是热门的数字化、智能化技术[51—52]。高碳企业可以通过新质生产力构建企业自身的产品碳足迹数据系统,通过与自身生产过程、资源能源消耗数据系统的结合,分析产品全生命周期内碳排放动态数据,查找全生命周期内降低碳排放的潜力环节,改进具体的生产流程和采购活动,做到精准减碳。

(1)企业需要提高数字化水平,结合生产实际情况建设高规格的碳足迹核算体系。在新质生产力背景下,数字化技术的应用可以提高碳排放数据的精确性和实时性,帮助企业更准确地了解和监测碳足迹[53]。通过数字化的碳足迹核算体系,企业能够系统性地分析生产过程中的碳排放源,并针对性地制定减排措施,实现资源的高效利用和排放的显著降低。此外,数字化技术还可以提升碳足迹核算的效率和可操作性,帮助企业更好地应对监管要求和市场竞争压力[54]。

(2)企业可以借助新质生产力提升绿色低碳产业链建设水平,利用碳足迹评估的方式辅助优化其结构和运作模式。碳足迹评估能够帮助企业深入了解其在生产过程中的碳排放情况,从而有针对性地制定减排策略。通过优化原材料采购、生产流程、物流运输等环节,企业可以降低整个产业链的碳排放量[55]。同时,企业还可以借助新技术的应用,如清洁能源、节能减排技术等,进一步提升产业链的绿色低碳水平。此外,企业还可以与供应商、合作伙伴共同推动绿色低碳产业链的建设,形成协同效应,实现产业链的整体优化。通过这些措施,企业不仅能够提升自身的绿色低碳竞争力,还能够为新质生产力的快速发展提供支持。

参考文献

[1] 王圣,庄柯,徐静馨.全球绿色电力及我国电力低碳发展分析[J].环境保护,2022,50(19):37-41.

[2] 张显,王彩霞,谢开,等."双碳"目标下中国绿色电力市场建设关键问题[J].电力系统自动化,2024,48(4):25-33.

[3] 岳小花.绿色电力证书的法律属性、制度功能与规范完善[J].中国人口·资源与环境,2023,33(2):63-72.

[4] 张硕,肖阳明,李英姿,等.新型电力系统电-碳-绿证市场协同运行的区块链关键技术[J].电力建设,2023,44(11):1-12.

[5] 陈政,何耿生,尚楠.面向碳达峰碳中和的电网碳排放因子改进计算方法[J].南方电网技术,2024,18(1):153-162.

[6] 王兵,吴英东,刘朋帅,等.可再生能源发展影响因素区域异质性研究——基于生产—输送—消费全产业链视角[J].北京理工大学学报(社会科学版),2022,24(1):39-50.

[7] 徐奇锋,潘巍巍,乔松博,等.促进环境价值实现的绿电双账户管理机制及可信交易方法[J/OL].电力系统自动化,2023:1-16.

[8] 魏庆坡,安岗,涂永前.碳交易市场与绿色电力政策的互动机理与实证研究[J].

中国软科学,2023(5):198-206.

[9]王强,谭忠富,谭清坤,等.我国绿色电力证书定价机制研究[J].价格理论与实践,2018(1):74-77.

[10]杨东伟,赵三珊,张轶伦,等.基于关键指标控制的多目标绿色电力分时定价策略[J].工业工程与管理,2019,24(2):38-45,54.

[11]涂强,莫建雷,范英.中国可再生能源政策演化、效果评估与未来展望[J].中国人口·资源与环境,2020,30(3):29-36.

[12]崔茗莉,冯天天,刘利利."双碳"目标下区块链与可再生能源的融合发展研究[J].智慧电力,2024,52(2):17-24.

[13]孙海泳.拜登政府对华新能源产业竞争的导向、路径与前景[J].国际关系研究,2023(1):132-153,159.

[14]成金华,易佳慧,吴巧生.碳中和、战略性新兴产业发展与关键矿产资源管理[J].中国人口·资源与环境,2021,31(9):135-142.

[15]龚旭,姬强,林伯强.能源金融研究回顾与前沿方向探索[J].系统工程理论与实践,2021,41(12):3349-3365.

[16]陈晓红,杨柠屹,周艳菊.后疫情时代新能源车产业的供应链共建策略研究[J/OL].中国管理科学,1-12.

[17]林伯强.碳中和进程中的中国经济高质量增长[J].经济研究,2022,57(1):56-71.

[18]邢凯,朱清,任军平,等.全球锂资源特征及市场发展态势分析[J].地质通报,2023,42(8):1402-1421.

[19]王遥,任玉洁."双碳"目标下的中国绿色金融体系构建[J].当代经济科学,2022,44(5):1-13,139.

[20]段思宇."双碳"目标下绿色金融加速发展碳市场与碳金融大有可为[N].第一财经日报,2021-12-03(A03).

[21]李德尚玉.建设全国统一的碳市场构建零碳金融框架[N].21世纪经济报道,2022-04-20(007).

[22]郑爽,孙峥.论碳交易试点的碳价形成机制[J].中国能源,2017,39(4):9-14.

[23]薛莎莎.我国碳金融市场规范发展研究[D].济南:山东财经大学,2021.

[24]丁辉."双碳"背景下中国气候投融资政策与发展研究[D].合肥:中国科学技术大学,2021.

[25]张中祥.碳达峰、碳中和目标下的中国与世界:绿色低碳转型、绿色金融、碳市场与碳边境调节机制[J].人民论坛·学术前沿,2021(14):69-79.

[26]贾智杰,林伯强,温师燕.碳排放权交易试点与全要素生产率:兼论波特假说、

技术溢出与污染天堂[J].经济学动态,2023(3):66-86.

[27] 林伯强.现代能源体系下的碳市场与电力市场协调发展[J].人民论坛·学术前沿,2022(13):56-65.

[28] 林伯强,占妍泓,孙传旺.面向碳中和的能源供需双侧协同发展研究[J].治理研究,2022,38(3):24-34,125.

[29] 尚楠,陈政,卢治霖,等.电力市场,碳市场及绿证市场互动机理及协调机制[J].电网技术,2023,47(1):13.

[30] 张森林.基于"双碳"目标的电力市场与碳市场协同发展研究.中国电力企业管理,2021,631(10):50-54.

[31] 杨晓冉,林水静.电力市场和碳市场如何有效联动?[N].中国能源报,2023-04-17(09).

[32] 薛贵元,吴晨,王浩然,等."双碳"目标下碳市场与电力市场协同发展机制分析[J].电力科学与工程,2022,38(7):7.

[33] 彭纪权,金晨曦,陈学通,等.我国电力市场与全国碳排放权交易市场交互机制研究[J].中国能源,2020,42(9):6.

[34] 唐葆君,李茹,王翔宇,等.中国碳市场与电力市场联动机制与协同效应[J].北京理工大学学报:社会科学版,2023,25(6):25-33.

[35] 原磊,张弛.加快发展新质生产力[J].中国金融,2024(2).

[36] 徐政,郑霖豪,程梦瑶.新质生产力赋能高质量发展的内在逻辑与实践构想[J].当代经济研究,2023(11):51-58.

[37] 王鹏,靳开颜.新质生产力视角下的未来产业发展:内涵特征与发展思路[J].技术经济与管理研究,2024(3):1-6.

[38] 何秋洁,何香玲,陈国庆.金融发展推动新质生产力加快形成的长效机制研究[J].当代金融研究,2023,6(11):1-14.

[39] 魏一鸣.打造能源新质生产力促进新型能源体系建设[J].煤炭经济研究,2024,44(1):1.

[40] 石建勋,徐玲.加快形成新质生产力的重大战略意义及实现路径研究[J].财经问题研究,2024(1):3-12.

[41] 孔祥宇,张永生.锂资源:新能源革命的源动力[J].人民论坛·学术前沿,2022(13):76-81.

[42] 王秋舒,元春华.全球锂矿供应形势及我国资源安全保障建议[J].中国矿业,2019,28(5):1-6.

[43] 华仁海.现货价格和期货价格之间的动态关系:基于上海期货交易所的经验研究[J].世界经济,2005(8):34-41.

[44]王涛,闫建涛.上海原油期货市场现状及发展建议[J].国际石油经济,2023,31(9):53-60.

[45]吴崎右.我国期货公司监管制度体系研究[D].中国科学技术大学,2010.

[46]林伯强,赵恒松.欧盟碳边境调节机制背景下中国低碳转型的风险研究[J].保险研究,2023(11):21-29.

[47]周文,许凌云.论新质生产力:内涵特征与重要着力点[J].改革,2023(10):1-13.

[48]王微,林剑艺,崔胜辉,等.碳足迹分析方法研究综述[J].环境科学与技术,2010,33(7):71-78.

[49]高帆."新质生产力"的提出逻辑、多维内涵及时代意义[J].政治经济学评论,2023,14(6):127-145.

[50]耿涌,董会娟,郗凤明,等.应对气候变化的碳足迹研究综述[J].中国人口·资源与环境,2010,20(10):6-12.

[51]李政,廖晓东.发展"新质生产力"的理论、历史和现实"三重"逻辑[J].政治经济学评论,2023,14(6):146-159.

[52]戴翔.以发展新质生产力推动高质量发展[J].天津社会科学,2023(6):103-110.

[53]翟云,潘云龙.数字化转型视角下的新质生产力发展:基于"动力-要素-结构"框架的理论阐释[J/OL].电子政务,2024(4):2-16.

[54]刘海涛,陈世青.数智技术赋能国有企业新质生产力发展的内在机理与实践路径[J/OL].西华师范大学学报(哲学社会科学版),2024():1-10.

[55]郭朝先,陈小艳,彭莉.新质生产力助推现代化产业体系建设研究[J/OL].西安交通大学学报(社会科学版),2024:1-15.

第3章

产业转型：新质生产力的低碳战略

发展新质生产力要求各产业持续向高端化、智能化、绿色化方向转型。在新质生产力与"双碳"目标的双重驱动下，中国新能源产业发展迅猛，然而高耗能产业的转型进程却不尽如人意。如何实现高耗能产业的低碳转型？新质生产力的绿色属性决定了交通运输部门绿色发展的重要性，如何抓住新质生产力发展机遇，提升交通运输部门在中国绿色发展中的赋能作用？当前中国农村能源绿色转型进程明显落后于城市，如何以新质生产力为抓手，纵深推进农村能源绿色转型？ESG与新质生产力发展理念高度契合，是深化中国企业可持续发展水平的重要体系，如何打造中国特色的ESG话语体系成为企业新质生产力发展需要思考的重点问题。新质生产力对大食物观视角下中国食品行业低碳绿色发展路径提出了新的要求，新质生产力将如何助推食品行业高质量发展，促进中国食品低碳绿色转型？家用电器作为需求侧最直接的能耗工具，新质生产力将如何赋能家电产业，促进家电能效提升？产业集群是促进产业转型升级、推动企业迈向高端价值链的有效途径，如何实现其与新质生产力的有机结合和协同发展，是中国产业绿色转型进程中关注的焦点问题。

第3章 产业转型：新质生产力的低碳战略

3.1 高耗能产业

碳中和背景下，摸索和制定碳中和实现路径是各国政府工作的重点。碳中和目标的本质是一种倒逼机制，既倒逼新能源产业快速发展，又倒逼高耗能产业低碳转型。可以说，高耗能产业和新能源产业是实现碳中和的两大重点领域。然而在中国，这两个产业却面临着完全不同的境遇和局面。新能源产业受到政府的青睐，参差不齐的新能源项目纷纷上马；反观高耗能产业的发展，却不尽如人意。随着政府碳减排压力的逐步增加，局部地区地方政府对高耗能企业搞"一刀切"关停的措施，造成市场供需失衡，严重影响了下游制造业的正常运转[1]。因此，如何在碳中和进程中实现高耗能行业的高质量发展，已经是各国政府面临的重大难题。

3.1.1 新质生产力与高耗能产业转型升级的内在关联

新质生产力的提出为高耗能产业的转型升级提供了重要的方向和依据。新质生产力强调在生产过程中注重技术创新、绿色生产和智能化改造等。通过升级生产技术和优化管理模式，实现高耗能产业全要素生产率的提升、能源效率的提高和污染排放的减少，是保持中国高耗能产业链完整和形成绿色可持续经济发展模式的重要途径[2]。在当前全球经济转型的背景下，新质生产力也为中国经济的持续增长和高质量发展提供了关键驱动力。

依托新质生产力摆脱传统的生产力发展路径，实现生产要素的创新性配置，是高耗能产业转型升级的必然选择。具体来说，新质生产力为高耗能产业深度转型升级提供了以下四点指引。

第一，技术创新引领转型。新质生产力的核心标志是全要素生产率的大幅提升，由生产要素的创新性配置催生新质生产力。高耗能产业在转型升级中需要不断引入新技术和新工艺，以改善生产流程、提高能源利用效率，降低资源消耗并减少污染排放。例如，通过应用先进的生产设备和智能制造技术，高耗能产业可以实现生产过程的智能化和自动化，提高生产效率，推动产业向更加智能、绿色的方向发展。

第二，绿色生产助力转型。新质生产力本身就包含绿色生产力。高耗能产业在转型升级中需要积极倡导和实践绿色生产理念。通过采用清洁能源、节能减排技术，高耗能产业可以减少二氧化碳的排放[3]。同时，绿色生产理念的倡导还可以增强企业的社会责任感，提升品牌形象，拓展市场空间，提高国际市场竞争力。

第三，智能生产赋能转型。智能化生产是新质生产力的重要体现，而高耗能产业在转型升级中也需要加快生产线的智能化改造。通过引入物联网、人工智能等先进技术，高耗能产业可以实现生产过程的信息化和智能化，提高生产效率和产品质量，进而增强企业的竞争力。例如，在钢铁行业，通过应用智能化生产技术，可以实现生产过程的智能监控和自动化控制，从而在降低生产成本的同时提高生产效率和产品质量。

第四，人才培养支撑转型。畅通教育、科技、人才的良性循环，深化经济体制、科技体制等改革，形成教育、科技和人才三要素的良性循环，着力打通束缚新质生产力发展的堵点和难点，推动新质生产力形成。通过加大对人才的引进和培训力度，提高高耗能企业管理水平，激发员工的创新潜力和工作热情，推动高耗能产业向更加智能、绿色、可持续的方向发展。例如,培养一批具有先进生产技术和环保意识的技术与管理人才,帮助高耗能产业实现生产过程的优化和改进,提升企业的竞争力和可持续发展能力。

综上所述,新质生产力与高耗能产业转型升级的内在关联密切。新质生产力是高耗能产业转型升级的关键引擎。通过技术的革命性突破和产业的深度转型升级,催生新质生产力,赋能高耗能产业的高质量发展[4]。反之,高耗能产业的智能化和绿色化是传统行业发展新质生产力的重要体现。通过加强科技创新、倡导绿色生产、推进智能化生产和加强人才培养,推动高耗能产业的深度转型升级,催生高耗能产业新质生产力的形成。高耗能产业与新质生产力的逻辑关系如图 3.1 所示。

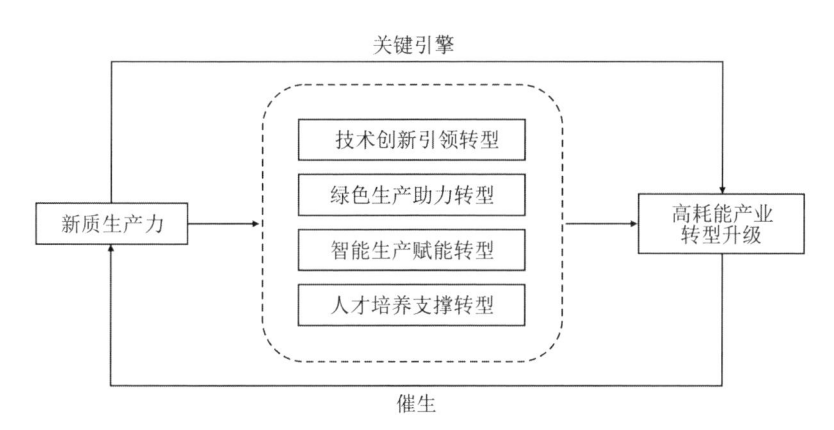

图 3.1 高耗能产业与新质生产力的逻辑关系

3.1.2 高耗能产业的转型现状

高耗能产业的转型升级是当前中国经济发展的重要议题之一,尤其在当今积极培育新质生产力、为经济发展注入新动能的关键时间点,高耗能产业转型升级的任务更加迫切。随着全球气候变化问题的日益突出以及环境污染治理压力的不断增大,高耗能产业必须摆脱传统的生产力增长模式,积极培育新质生产力,适应新的经济发展模式,实现从传统高耗能、高污染向绿色低碳的方向转变。这一转型主要涉及两种路径:一是"高碳能源＋技术改造",二是"新能源＋产能转移"。在短期内,能源供给结构很难发生大的改变,高耗能企业在生产活动中所投入能源的高碳属性亦无法改变。高耗能企业可以持续通过节能减碳技术改造,不断提高单位能耗的产量或者降低单位产量的碳排放,从末端实现低碳转型。除此之外,虽然能源供给结构很难快速改变,但高耗能企业可以选择向清洁能源丰富的地区转移,提高新能源就地消纳水平,从而实现"高能耗高排放"模式向"高能耗低排放"转变,即"碳能分离",在源头实现低碳转型。这两种路径各有利弊,在不同的发展阶段和环境条件下具备不同的优势。本节将分别从这两个方面进行阐述,探讨高耗能产业转型路径。

1. 技术改造路径

通过技术改造提高能源效率是高耗能产业转型升级的关键路径之一[5]。对于"高碳能源＋技术改造"路径,企业通过不断进行技术改造,可以实现在能源消费不变的情况下降低碳排放。这种技术改造包括但不限于设备更新、工艺优化和节能减排措施等。通过设备更新,企业可以采用更加节能高效的生产设备,从而降低能源消耗和碳排放。同时,工艺优化和节能措施可以优化生产流程,减少能源的浪费,提高资源利用效率,进而降低碳排放水平。这种方式的关键点是从末端减少碳排放,实现绿色低碳生产。尤其是在当前阶段,技术改造是较为常见的低碳转型方式之一,已经得到了广泛的应用和认可。可以说,高耗能产业形成新质生产力的关键路径是通过技术改造积累技术存量,进而激发自主创新动力。然而,技术改造也面临着一系列挑战。随着技术的不

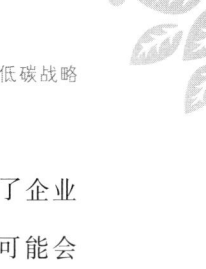

断更新换代,企业需要持续投入资金进行设备更新,这无疑增加了企业的经营成本。尤其是对于小微企业而言,技术改造所需的投资可能会对企业的财务状况造成压力。另外,技术改造往往需要较长时间才能实现,企业需要面对生产线停工、产能降低等问题。尤其是在市场竞争激烈的情况下,企业往往难以承受生产线停产改造带来的损失。更重要的是,持续投入的技术改造经费所获得的能源效率的提高却在边际递减[6]。

2. 产能转移路径

通过产能转移优化能源结构是高耗能产业转型升级的另一关键路径[7]。对于"新能源＋产能转移"路径,企业能够选择将生产基地迁移到新能源丰富的地区,以实现从高能耗高排放向高能耗低排放的转变。通过将生产基地迁移到这些地区,企业可以减少对传统高碳能源的依赖,从而降低碳排放水平,在能源消费水平不变的情况下实现碳减排。与技术改造不同,区位转移不仅能够降低企业的能耗和碳排放,还可以为当地经济发展提供新动能。许多新能源丰富的地区往往是经济欠发达地区,企业的转移可以为当地提供新的就业机会、增加税收收入,推动当地产业结构的优化和升级,从而促进当地经济的发展[8]。可以说,高耗能产能转移可以在极大程度上催生转入地新质生产力形成。然而,产能转移并非一蹴而就,需要企业充分考虑各方面因素。对于转入地的选择,高耗能企业需要考虑到新能源资源的充足性、基础设施建设情况、人才储备等因素。一方面,企业需要充分考量市场需求和竞争情况,以确保转移后能够顺利进行生产经营活动。另一方面,企业需要努力克服转移过程中可能面临的风险和挑战,如资金投入、生产线搬迁、员工调整等问题。综上所述,新能源＋产能转移路径为高耗能企业提供了绿色转型的另一种选择,具有重要的经济和环境意义。然而,企业在实施区位转移时需要综合考虑各种因素,必须做到科学规划,确保转移过程的顺利进行,最大程度地实现转型目标,提升经济效益。

总之,高耗能产业转型是一个复杂而漫长的过程,技术改造和产能西迁是实现转型的重要途径。通过技术改造提高能源利用效率,可以降低生产成本、减少污染排放,推动产业向智能、绿色的方向发展。通过产能西迁改变用能结构,可以从根本上降低碳排放,促进产业结构优化和升级。然而,高耗能产业转型仍面临诸多挑战和困境,会对新质生产力造成什么影响?反过来,培育新质生产力能否缓解高耗能产业转型升级的困境呢?下一部分将进一步探讨这些困境,并从新质生产力的视角提出相应的政策建议。

3.1.3　高耗能产业的转型困境

1. 技术改造难度持续增加与收益边际持续递减的矛盾突出

技术改造难度持续增加与收益边际持续递减的矛盾突出虽是高耗能产业通过技术改造转型升级的堵点和难点,却也是新质生产力赋能高耗能产业转型升级的突破口。高耗能产业面临着减少二氧化碳等温室气体排放的迫切需求。然而,技术改造的难度却在不断增加。这种情况主要体现在以下几个方面:第一,技术更新换代的频率加快。随着科技的不断进步和环保要求的逐步提高,高耗能产业需要不断更新换代设备和技术,以适应市场需求和环保政策的变化[9]。然而,随着技术更新速度的加快,企业往往需要进行更频繁的技术改造,导致投入成本不断增加。第二,技术改造难度增加。随着技术改造进程的不断推进,技术改造的难度也在不断增加。新技术的应用往往需要企业进行大规模的技术更新和设备改造,然而持续投入的技术改造经费所获得的能源效率的提高却在边际递减。第三,改造收益边际递减。尽管技术改造可以带来一定程度的能效提升和成本节约,但随着技术的不断成熟和应用,其带来的边际收益却在逐渐减少。换言之,随着技术改造的不断推进,企业每一次投入所带来的减排收益都在逐渐减少,导致投入产出比持续下降。第四,技术门槛提高。随着技术的不断发展,新技术往往伴随着较高的技术门槛和专业知识需求。企业需要具备一定的技术实力和研发能力才能顺利进行技术改造,而这对于一些中小型企业来讲可能是一个较大的挑战。在这种情况下,企业往往面临着技术改造投入和收益之间的矛盾。虽然技术改造可以提高企业的竞争力和可持续发展能力,但企业需要权衡投入和收益,以确保技术改造的效益最大化。当然,这一困境仅对于走在技术改造前沿的高耗能企业而言,对于刚开始技术改造的企业而言,并无技术改造投入大与技术改造收益低之间的矛盾。

2. 产能转移面临转出远离集群、转入远离市场的尴尬处境

产能转移面临转出远离集群、转入地区远离市场、地方政府缺乏培育新质生产力的政策和制度土壤等尴尬处境。高耗能企业已经在所在地融入了完整的产业链和产业集群。如果高耗能企业转出所在地往往意味着需要放弃原有的产业链和产业集群。因此,高耗能企业产能转移往往面临着一种尴尬的处境,即转出地远离产业集群、转入地远离市场的问题,这给企业的转型带来了诸多挑战。第一,转出地远离产业集群。在传统产业聚集区,企业往往能够享受到完善的产业链和配套服务,包括原材料供应、技术支持、人才储备等。然而,当企业选择产能西迁时,西部地区往往还没有形成成熟的产业集群,这会导致转入企业面临着缺乏产业链配套、技术交流不畅、人才匮乏等问题,增加了产能西迁的额外成本。第二,转入地远离市场。企业在选择转移产能的目的地时,往往需要考虑到市场需求和销售渠道。然而,一些清洁能源资源丰富的地区往往远离经济发达地区,市场需求较为有限。这使得企业在转移产能时面临着市场容量不足和销售渠道不畅的问题,给企业的发展带来了一定的不确定性。第三,管理和运营成本增加。产能转移往往意味着企业需要重新布局生产设施、调整管理组织结构、培训新员工等,这会增加企业的管理和运营成本。特别是在转入地远离市场的情况下,企业可能需要额外投入资源进行市场开拓和销售推广,增加了企业的经营压力。第四,地方政府支持不足。在产能转移过程中,地方政府的支持和配合至关重要。然而,一些转出地和转入地可能由于地方利益不一致、政策制度不完善等原因,对企业的转移计划不够支持,导致企业面临着较大的政策风险,增加了转型的风险和成本。综上所述,产能转移面临着诸多尴尬的处境,包括转出地远离产业集群、转入地远离市场等问题。在这种情况下,企业需要权衡利弊,结合自身发展需求和市场环境,谨慎选择产能转移的路径和目的地,同时地方政府需要加大支持力度,提供更加优惠的政策措施,降低企业的转型风险,促进产业的可持续发展。

3. 技术改造提高能效与产能西迁改变用能结构的两难选择

高耗能产业在面对转型升级时,往往面临着技术改造提高能源效率与产能西迁改变用能结构两种不同的转型路径。然而,这两种选择之间存在着一种两难的局面,企业需要权衡利弊,做出符合自身发展和市场需求的决策。第一,技术改造提高能源效率。技术改造是提高企业生产效率和降低能源消耗的关键途径之一。通过引进先进的生产设备、节能技术和清洁生产工艺,企业可以有效提高生产过程中的能源利用效率，实现节能减排。这种方式可以在企业所在地直接进行，不需要改变企业的生产布局和产业链配套，相对来说更为直接和可控。第二，产能西迁改变用能结构。产能西迁是利用西部地区丰富的清洁能源资源，实现产业结构优化和升级的重要途径。通过将生产基地迁移到西部地区，企业可以充分利用清洁能源资源，降低碳排放，推动产业向绿色低碳方向转变。这种方式可以从根本上改变企业的用能结构，减少对传统能源的依赖，有利于企业长期可持续发展。然而，企业在选择技术改造和产能西迁时往往面临着一种两难的局面。一方面，技术改造需要大量的投入且周期较长，同时面临着技术门槛高、应用难度大等挑战，制约了转型的速度和效果。另一方面，产能西迁虽然能够从根本上降低碳排放，但会涉及转移成本高、基础设施不完善、人才匮乏等问题，也给企业带来了一定的挑战。面对技术改造提高能效和产能西迁改变用能结构的两难选择，企业需要根据自身实际情况和市场需求做出明智的决策。在决策过程中，企业可以考虑技术改造和产能西迁相结合的方式，根据产业特点和市场条件灵活调整转型路径。与此同时，政府和相关行业协会也需要加大政策支持和引导力度，为企业提供更加有力的支持和保障，促进产业的可持续发展。

3.1.4 推动高耗能产业转型升级的政策建议

1. 推动高耗能企业、高耗能产业集群乃至高耗能产业链的数字化转型。要破解技术改造难度持续增加与收益边际持续递减的矛盾，必须依靠突破性创新打破原有的技术路径，疏通形成新质生产力的堵点和难点。随着数字技术的快速发展和应用，数字化转型已成为提升企业竞争力和促进产业升级的重要途径之一。推动高耗能企业、高耗能产业集群乃至高耗能产业链的数字化转型,是形成新质生产力的重要举措之一。新质生产力的提升需要依托于信息技术的应用和创新,而数字化转型为高耗能产业带来了数字化生产、数字化管理和数字化销售的新机遇,从而促进了新质生产力不断涌现。在高耗能产业转型中,推动企业、产业集群乃至整个产业链的数字化转型具有重要意义,这可以提高生产效率、降低成本、促进资源节约和环境保护。第一,制定数字化转型政策和指导意见。政府部门可以制定针对高耗能产业的数字化转型政策和指导意见,明确支持力度和政策措施,包括财政补贴、税收优惠、资金扶持、技术支持等方面,以鼓励企业积极开展数字化转型,提升市场竞争力。第二,建设数字化基础设施和平台。政府可以加大对数字化基础设施建设的投入,包括物联网、大数据、人工智能等方面的技术支持和应用推广。同时,政府和行业协会可以共同建设产业数字化平台,为企业提供数据共享、信息交流、合作共赢的网络平台,促进产业链各环节的协同发展。第三,提升数字化技术研发和应用水平。政府需要加大对数字化技术研发和应用的支持力度,鼓励企业加大技术创新投入,推动数字化技术在高耗能产业中的广泛应用。可以设立专项资金支持数字化技术研发,组织产学研合作开展技术攻关,加快数字技术在产业转型中的落地应用。第四,加强人才培养和技术支持。政府可以加大对数字化人才培养的投入,建立多层次、多形式的数字化人才培养体系,培养适应数字化转型需要的高素质专业人才。同时,可以建立数字化技术支持平台,为企业提供技术咨询、培训指导等服务,帮助企业顺利开展数字化转型。第五,加强监管和评估机制。政府部门可以建立健全数字化转型的监管和评估机制,加强对数字化转型项目的监督管理和效果评估,及时发现和解决数字化转型过程中的问题和障碍,确保数字化转型取得实效,推动高耗能产业转型升级的顺利进行。综上所述,推动高耗能企业、高耗能产业集群乃至高耗能产业链的数字化转型,需要政府、企业和社会各界共同努力,形成政策支持、技术创新、人才培养多方面的合力,推动数字化转型取得实质性进展,为产业转型升级注入新的动力。

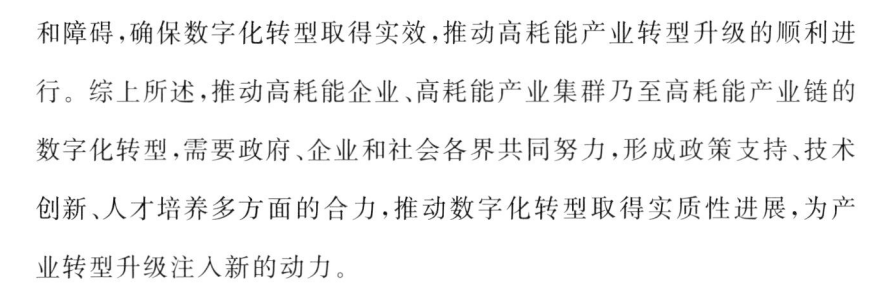

(2)避免单一高耗能企业西迁,推动高耗能产业集群和产业链的转移与重构。要避免产能转移面临转出远离集群、转入远离市场的尴尬处境,必须预设高耗能项目转入和转出可能面临的各种困境,为转入地高耗能产业形成新质生产力提供良好的政策和制度土壤。高耗能产业转移是实现产业结构优化和绿色发展的重要途径之一,也是形成新质生产力的重要方式。新质生产力反过来又为高耗能产业的智能化和绿色化发展注入动能。在产业转移的过程中,单一高耗能企业的西迁可能带来一些局限性,因此需要推动整个产业集群和产业链的转移与重构,以实现转型升级的全面推进。第一,制定产业集群转移政策和规划。政府可以制定产业集群转移的政策和规划,明确转移的目标、范围、方式和时间表。可以通过引导产业集群合理布局、优化资源配置、鼓励企业协同发展等方式,推动产业集群转移与重构,在高耗能产业转入地积极培育新质生产力,实现产业结构优化和产业链协同发展。第二,建立转移引导机制和资金支持体系。政府可以建立转移引导机制和资金支持体系,为企业提供转移引导、政策咨询、资金扶持等服务。可以设立专项资金支持产业集群转移,鼓励企业进行技术改造和设备更新,提高产业集群的竞争力和可持续发展能力。第三,强化跨地区产业合作和联动发展。产业转移过程中,需要加强跨地区产业合作和联动发展,形成产业链上下游企业之间的合作共赢机制。可以通过建立

跨地区产业合作联盟、推动产业链上下游企业的技术交流和合作,实现资源共享、优势互补,推动产业链的转移与重构。第四,加强环境保护和生态修复。产业转移往往伴随着环境污染和生态破坏问题,因此需要加强环境保护和生态修复工作。政府可以制定严格的环境保护政策和标准,加大环境监管力度,确保产业转移过程中不会造成新的环境污染和生态破坏,保障当地生态环境和人民群众的健康权益。第五,加强产业转移评估和监督管理。政府部门可以加强对产业转移项目的评估和监管,及时发现和解决产业转移过程中的问题和障碍,确保转移项目的顺利实施。可以建立产业转移项目评估机制,对转移项目的实施效果进行评估和监督,提出改进意见和建议,保障产业转移的顺利进行。

(3)高耗能转入地可以借鉴转出地相关政策,加快形成高耗能产业新质生产力。高耗能产业的转移涉及转入地的政策环境和产业布局,转入地应借鉴转出地的相关政策经验,加速形成高耗能产业新质生产力。第一,转出地政策经验的总结与借鉴。转出地在高耗能产业转移过程中积累了丰富的政策经验,包括技术改造补贴、产业集群培育、环境治理等方面。转入地可以对这些政策经验进行总结与借鉴,结合本地实际情况,制定适合转入地的政策措施,推动高耗能产业的转型升级。第二,引导高耗能产业向绿色低碳方向发展。借鉴转出地的相关政策,转入地可以加大对绿色低碳产业的扶持力度,鼓励高耗能产业向清洁能源、高效节能方向转型。设立绿色低碳产业发展基金,推动高耗能企业进行技术改造和设备更新,提高能源利用效率,降低碳排放。第三,推动高耗能产业链的优化升级。转入地可以借鉴转出地的产业链优化升级经验,加强对高耗能产业链的引导和扶持,助力产业链上下游企业积极合作、优化布局,推动形成合理的产业链格局和价值链体系。

建立产业链协同发展机制,推动企业加强技术创新、优化产品结构,提高产业链整体竞争力。第四,加强政策跨区域协调和合作。转入地可以与转出地加强政策跨区域协调和合作,建立政策沟通机制和信息共享平台,及时了解转出地的政策动态和产业转移情况,互相学习借鉴经验,共同推动高耗能产业的转型升级。可以通过政府间合作协议、产业联盟组织等方式,促进双方政策的对接和协同发展。第五,加强政策实施的监督和评估。转入地应加强对政策实施的监督和评估,确保政策措施的有效落实和效果达到预期。可以建立政策实施监督机制,定期对政策实施情况进行评估和检查,及时发现并解决问题,保障政策的顺利实施和产业转型的顺利进行。综上所述,借鉴转出地相关政策经验,可以帮助转入地更好地引导高耗能产业转型升级,加速形成新质生产力,促进产业结构优化和可持续发展。转入地应根据本地实际情况,结合转出地的政策经验,制定符合本地产业发展需求的有效措施,推动高耗能产业的转型升级。

3.2　交通运输行业

2024年政府工作报告提出要大力推进现代化产业体系建设,加快发展新质生产力,要求充分发挥创新主导作用,以科技创新推动产业创新,加快推进新型工业化,提高全要素生产率,不断塑造发展新动能、新优势,促进社会生产力实现新的跃升。报告为包括交通运输部门在内的所有产业的发展指明了方向,也提出了新的要求。新质生产力本身就具有绿色属性,交通运输部门作为能源消耗和二氧化碳排放的重点部门,其绿色发展对于"双碳"目标的实现和新质生产力的形成至关重要。此前,早在 2021 年 8 月,交通运输部已联合科学技术部发布《关于科技创新驱动加快建设交通强国的意见》,要求"充分发挥科技创新在加快建设交通强国中的关键作用,加快构建安全、便捷、高效、绿色、经济的现代化综合交通体系。"这是对交通运输部门新质生产力形成的早期战略部署,也是对交通强国建设的重点方向。在此背景下,有必要明确交通运输部门在新质生产力形成过程中的重要作用,梳理新质生产力在交通运输部门绿色低碳发展的具体体现形式,聚焦于新质生产力提出的新背景下交通运输部门绿色低碳发展存在的不足之处,并针对新质生产力发展对交通运输部门的要求,提出相应的绿色低碳发展的实现路径与政策建议,推动交通运输部门绿色转型和高质量发展。

3.2.1 新质生产力与交通运输部门发展的内在联系

交通运输部门作为国民经济基础性、先导性、战略性产业,其发展与新质生产力之间有着密切的关系,二者相辅相成、互相促进、互相支撑。新质生产力与交通运输部门绿色低碳发展的关系主要体现在两个方面:

(1)交通运输部门作为新质生产力形成的基础保障,促进新质生产力的形成。新质生产力形成的核心在于技术的革命性突破、生产要素的创新性配置以及产业深度转型升级。首先,作为催生新质生产力的关键前提,技术革命性突破的实现需要科技创新的投入和引领。一方面,发达便捷的交通基础设施为创新活动的开展和创新资源的共享都提供了基础,也为更高知识和技能水平的人员流动提供了可能。现有研究表明高铁的开通能够有效促进工业企业专利申请量,所以完善的基础设施建设可以显著提升沿线城市的创新激励程度[10]。另一方面,完善的交通基础设施在促进各地区间科研机构、高校和企业间合作交流的同时也为产、学、研、用融合的实现提供了可能,提高科研成果的转化和应用效率,助力关键技术的革命性突破[11]。其次,在生产要素的创新性配置方面,作为经济发展的大动脉,良好的交通基础设施和完善的交通运输体系有助于生产要素区间自由流动[12]。同时,通过连接生产部门和市场需求,促进资源、人才和资金等要素的便捷流动实现城市资源再配置效率的提升,推动产业的高效聚集[13]。快速、便捷的交通运输服务,可以满足市场多样性和高效性的需求,促进产业的全要素生产率的提高。并且,交通运输部门的发展也在一定程度上增强了市场竞争的活力,积极推动企业提升全要素生产率以适应市场竞争的需求,进而促进全要素生产率的提高。最后,在产业深度转型升级方面,交通运输部门作为现代化产业体系协调发展的坚实支撑、内外经济循环相互促进的重要纽带、产业链和供应链安全稳定的保障基石,助力筑牢国民经济循环的底盘,为各类产业提供了不可或缺的物质基础和服务保障,各类产业的原材料供应、产品流通以及市场销售等环节都需要便捷安全的交通运输服务,高效的供应链管理也有利于产业链整体效率的提升和产业链的协同发展,战略性新兴产业和未来产业的发展同样依靠交通运输部门的保障。

(2)新质生产力的形成能够有效推动交通运输部门绿色低碳发展。新质生产力的本质就是绿色生产力,伴随着新产业、新业态、新模式而形成的新质生产力能够在推动技术进步和行业智能化发展等方面起到作用,进而有效推动交通运输部门的绿色低碳发展与整体实力提升,通过发展新质生产力能够积极赋能交通运输部门绿色低碳转型,在智能化、绿色化和新产业形成方面都有赋能作用。二者的逻辑关系图如图3.2所示。

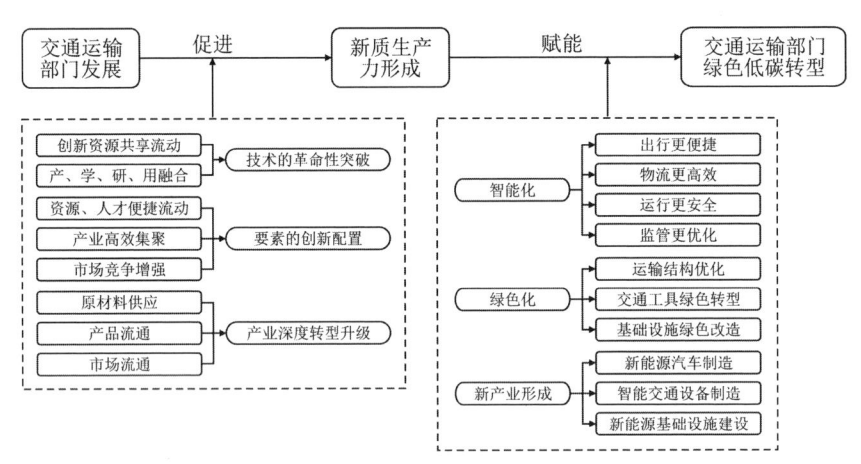

图3.2 交通运输行业与新质生产力的逻辑关系图

■3.2.2 新质生产力在交通运输部门的体现形式

新质生产力的内涵覆盖面极广,具体体现在推动产业链供应链优化升级、积极培育新兴产业和未来产业、深入推进数字经济创新发展等方面,而在交通运输部门的体现则具有普遍性的同时也具有一定的特殊性。普遍性体现在新质生产力主要从智能化和绿色化两个方面来进行赋能,而特殊性则体现在交通运输部门中以新能源汽车等产业作为新质生产力的代表,是备受推崇的战略性新兴产业和未来产业,并取得了巨大的成就。

(1)智能化发展在交通运输部门的体现为通过运用大数据、云计算、人工智能等先进技术,推动交通系统的智能化升级,提高交通运营效率和服务水平,在出行更便捷、物流更高效、运行更安全、监管更精准等方面都取得了历史性的成就①。在出行更便捷方面,居民日常出行借

---

① 中华人民共和国交通运输部.大力发展智慧交通 加快建设交通强国 为当好中国式现代化的开路先锋注入新动能[EB/OL].(2023-09-15)[2024/4/7].https://www.mot.gov.cn/jiaotongyaowen/202309/t20230915_3917703.html.

助于各种智慧导航系统可以选择最适合的出行方式,并通过实时更新的道路拥堵情况选择最优出行路线,出行的便捷度和灵活性有效提高;城市内公共交通出行借助于数字技术的引领,智能调度和运行信息可视化得以实现,同时一卡通、移动支付等技术的应用让居民公共交通出行更便捷有效;高速远程出行由于全国高速公路省界收费站全面实现电子不停车收费技术,在减少相关岗位工作人员的同时提高了驾驶员通行的效率;智能化的发展推动了共享出行服务的普及和发展,根据网约车监管信息交互系统统计,2024年全国网约车平台月均订单超过8.4亿单[1],而共享单车更是成为诸多城市居民日常出行必备选项,通过手机App随时叫车或者扫码骑车也在很大程度上提高了出行的便捷性;近期更是在一些城市开展自动驾驶出行服务应用示范[2],特别是在城市出行服务和港口作业等场景中日渐成熟,后续在居民日常出行方面的进一步应用能够提高出行便捷性。在物流更高效方面,在居民使用的物流快递运送上,智能化技术可以通过大数据分析来对物流运输的需求进行规划,通过优化路线选择、货物调度和配送计划来提高快递运输的效率和准确性,及时更新的货物运送状态也让居民更有安全感。而智能快递柜、自动分拣、智能配送等技术的应用让居民日常快递运输效率大大提升;在长距离公路铁路货物运输方面,通过智能化技术对车队实现更精准和高效的调度,调整车辆的路线和任务的分配,能够最大限度地提高车辆的利用率和运输效率;在港口航道运输方面,智能化技术能够助力港口货物调度的高效实现和航道引航的智能化实现,在装

---

[1] 中国交通新闻网.2月杭州网约车订单合规率最高[EB/OL].(2024-03-26)[2024/4/7].https://www.mot.gov.cn.

[2] 交通运输部.目前自动驾驶试点工作取得成果[EB/OL].(2023-10-26)[2024/4/7].https://www.mot.gov.cn/jiaotongyaowen/202403/t20240326_4088495.html.

运和行驶过程中都更加高效。在运行更安全方面,日常的出行中,智能交通监控系统能够通过高清摄像头、传感器等设备实时监控交通路况,通过数据分析发现交通事故发生的隐患并通过互动平台向驾驶员和有关平台发送预警信息,减少交通事故的发生;在快递的运输中,通过运单的信息电子化,对快递的全过程监控,进而保障每一件快递的运输安全;货物运输中,通过对公路和航道的动态监管来实现安全运输;综合管理中,使用智能化技术对车辆进行远程监控能够实现对交通运行状态的有效监测和突发事件的联动指挥,并建立交通运输的应急救援系统来帮助应急部门迅速响应交通事故和紧急情况。在监管更精准方面,日常出行中,通过摄像头和传感器等技术能及时发现交通违法行为,通过对图像的识别自动生成违章记录,并认定其违法行为的处罚决定,推送给相关当事人,进而实现对交通违法行为的精准监管;在货物运输方面,借助北斗系统,建成全国重点营运车辆联网联控系统,实现近乎全部的货运车辆的联网联控,该系统可以对运输系统进行全方位的监测和评估。

(2)绿色化发展在交通运输部门的体现是让运输更加环保,出行更加低碳。具体而言,是通过优化交通运输结构、推进交通运输工具绿色转型和提升交通基础设施绿色化水平等方式降低交通污染,保护环境,实现交通运输部门的高质量可持续发展。在优化交通运输结构方面,货物运输上积极推进铁路专用线的建设,推动大宗货物"公转水""公转铁"的实现并深入开展多式联运,2022年,铁路和水路货运总发送量占比达26.7%[1],该比例近年来一直有所提高;城市客运上,积极深入落实公共交通优先发展战略,截至2022年末,全国公共汽电车运营线路

---

[1] 交通运输部.2022年交通运输行业发展统计公报[EB/OL].(2023-06-16)[2024-04-07].https://xxgk.mot.gov.cn/2020/jigou/zhghs/202306/t20230615_3847023.html.

第3章 产业转型:新质生产力的低碳战略

7.80万条,城市轨道交通运营线路达292条,地铁线路达240条,轻轨线路达7条。公共交通作为绿色低碳的出行方式,其发展有助于改善交通运输结构,促进交通运输部门绿色转型。在推进交通运输工具绿色转型方面,新能源车作为一种使用更加清洁能源并不产生污染物排放的绿色交通工具,在公共部门和居民中都积极推广,截至2023年底,新能源汽车保有量超过2000万辆,占汽车总量的6.07%,并呈高速增长态势在发展①,而在城市公共客运方面,纯电动车的占比更是高达64.8%,并且新能源车辆在城市的出租、环卫、物流配送等领域也得到积极推广和普及。在提升交通基础设施绿色化水平方面,公路的绿色化改造、铁路的电气化改造、港口的绿色配套基础设施建设等都在积极落实,而充电桩和换电站的建设则是为新能源车的发展提供了基本保障。

(3)交通运输部门中的新产业主要聚焦于新能源汽车制造、智能交通设备制造、新能源交通基础设施建设等,并且它们在全球舞台上发挥着越来越重要的作用。根据中国汽车工业协会的统计分析,2023年中国新能源汽车出口120.3万辆,同比增长77.6%,位居世界第一,产销量占全球比重超过60%。2024年的政府工作报告也着重强调要继续巩固扩大智能网联新能源汽车产业领先优势。而新能源交通基础设施的建设主要包括充电桩和加氢站等方面,这些都为新能源汽车产业的发展提供了便利条件,也促进了新能源汽车的推广和应用。无论是新能源汽车制造领域还是相关设备和基础设施建设方面,中国已成为全

---

① 公安部交通管理局.全国机动车保有量达4.35亿辆 驾驶人达5.23亿人 新能源汽车保有量超过2000万辆[EB/OL].(2024-01-11)[2024-04-07].https://www.mps.gov.cn/n2254098/n4904352/c9384864/content.html.

175

球最大的新能源汽车市场和出口国,对全球的新能源汽车产业格局产生了重要影响。

3.2.3 新质生产力视角下交通运输部门绿色发展存在的问题

在新质生产力积极形成并对交通运输部门绿色发展赋能的进程中,现阶段仍存在一些尚未解决的问题。这些问题在一定程度上阻碍了交通运输部门新质生产力的形成和发展,更是阻碍了交通运输部门的绿色发展,降低了二者相辅相成的效果。目前存在的问题主要聚焦于以下几个方面:

1. 区域和城乡发展不均衡

随着交通强国建设的推进,中国目前已经形成世界上最庞大也最完善的交通运输体系,建成了涵盖公路、铁路、航空和水路等多种方式,全方位、多层次、立体化的交通网络,体现为中国拥有全世界规模最大的公路网、高铁网络,覆盖了主要城市、航空线路,同时拥有世界上最大的内河航运网络和最大的港口集群。但是由于中国幅员辽阔,各地经济发展处于不同阶段,加之地理环境和资源分布的巨大差异,导致交通运输的发展在区域间不均衡和不协调性显著,尤其是城乡差距,不容忽视。这种区域间的不均衡体现在东部沿海和经济发达地区的交通基础设施水平建设较高,交通出行更加便捷高效,而西部和偏远地区则存在交通条件相对较差、基础设施建设不足、难以与当地产业发展协同配套等问题。其中,这种不均衡在城乡间的体现就更明显,尤其是在公共交通方面。乡村的公共交通在路线分布、服务质量、运营能力和成本控制、清洁化水平等各个方面都与城市公共交通相差甚远。中国乡村拥有全国 1/3 的人口,在乡村振兴的大背景下,其交通运输部门的发展对于乡村经济发展、乡村人口生活水平和幸福感提高都具有重要意义。除了交通运输部门本身发展进程的差异之外,其绿色化和智能化的水平也并不均衡,导致各类生产要素无法在区域间实现合理高效的分配,资源和高尖端人才大多聚集于经济发达地区,中西部和偏远地区的发展则相对滞后,可能无法实现新质生产力因地制宜地形成并促进整个经济体的高质量发展,同时也无法实现整个交通运输体系的绿色低碳发展。

2. 综合运输结构有待优化

货物运输方面,中国的运输结构现阶段仍然以公路运输为主,铁路和水运等运输方式为辅。水路和铁路运输货物相较于公路来说有着诸多优势,类似于在运输承载量方面,水路和铁路单位运输工具都可以装载更多更重的货物,适用于大宗货物的长距离集中运输,这也就意味着单位货物更低的运输成本和能源消耗。又由于水路和铁路都有专有线路,在运输时间上可以做到更加精准,运输的效率也得以保证。但是,2022年中国交通统计年鉴显示,营业性货运量公路占比为73.3%,水路占比为16.9%,铁路占比只有9.8%,这个比例亟待通过转换运输方式来优化。客运方面,公共交通的承运占比不高,即便城市优先发展公交战略早已提出,但是由于公共交通的服务质量不够高、公交路线规划不能满足出行需求等原因,私家车出行的比例依旧很大。公共交通出行和共享出行作为一种绿色的出行方式,有助于提升交通运输部门整体的绿色低碳发展水平。

3. 智能化和绿色化基础设施建设不足

发展新质生产力的重要方面就是智能化和绿色化转型,即便依托互联网和数字经济的发展和"双碳"目标的推进使交通运输的智能化和绿色化水平都有所提升,但由于相关基础设施建设不足,尤其是一些偏远地区和农村地区,所以智能化和绿色化基础设施不足仍然是当前交通运输领域面临的一个重要问题，必将导致新质生产力形成过程受阻，也会限制交通运输部门的绿色低碳转型。智能化设施方面，以智能交通信号灯为例，其通过先进的监控技术和智能算法，根据实时流量来变换信号灯的时长，提高公路车辆通行的流畅度。现阶段来看，落实此类信号灯的只有一线大城市的中心区域，多数路口尚未使用。此外，相应的智能监控、智能停车、智能导航、公共交通的智能规划管理、港口的智能检测管理等方面都有待进一步落实。绿色化基础设施方面存在的问题有：新能源交通工具的普及不足，虽然中国的新能源车产销能力世界一流，但普及率仍有待提升；充电桩和换电站的建设在很多区域都存在巨大的市场空白，作为新能源车的基础保障，这方面的建设不足严重阻碍了交通工具的更新和绿色化。此外，需要充分考虑城市道路设计中的自行车道、步行道等，只有为居民提供绿色出行的可能并提高其舒适度，才能进一步促进其选择绿色出行的行为方式。

4. 部分新技术的应用面临成熟度不足、成本高等问题

新质生产力的形成意味着新技术的产生，但是现阶段交通运输部门新技术的产生面临一些问题，包括：技术成熟度不足，智能交通的应用后续会逐步推动无人驾驶技术、无人物流配送技术以及无人机主导的低空经济产业链的发展，但是由于其中的一些技术仍处于发展的初期，有些甚至处于研发和实验的初期，其技术的可靠性和安全性方面都有待进一步的验证，在应用过程中可能出现的问题和意外情况都需要及时解决才能大规模的使用；而新技术的形成往往又意味着前期巨额的研发成本，前期高昂的成本会使得一些中小企业没有能力投入资金参与研发，即便研发阶段成功后，在具体的实践使用方面，一些地区也依旧难以负担大范围引入的成本，新技术也就因此得不到普及；而且随着新的技术涌现,相应配套的技术标准和规范体系也需要不断的更新才能适配,如数字化时代个人数据隐私的保护问题,信息到底可以在多大程度上实现数字共享等,都需要相应的法规来界定。如果此类问题得不到妥善的解决,不仅会导致新质生产力的形成进程放缓,交通运输部门的绿色转型也会在一定程度上遇到瓶颈。

5. 社会认知与接受度有待提高

作为消费端的社会公众的选择对交通运输部门的绿色低碳转型具有重要意义,新技术、新产品、新理念的推广对社会公众来说都需要一个过程,一些居民会因为对新技术的了解程度不够导致无法在日常生活中应用新技术,会因为对新技术的安全性有一定质疑导致其对新技术的接受度不高,会因为对绿色交通的认知不足导致日常出行仍选择习以为常的传统交通方式,还会因为对成本的误判而不去选择新能源交通工具,这一点在居民购买新能源车方面最明显。随着技术的发展和市场的成熟,新能源车相较于传统的燃油车在购车成本、能源使用成本以及维护成本上都有优势,并且新能源车的性能、安全性以及舒适度方面相较于传统的燃油车也并不逊色,由于部分居民的固有认知尚未意识到这点,相关的宣传也不足,在购车时仍会偏向于选择传统燃油车。这些认知的不足都会导致新技术和绿色运输方式在实际应用中受到一定的限制,而新质生产力视角下,这样的局限性带来的影响就更加明显。

3.2.4 新质生产力视角下交通运输部门绿色发展的政策建议

通过对以上问题的梳理,本节结合现阶段的发展要求,从促进交通运输部门新质生产力的形成并提升其在交通运输部门绿色发展中的赋能作用方面提出以下具体建议:

1. 因地制宜促进交通运输部门绿色低碳发展的同时加强城乡间交通合作与联动

因地制宜发展新质生产力是现阶段高质量发展的重要任务,而交通运输部门的新质生产力形成以及绿色低碳发展同样需要践行因地制宜的策略。一方面,各地方政府需要根据自身的地理条件、交通运输发展的阶段和需求、地方资源禀赋和重点发展产业的需求,制定符合当地的交通运输绿色低碳高质量发展规划和路径,在适应当地发展的同时有效促进新质生产力的形成;另一方面,通过完善乡村交通基础设施建设,加大对乡村交通运输投入,加强城乡间交通信息共享和资源整合来缩小城乡交通运输之间的差距,如增加专项资金用于乡村公共交通的运营补贴和公交运输设备更换,增加乡村地区的充电桩等充电基础设施的建设,以及针对性地为乡村客运制定特色运营模式等,这些都有助于增加城乡间的交通联动,让生产要素更充分地流动,进而在实现交通运输部门高质量发展的同时,促进新质生产力的形成,进而使新形成的新质生产力能够进一步赋能当地的经济发展和交通运输部门的绿色转型。

2. 持续推进综合运输结构优化

新质生产力视角下,优化综合运输结构可以提高运输效率,降低运输成本,促进要素优化配置,具体措施有:货物运输方面,通过加大对铁路和水路基础设施的投入和布局,提高铁路运输的覆盖面和运输能力,为"公转铁"和"公转水"提供基础;同时鼓励企业采用多式联运的方式来实现运输资源的优化配置和成本的降低;另外还需要通过加强综合运输规划的管理来提高运输系统的整体运行效率。客运方面,则需要大力发展公共交通和共享交通,通过优化公共交通线路配置和运营管理,提高公共交通的服务水平,尤其是乡村公共交通的质量和服务水平，并通过政策宣传等方式鼓励居民选择低碳出行的行为方式来促进客运的绿色转型。

3. 加快交通基础设施的智能化和绿色化改造

首先，借助于互联网和 AI 技术，构建先进的智能交通管理和监测系统并推广相关设施在大范围内的普及使用，尤其要加强偏远地区和乡村地区的交通智能化设施建设。其次，重点加强对交通枢纽、港口、物流园等重要节点的智能化改造，通过提升其运行效率和服务水平，为相关产业的发展和要素流通提供更加便捷的支持进而促进新质生产力的形成。绿色化方面，需要增加对充电桩、换电站，以及氢能相关基础设施的建设力度，提高城市内部、高速道路甚至乡村地区的道路充电覆盖率；最后，还需要在城市规划设计的过程中充分考虑绿色出行的专用通道，提升居民绿色出行的舒适度。

4. 加强相关产业创新投资扶持、产业链协同合作和政策法规的完善

在促进新技术成熟度方面，可以考虑促进产业链上下游企业的协同合作，通过建立产业园、技术共享平台等方式，推动企业、高校和研发机构的积极合作和共同研发，实现资源共享、优势互补，同时也为新技术的应用提供试点单位和试点区域。在研发成本控制方面，新技术的形成前期都需要政府的扶持，通过加大对新技术研发过程中的资金支持来缓解企业和研发机构前期研发成功过高的问题，只有研发风险降低，才有利于新技术的产生。后续在新技术应用方面也可以通过政府补贴等方式来降低新技术的使用门槛，减轻企业或者地方政府引入新技术的负担。在政策法规完善方面，政府应当具有战略前瞻意识，对新技术可能存在的风险进行尽早评估，对之前尚未出现过的法律问题和风险进行预判，制定符合长期发展的政策法规。

5. 加强对社会公众的宣传教育

社会认知和接受度的提高是推广交通运输领域智能化和绿色化发展的关键因素，加强社会公众对新技术和绿色交通理念的认知可以从以下几个方面着手：通过开展示范项目并积极宣传，让公众能够有体验新技术便利性和实用性的机会，这样可以增强公众对新技术的了解程度；通过加强对新技术和新工具的安全性宣传，建立相应的反馈机制提高公众对安全性和保障的信任度。进而减少这方面的顾虑担忧；通过使用媒体、社交平台等方式宣传绿色出行、绿色交通工具以及智能化交通管理系统的优势和便利性，尤其是要对新能源交通工具的优势进行更多的科普和宣传，避免认知惯性和认知盲区，进而增加公众的认知和接受度。

3.3 农村能源绿色转型

新质生产力已经成为经济社会发展的关键引擎，以新技术、新基础设施、新产业为代表的新质生产力，已深深地融入经济、产业、生活的方方面面，新质生产力发展背景下，能源系统绿色低碳转型迎来了新的契机。2023年，习近平总书记首次提出"新质生产力"的概念，2024年两会期间新质生产力成为热词。然而，长期以来，城乡之间的发展差距普遍存在，农村地区生产力较低、经济发展模式滞后等问题较为明显，使得农村能源结构和资源利用体系较为落后，导致农村能源消耗和环境污染较为严重。因此，以新质生产力为抓手，扎实推动农村经济社会可持续发展是必由之路。如何借助新质生产力发展的战略契机来实现农村能源绿色转型是当前及今后一段时间内系统推进碳中和进程的重要手段。值得关注的是，广大农村地区作为经济社会发展的重要组成部分,是协同推进"双碳"目标的必要力量。近年来,广大农村地区积极推进乡村振兴、农业生产、基础设施建设等,农村经济面貌焕然一新,但农村地区不仅存在能源消耗大、能源利用效率低以及环境污染严重等普遍性问题,也存在现代化清洁能源获取难、能源市场滞后等特定问题,致使农村能源绿色转型进程落后于城市,从而对系统推进碳达峰、碳中和造成一定负面影响。鉴于此,有必要深入挖掘新质生产力与农村能源系统绿色转型之间的内在逻辑,并探讨如何更好地推动新质生产力赋能农村能源系统绿色低碳转型。

3.3.1 新质生产力与农村能源绿色转型的逻辑关系

(1)新质生产力能够改变农业生产过程中的能源利用模式,全面提升农业绿色生产效率。新质生产力不仅可以促进新型基础设施向农村地区渗透,提升农村全要素生产和经济发展质量,也有助于更多的新产业和新技术在农村地区应用普及。一方面,新质生产力强调大数据、人工智能、物联网等新型基础设施的发展,能够为农业生产与发展提供稳定可靠的能源供应。另一方面,数字技术可以帮助人们根据农产品和农作物的生长状况进行精准施肥,减少不必要的资源浪费,提高产量。在这个过程中,利用大数据、计算机等信息系统能够帮助农户科学预测和研判气象、灾害等自然因素,在减少风险和损失的同时也能够防止资源的重复投入,提升资源利用效率。农业生产过程中的能源利用是造成农村碳排放的重要原因,长期以来,农业生产过程中相对落后的生产模式、大规模的化肥和农药投入等问题使得农业绿色转型速度缓慢,也造成了不少的农业污染排放。在新质生产力发展过程中,数字技术的普及和应用也能为农业绿色发展提供金融、信贷、大数据等要素资源的支持,改变传统农业高污染、高耗能的生产方式。例如,数字普惠金融可以为农业绿色生产、节能减排直接提供信贷资金,缩短银行等金融机构与农业生产之间的距离,有助于农业发展使用更加绿色和先进的生产技术。新质生产力的发展重点之一就是积极改造传统产业,大力发展培育新产业。对于广大农村地区而言,新质生产力不仅能够增强农业发展的韧性和效率,还可以加强对农业面源污染的数字化监管,提升农业用地的绿色经营效率,进而改善农业系统的绿色发展水平。

(2)新质生产力能够加强农村传统基础设施的优化改造,为农村能源绿色转型提供硬件支持。相对于城市地区,农村地区在基础设施发展方面还存在一定的短板和不足,新质生产力的发展能够倒逼农村地区基础设施建设提质增效。对于农村地区能源绿色转型发展而言,如果没有良好的基础设施尤其是新型基础设施,农村能源系统绿色转型将很难实现。首先,乡村新质生产力发展的落脚点和切入点是完善乡村落后的基础设施,这不仅体现在公路、铁路等传统基础设施建设上,更体现在加快乡村通信、电网、水利等新型基础设施的转型升级上。事实上,城乡之间的能源发展差距主要体现在乡村能源基础设施与城市差距较大,从而无法为农村经济社会发展和农户生产生活提供安全可靠的能源服务。现阶段,无论是传统基础设施还是能源基础设施建设,对数字化、智能化的要求都越来越高,智能电网、新能源汽车、光伏发电等均与数字技术和数字基础设施密切相关。随着乡村新质生产力的发展,光缆、宽带网络等新型基础设施可以为农村电网智能化、居民生活用电提供支撑,实现对农业碳排放、资源利用、环境污染等进行动态监测和科学评估,为农业绿色生产提供精准的数据支持。同时,由于新质生产力的发展需要依靠高水平的基础设施体系。农村地区新质生产力发展能够通过优化基础设施布局和结构带动农村地区基础设施数量和质量的有效提升,促进农村地区基础设施发展,更好地助力农村能源系统转型升级。

(3)新质生产力可以推动新技术发展,加强可再生能源的开发和利用。新质生产力发展的驱动力在于科技创新,核心在于提升全要素生产率。随着碳达峰、碳中和目标的逐步推进,农村能源系统将不断向可再生能源体系过渡和转型,对传统的资源需求和依赖程度会不断下降,在这一过程中,科技创新和技术进步是关键。新质生产力发展会带动一大批新技术、新模式的涌现,并且在农业发展和可再生能源开发利用等方面诞生更多的科技成果。农村地区在农业科技研发和新能源技术应用方面有着广阔的发展空间和前景,近年来,不少地区充分发挥自身比较优势并结合区域经济情况,加大了乡村农业科技研发投入,增加了可再生能源发展的资金支持和补贴力度,有助于农村地区农业科技进步和可再生能源发展。同时,新质生产力能够进一步助推农业科技进步和可再生能源发展。一方面,智慧农业是当前及今后一段时间农业可持续发展的重要方式,农业科技腾飞离不开良好的数字支撑和智慧支撑。新质生产力发展的过程往往是大数据、人工智能等数字技术深层次渗透和应用的过程,在农业生产中可以对生态环境和农作物生长情况进行动态监测,观察资源消耗及污染排放情况。另一方面,虽然农村可再生能源较为丰富,但其成本及不稳定问题一直是阻碍可再生能源大规模应用的重要因素,新质生产力对技术创新产生的推动力能够快速降低新能源开发应用的成本,增强能源系统和电力系统的支撑能力,保障可再生能源发电和利用的稳定运行。农村能源绿色转型与新质生产力的逻辑关系如图3.3所示。

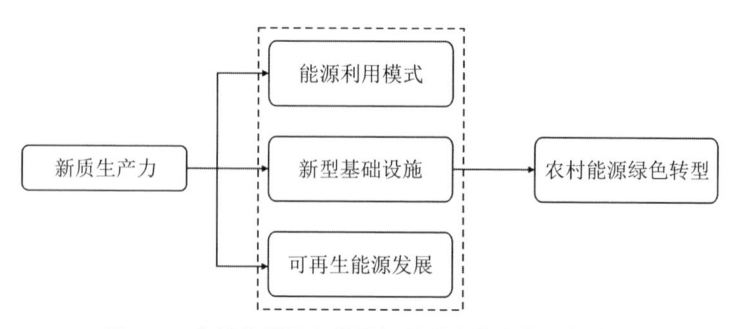

图 3.3　农村能源绿色转型与新质生产力的逻辑关系

3.3.2　中国农村能源利用现状及问题分析

1. 农村能源资源丰富，但能源消费结构单一，能源利用效率低

受技术和收入方面的限制，农村地区能源消费结构主要以化石能源为主，甚至部分落后山区还在使用柴火、燃煤等传统方式，使得农村居民的生产生活质量较低。很显然，广大农村地区是能源贫困较为集中的区域，农村能源贫困往往体现在收入和人力资本水平较低的群体和家庭[15]。如表 3.1 所示，城乡之间的电力消费差距较大，一定程度上反映出农村能源消费相比于城镇地区还存在一些距离。近年来，各级政府充分利用农村地区的资源优势大力发展太阳能、风能等可再生能源，但总体而言，可再生能源发展在农村地区还处于起步阶段，可再生能源装机容量较少。同时，农村能源需求还处于不断上升的趋势，不仅需要保障基本的炊事、取暖等生活用能，农业用能、基础设施建设以及产业发展等也需要大量的能源消耗，而技术和经济条件的限制不仅导致能源利用效率低，也产生了大量的碳排放和环境污染。在这种背景下，国家及各省市相继出台支持和保障农村能源绿色转型的具体实施办法。例如，农业大省安徽在其能源发展"十四五"规划中明确提出，大力推动乡村电气化,提升农村电网改造标准;《重庆市能源发展"十四五"规划(2021—2025)》也强调推进农村用能供应方式多元化体系建设,提升乡村清洁能源保障能力。从现实情况看,广大农村地区不仅拥有丰富的土地资源,也拥有秸秆、林业资源、沼气等生物质能,能够有效满足农村经济社会发展和生产生活的需要。但目前来看,乡村地区还未能形成科学有效的生物质能利用方式,农村地区能源转型任重道远。

表 3.1　2010—2021 年中国城镇和农村居民生活用电量

单位:万吨标准煤

	2010年	2011年	2012年	2013年	2014年	2015年	2016年	2017年	2018年	2019年	2020年	2021年
城镇	3672	3935	4374	4744	4834	5044	5616	6098	6797	7175	7567	8178
农村	2626	2972	3269	3846	3986	4254	4733	5051	5564	5898	6439	6913

数据来源:《中国能源统计年鉴》。

2. 农村能源基础设施不健全,能源转型压力较大

能源基础设施是保障居民生活和经济发展的重要基础,但长期以来以城市为主导的基础设施投资策略使得城乡之间基础设施水平和质量存在较大的差距。农村地区有着广泛的可再生能源发展需求,并且在土地、劳动力等方面具有优势,但能源基础设施在广大农村地区发展滞后,使得新能源汽车下乡、光伏产业发展等受阻。从能源基础设施的角度看,农村地区不仅存在电网、充电桩、供暖设施等供给不够充分的问题,现有的能源基础设施也亟待绿色转型。一些农村地区不仅电力资源有限,无法完全满足大规模农业生产的需要,而且电网布局不合理、能源基础设施老化等现象也比较常见。不仅如此,在农村地区大规模推进能源基础设施建设的过程中,"重建轻管"现象比较普遍。一方面,能源基础设施的管理主体和责任不够明晰,不少充电基础设施、农

村电网、光伏电站无人维护也无人监管。另一方面,维护和管理资金不到位,特别是能源和电力基础设施需要庞大的财力支持,而村级组织往往缺乏资金,导致许多充电桩、光伏电站闲置,能源基础设施的利用效率较低。值得注意的是,农村地区面积广阔、交通相对不便,能源基础设施的建设、维护和管理需要大量的人力和资金投入,特别是农村能源基础设施的种类多、数量大,对技术标准和维护人员的要求较高,这需要政府、企业、基层等多方面主体共同发力,从而为促进农村能源绿色转型提供物质保障。

3. 农村能源利用模式不合理,生态环境压力较大

现阶段中国城乡之间能源发展差距仍然较大,尤其是在供暖、发电等能源利用方式上。一方面,尽管各级政府始终重视和强调节能工作,但由于农村地区能源使用模式和利用技术较为落后,低效的能源利用模式使得农村地区资源浪费和能源无效使用的状况比较严重,能源有效转换率不高。另一方面,以煤炭为主的能源消费结构产生了严重的环境污染和大量的温室气体排放,特别是农业生产现代化、清洁化的生产模式还没有完全推行,农作物生产高度依赖化肥、农药等投入[14],土地污染现象严重。不仅如此,农村地区污染、二氧化碳排放也造成农村地区经济社会福利受损。广大农民和农村居民作为农村经济社会发展的主体,是推动农村能源绿色转型的核心力量,然而,不少农民和农村居民节能环保意识薄弱,参与节能环保的主动性和意愿并不强烈,对实现碳中和目标和生态文明建设的认识不够,可能会导致农村节能减排工作进展不顺。同时,由于家庭收入与能源负担能力直接相关,而农村地区仍存在一些低收入群体,获取高质量能源设备的能力有限,往往不会采取更多具有绿色低碳属性的能源设备[16],从而加剧了农村生态压力和环境污染状况。因此,优化农村能源利用模式有助于进一步缓解农村生态环境压力、推动农村绿色低碳发展。

3.3.3 新质生产力赋能农村能源绿色转型的挑战

(1)城乡科技发展差距较大,无法为农村能源绿色转型提供强有力的技术支撑。新质生产力发展离不开良好的科技创新,但长期以来农村地区基础设施相对滞后、人才外流严重,科技发展与城市相比仍存在较大的差距,使得城乡之间科技水平的差距较大。从产业科技发展的角度看,相比于其他发达国家而言,中国的农业科技水平还不够高,农业机械化、现代化发展还不够完善,导致农业生产率和发展质量较低,不少农业资源仍采取过度开发和利用的粗放型发展模式,阻碍了农业绿色低碳发展。在协同推进新质生产力和碳达峰、碳中和目标的进程中,提升农业发展的节能减排绩效必不可少。其中,数字技术及数字产业在农业可持续发展中的重要作用需要得到充分发挥,但由于农业科技水平和农民认知的限制,数字化技术在农业生中的应用还比较滞后,一定程度上限制了乡村农业绿色低碳发展的活力。同时,现阶段数字经济发展已经颠覆了传统的能源利用模式和企业生产方式,现代能源模式发展和能源结构转型升级在很大程度上依赖于数字化、智能化的科技生产模式,农村地区虽然有特定的资源优势、土地优势,但大多数农村地区数字技术落后,缺乏配套的市场环境和政策机制,导致现代化能源基础设施以及高端能源产业很难布局到农村地区,而传统的能源利用模式和消费结构也无法得到有效的数字技术支持,导致能源利用效率低。因此,对于广大农村地区而言,缩小城乡之间的数字鸿沟、加快农业科技进步对于新质生产力赋能农村绿色发展具有重要的现实意义。

（2）乡村新质生产力发展的要素支撑不够有力，"技术＋能源"协同发展效果较差。新质生产力发展往往是要素资源高效配置的过程，需要高质量的生产要素和市场机制作为配套。农村能源绿色低碳发展需要资金、政策以及基础设施等多种要素作为支撑，科学有效的政策体系和市场机制必不可少，但由于广大农村地区在人才、资金、基础设施方面的劣势和缺陷，要素资源的短板在农村新质生产力与能源绿色转型中的负面效应日益凸显。例如，据《中国互联网络发展状况统计报告》显示，截止2023年中国的互联网普及率达到77.5%，而农村地区互联网普及率为66.5%，说明农村地区在信息等重要资源方面还存在明显的短板，绿色技术创新的扩散和应用可能会受到一定的限制。同时，农村地区在产业体系和经济结构方面存在缺陷，可再生能源发展缺少良好的产业基础。一方面，由于农村地区经济发展模式和产业结构往往比较单一，现代化产业体系还没有完全建立起来，农业发展的产业链及价值链较短，而且既有的农业及其相关的制造业、加工业生产效率也较低，数字化、智能化程度不高，使得能源产业的技术进步缺乏良好的产业基础。另一方面，新质生产力与能源低碳转型都离不开必要的人才、政策等体制机制保障，特别是需要相关的专业人才来提供技术支撑。然而，农村地区虽然存在较多的剩余劳动力，但高精尖的技术人才缺乏。同时，农村新兴产业、新型能源基础设施建设等需要大量的资金投入，建设周期较长，相关的资金很难落实，现有的政策保障体系没有得到有效发挥。

（3）农村可再生能源发展的市场成熟度较低，能源转型发展阶段相对滞后。农村地区在新质生产力发展和实现"双碳"目标的过程中可能会出现复杂多样的风险和挑战，特别是农村可再生能源发展的市场体系还不够完善和健全。值得注意的是，在新质生产力助推农村能源高质量发展的过程中,随着可再生能源技术及新能源产业的不断发展,改善农村能源系统很可能会给农村的经济结构和市场环境造成一定的压力。加上农村地区对可再生能源开发利用本就缺乏广泛的认同和市场基础,农村可再生能源市场应用和产业发展远远比不上城市。同时,随着农村地区新质生产力的快速发展,一些先进技术和产业模式在可再生能源领域的普及应用可能会对农村经济社会运行造成负面影响。很显然,农村地区的能源系统可能无法迅速适应一些新产业和新技术,并带来一定的市场风险。此外,农村地区可再生能源市场的基础比较薄弱,对于可再生能源的消费需求不足,所以农村可再生能源市场的高质量发展往往具有艰巨性和长期性,且需要大规模、可持续的要素投入,但长期以来以城市为偏向的经济发展模式使得城乡之间市场分割较为严重,能源要素资源和产品无法在城乡之间自由流动和优化配置,一些农村地区在能源供需上存在明显的缺口,使得部分地区出现农村能源贫困问题,这种情况一定程度上束缚了新质生产力带来的积极影响。

3.3.4　新质生产力赋能农村能源绿色转型的政策建议

总体来看,虽然新质生产力发展能够为农村能源绿色转型带来重要契机,但充分发挥新质生产力在农村能源系统绿色转型中的重要作用仍需要打好政策"组合拳",培育和增强能源转型新动能。

(1)加快新型基础设施建设,夯实农村能源绿色转型的基础。新质生产力发展所带来的高质量要素资源不仅有助于传统基础设施优化升级,也能够带动新型基础设施的应用。农村地区有丰富的可再生能源资源,且在土地、劳动力等方面具有独特的优势,但薄弱的基础设施和落后的经济模式限制了农村地区新质生产力发展和能源结构绿色转型升级。中央政府已经出台了数字乡村建设规划,旨在加快农村地区数字基础设施建设和信息技术普及。在这种背景下,政府应加大对农村地区新型基础设施建设的投入力度,利用财政、金融、信贷等政策组合拳全力推进乡村新型基础设施的完善,不断缩小城乡基础设施发展差距。一方面,不仅要推进建设便捷高效的信息基础设施,尤其是加快5G网络和移动通信网络在乡村地区的覆盖和普及,带动农村分布式光伏、智能电网等提质增量,提升农村风电光伏使用的稳定性和安全性,为农村地区能源高效利用提供条件,着力提升农村能源使用效率,更好地满足农业绿色转型和农户低碳生活的多样化需求。另一方面,着力提升农业科技水平,破除传统的农村能源利用体系,利用新技术来构建新型农村能源系统。充分发挥农村地区丰富的资源优势,稳步推进农村电网改造升级,提高农村电网的可再生能源承载能力。必须加强对各种能源基础设施的日常维护和管理,不断提升管理水平,防止农村能源设施的浪费和低效率使用。此外,公路、铁路等传统基础设施的作用也不应当被忽略,交通基础设施建设对农村绿色低碳发展的积极影响需要得到更加有效的发挥,着力形成多元化的基础设施网络,应充分利用新质生产力来统筹规划基础设施,特别是农村智能电网、水利开发、充电基础设施等,为农村能源系统提供必要的保障。

(2)构建多元化的政策保障体系,助力农村能源系统数字化、低碳化转型。以新质生产力为抓手推动农村能源绿色转型需要多主体协同发力,更需要大量的资金、人才、资源投入。现阶段,中央政府已经在脱贫攻坚、乡村振兴等领域开展多轮治理,各级政府需要积极建设长效机制,广泛吸引社会资本、金融机构、企业等参与到新质生产力发展中,积极引进智慧农业、智慧能源方面的专业技术人才,提升农村能源绿色转型的活力和后劲。同时,农村专业化人才特别是能源人才队伍对于提升农村能源利用效率具有重要意义。随着农村新质生产力发展,新技术的渗透和新产业的出现对专业人才队伍的需求越来越高,有必要培育更多的既懂数字技术、人工智能等现代科技,也懂得能源应用与发展的专业性人才,从而更好地满足乡村地区能源绿色发展的需求。其中,各级政府应加强人才培训,提升广大农村劳动者的认知水平和综合素质,改善农村地区的人力资本水平。在这个过程中,应破除阻碍城乡之间劳动力自由流动的障碍,如政策限制、户籍等,提升劳动力资源配置效率。此外,应加强监督和考核机制建设,有计划推进农村智能电网、分布式光伏、可再生能源发电等可持续发展,通过构建目标设计、绩效考核、奖惩等多种方式激发各主体参与农村能源体系数字化转型和绿色化发展的积极性,但政策的制定与实施需要防止一刀切,应充分结合不同地区和乡村的经济发展特征,出台有针对性的政策举措来适应各个地区农村能源系统转型的要求,为乡村新质生产力发展提供政策保障。

(3)大力提升农村科技水平,不断推动农村"技术+能源"协同联动发展。新质生产力发展所带来的创新驱动力,为农村能源系统绿色转型和高质量发展提供了强大动力。必须做好顶层设计和统筹规划,在宏观层面助推新质生产力赋能农村能源系统绿色发展。一方面,要着力提升农业科技和农村绿色技术创新水平,特别是加大新一代信息技术在农业农村领域的应用,利用大数据、人工智能、物联网等数字信息技术加强对乡村能源利用的监督和管理,加强农业先进技术的研发和创新投入,促进传统农业与信息技术的深度融合,从而改变传统农业依靠要素驱动的生产模式,提升农业发展的绿色低碳效率。另一方面,加快智慧乡村和数字乡村建设,提升农村能源系统的运行效率。数字经济时代大力发展数字平台是保障农村经济社会发展的重要基础,应进一步打造技术、平台、能源相互联通且高效融合的三位一体治理架构,让技术要素能够在广大农村以及城乡之间自由流动,推动更多的高新技术投入农村电网、电动汽车、充电桩等能源基础设施建设,系统提升农村能源基础设施的技术水平和发展质量,加强各种新技术在农村光伏发电、水能利用等可再生能源发展上的积极作用。此外,乡村治理主体和各级政府应加强监管和检查,应充分考虑到乡村地区相对薄弱的经济基础和产业结构,防止盲目过快和脱离实际的科技创新和技术进步对农村经济社会发展造成的负面影响,为农村地区能源系统高质量转型奠定良好基础。

3.4 企业 ESG 体系

"绿色发展是高质量发展的底色,新质生产力本身就是绿色生产力。"推动新质生产力加快发展,实际就是要坚定不移地走绿色发展之路,加快发展方式绿色转型,助力碳达峰碳中和,以绿色发展的新成效不断激发新质生产力。

环境、社会和治理体系(ESG)已成为当今全球经济绿色发展的新趋势。近些年,世界范围内的各主要国际机构、发达国家政府及全球主要证券交易所相继制定 ESG 信息披露标准及评估框架,对于上市企业公布与 ESG 相关的信息实施了强制性规定。ESG 评级也成为企业绿色低碳发展水平的重要参考。国务院、中国人民银行等部门都对 ESG 问题给予了高度重视,积极推动 ESG 体系在中国的建立。随着"双碳"目标的提出和经济高质量发展阶段转型,ESG 与新质生产力发展理念高度契合。通过打造中国特色的 ESG 话语体系,有利于深化中国企业可持续发展水平,打通绿色低碳、能源转型等关键领域,统筹推进传统企业升级、新型企业壮大、未来企业培育,驱动新质生产力发展。中国特色 ESG 体系与新质生产力的逻辑关系如图 3.4 所示。

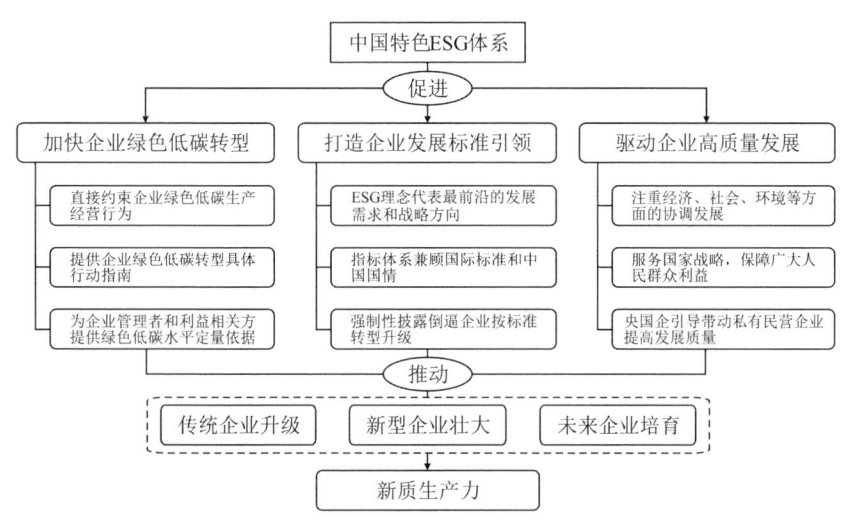

图 3.4 中国特色 ESG 体系与新质生产力的逻辑关系

3.4.1 中国特色 ESG 体系促进新质生产力发展的关键路径

1. 加快企业绿色低碳转型

新质生产力对产业高端化、智能化、绿色化的内在需要实际对中国企业的绿色低碳发展提出了更高的要求。当前中国经济在劳动、土地等传统要素上的成本优势逐步削弱,生态环境保护、节能降碳对产业发展的约束不断趋紧。企业应根据自身发展实际,实事求是、因地制宜进行绿色低碳转型。传统制造领域,尤其是重工业和能源密集型公司,应当追求环保型的发展策略,转变先前的粗放生产管理模式,借助高科技手段进行生产技术革新,以达到生产流程的无污染、资源的循环再利用、能源使用的低碳效率、产品的环保供应以及产业布局的高层次转型,不断推动工业绿色全要素生产率增长。新兴企业应充分利用数字化智能化支持,将绿色低碳和可持续发展观念融入企业经营过程。

针对不同发展层次、不同行业标准企业的绿色低碳转型进度难以保持统一、绿色成果难以得到定量化衡量的问题,ESG从多方面为企业绿色低碳转型提供了有益参考。首先,ESG反映了企业在环境、社会和公司治理方面的综合表现。其中,环境(E)指标直接反映了企业的可持续发展水平及绿色低碳转型的发展意愿,也是ESG体系中最关键的组成部分。ESG的编制要求、强制披露和评价体系,直接约束了企业在绿色低碳方面的生产经营行为。其次,ESG的指标体系为企业提供了绿色低碳的发展方向。基于中国以化石能源为主的能源结构特点和"双碳"目标的现实要求,企业需要在短期内调整生产经营方式,寻求绿色低碳转型的方法指导。中国特色的ESG体系根据现实国情明晰中国环境部分的披露内容、具体指标,并且为企业提供参考模板,能够提供企业绿色低碳转型的具体行动指南,使企业转型有的放矢、有据可依。最后,ESG通过在统一量纲下的指标规定和评价体系,能够定量评估企业的绿色低碳水平。对企业的ESG水平进行评级,一是为企业管理层内部治理提供参考,帮助企业审视自身,及时调整战略,以期推动企业的生产力朝着更高质量的方向发展;二是为更广泛的利益相关方(如投资者、金融机构、政策制定者等)提供考量依据,促使资金倾向于绿色、低碳的企业,并扩大对有助于绿色环保和减排的项目的投入,旨在将资本的盈利目标与社会的可持续发展目标更加紧密地联系起来,促进资本与生产力之间的良性互动。

2. 打造企业发展引领标准

发展新质生产力,必须形成新型生产关系,创新生产要素配置方式,提升生产要素配置效率。发展新质生产力的过程既需要传统产业的转型升级、提质增效,还需要加快培育新的动力源。这就要求企业摒弃旧有的生产方式,全面深化改革,通过创新创造重新设计布局。如何变革、如何选择战略方向是当前企业开发新质生产力的关键问题。ESG 理念和新质生产力要求高度契合,强调生产企业和金融业对可持续发展、社会责任的重视,代表了最前沿的发展需求[17]。当前国际通用的 ESG 标准是以国际可持续准则理事会(ISSB)与气候相关财务信息披露工作组(TCFD)等相关文件为基础形成。最新发布的《指标体系》首次涵盖了央企上市公司的环境、社会、治理三大维度的综合评估指标,分为 14 个一级指标、45 项二级指标、132 个三级指标。制定的评估标准大多遵循了国际上广泛认可的规范,同时整合了中国对高质量发展的需求,参考借鉴了《中华人民共和国公司法》《上市公司治理准则》《社会责任绩效分类指引(GB/T36002-2015)》《社会责任管理体系要求及使用指南(GB/T39604-2020)》及香港证交所的相关要求,其目的在于与国际标准保持对齐,同时反映国内上市公司的具体情形,促进本土公司进行适应性改革。随着 ESG 的强制性披露,科学的、符合国情的 ESG 指标和评估体系也引领着中国企业的未来发展方向,能够为企业的发展标准提供指导。同时,这也要求 ESG 体系与时俱进,与新质生产力发展需要保持高度一致。

3. 驱动企业高质量发展

发展新质生产力,是经济高质量发展的内在要求。发展新质生产力和推动高质量发展都是当前中国面对发展变化所作出的战略选择,具有内在一致性。所谓高质量发展,也就是要求企业在保持持续增长的同时,注重经济、社会、环境等方面的协调发展[18]。随着现代公司理论的发展,公司在经营中越来越重视社会公众利益的影响。在西方语境下的ESG体系本质上还是一种追求公司利润最大化的手段,企业关注环境影响、社会责任主要是出于企业盈利目标,向公众和利益相关者释放良性信号[19]。但是中国的经济体制与西方国家有着显著区别。中国经济社会发展的根本是为了广大人民群众的利益。中国经济体制下企业经营并非完全以自身利益最大化为唯一目标,特别是央企、国企,更大程度上担负着推进现代化、解决民生问题和服务国家战略的重任。同时,国家金融机构也是支持脱贫攻坚、乡村振兴等国家重大战略的重要力量。观察中国现阶段ESG进展情况,主要体现为以央企为主导的上市企业领先推进、率先强制披露公开ESG专题报告并进行"编制研究"等课题的深入探究。由此可以看出,大量国有企业践行ESG理念,并不是简单追求公司利润,更多的是站在国家战略的角度,为实现公共利益承担社会责任。

国企先行的ESG发展方式站在国家战略高度,有利于推动企业高质量发展。现行的ESG指标和评估体系主要针对央企控股上市公司制定,其在环境保护、绿色低碳、社会责任等方面有着严要求和高标准,起到引导和牵头作用。随着中国特色ESG体系的逐步确立和完善,未来还将考虑到更多私有民营企业的发展实际。ESG体系可以鼓励企业提高创新产出[20],加快绿色低碳转型,积极履行社会责任,在企业高质量发展过程中带动新质生产力发展。

3.4.2 中国ESG体系的发展现状

1. 政策方向与市场要求

针对国内缺乏统一、权威的ESG信披标准等问题,2023年7月25

日,国资委办公厅向中央企业和地方国资下发《央企控股上市公司 ESG 专项报告编制研究》课题成果,包含《央企控股上市公司 ESG 专项报告参考指标体系》和《央企控股上市公司 ESG 专项报告参考模板》(以下分别简称为《编制报告》、《指标体系》和《参考模板》)。《指标体系》分为 14 类一级指标、45 项二级指标、132 个三级指标,分别从环境、社会、治理三大维度来全面衡量央企控股上市公司在绿色运营、践行社会责任、可持续发展等方面的情况(图 3.5)。《指标体系》包括央企控股上市公司在生态环境、社会责任及管理治理这三个核心领域的主要行为,把各项指标进一步具体化至明确的制度体系、组织结构、管理流程和操作实施层面,三级分项的指标融合采用了定量与定性指标的方式来展现。

《编制报告》在与国际主流 ESG 体系接轨的同时,结合了中国经济社会实际,创新具有中国特色的指标项,有利于保障企业更好发展新质生产力。例如,社会板块二级披露项中增加了国家战略响应,包括产业转型、"一带一路"等具有中国特色的披露项,展现了央企在国家经济转型中的社会责任感。在环境板块,指标体系对温室气体排放范围 1、范围 2 和范围 3 的披露全部设定为建议披露项,区别于国际 ISSB 披露准则中的强制要求披露项。这种披露要求间的差距是基于现阶段中国的经济发展需要以及中国企业普遍缺乏温室气体排放核算经验的客观条件而产生的。

2024 年 2 月,中国三大交易所发布《可持续发展报告(征求意见稿)》,以统一标准和强制披露推动企业将可持续发展融入公司发展战略、经营管理中,引导企业加速新质转型和绿色增长。预计到 2030 年,大部分上市企业和重点行业企业将被强制要求披露可持续发展报告,并进行量化的 ESG 影响分析。

在 ESG 投资方面,2023 年 5 月 4 日,中证诚通央企 ESG 指数、中证央企 ESG50 指数正式发布。同年 5 月 8 日,中证国新央企 ESG 成长 100 指数发布。

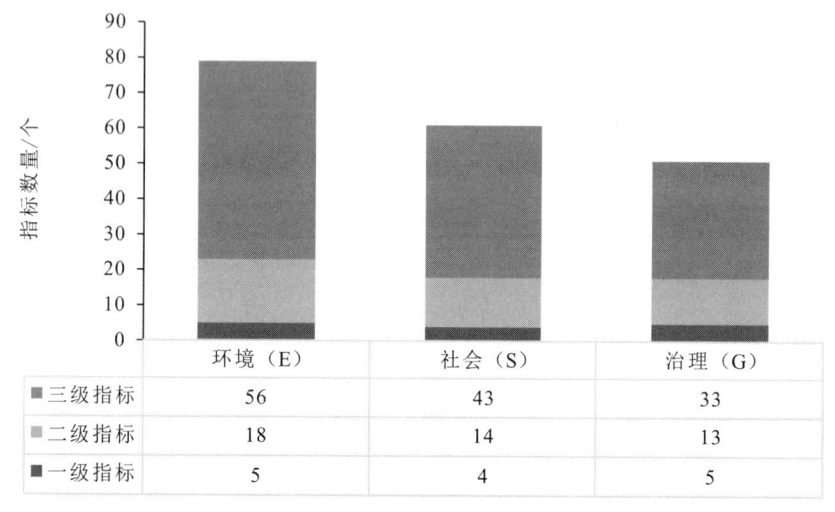

	环境(E)	社会(S)	治理(G)
三级指标	56	43	33
二级指标	18	14	13
一级指标	5	4	5

图 3.5　指标体系数量对比

数据来源:笔者根据公开资料整理。

2. ESG 信息披露现状

回溯 ESG 在中国的发展脉络,自 2018 年 A 股顺利加入全球知名指数公司 MSCI 新兴市场指数以来,ESG 便逐渐收获了中国市场与投资者的关注。借助"碳达峰、碳中和"的战略推进,2021 年见证了 ESG 的急剧扩张。

针对信息披露问题,政府及金融监管部门结合中国国情和当前中国上市公司的发展现状,研究制定了上市公司可持续发展信息披露指引。2022 年 5 月,国务院国资委发布《提高央企控股上市公司质量工作方案》,以央企控股上市公司为核心,积极推动央企的 ESG 披露及评级体系建立,目标是在 2030 年能够实现央企上市公司的完全披露。在中国的ESG体系特别是信息披露方面,央企上市公司发挥着强有力的带头和主导作用。截至2023年,共有1023家上交所、800余家深交所A股上市公司披露了年度社会责任报告、ESG报告或可持续发展报告。图3.6为2017—2022年中国A股上市公司ESG披露情况。

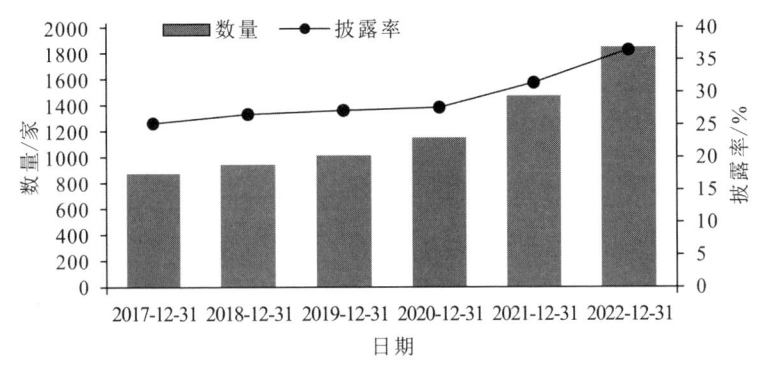

图3.6　2017—2022年中国A股上市公司ESG披露情况

数据来源:Wind数据库。

3.4.3　中国ESG体系促进企业新质生产力发展存在的主要问题

尽管近几年ESG体系在中国取得了显著的进步,但当前仍存在发展不足、一体化、本土化、市场化程度较低等问题,未来在更好促进企业新质生产力发展方面仍有改进空间。

1. ESG体系起步较晚

与发达国家相比,中国ESG体系整体起步较晚,因此在数量质量上都还有一定的差距。还未形成成熟的ESG体系的现实与企业发展新质生产力的迫切需要相悖,造成了ESG体系在中国的配套和利用程度较低。ESG这一理念在1980年代初被首次提出。2005年的一份研究最早对环境、社会责任以及企业治理三大领域进行了系统的融合性分析，并将其与经济行为紧密关联起来。研究报告指出，涵盖ESG三大要素的考量有助于推动投资市场向着更为坚实、更具弹性的方向发展。此后，ESG开始了近20年的探索发展。国外主要的ESG评级机构大多为国家级的ESG评级供应商，尤其很多供应商自身就是老牌数据供应商或金融数据供应商，如道琼斯、MSCI（美国明晟）、KLD，也有非政府国际组织，如CDP。因此，国外市场在ESG评级基础数据方面具有很大的专业化优势。

《中国上市公司ESG发展报告（2023年）》指出，2023年国内A股上市公司中共有1800多家独立披露了ESG或社会责任报告。尽管披露ESG的企业增量较大，但存量仍然不足，总量上来看仍有半数以上公司还未开始披露，对短期内要求全部上市公司强制披露的期望仍然带来一定的实现压力。从披露企业属性来看，国有企业和金融行业上市公司的ESG或社会责任信披率显著领先。以2023年数据为例，中央国有企业的ESG相关信披率达73.5%，而私营企业的信披率较低，这也与当前的ESG相关政策引导有关——鼓励甚至强制要求中央国有控股上市公司披露，但对私营企业未做直接要求。而在评级机构方面，中国当前主要的评价机构供应商如商道融绿、华证指数等，从2015年开始提供评级服务，当前数据量仍然较少。而且这些供应商不同于国外的专业化金融数据供应商，覆盖传统金融供应商、金融科技公司、资产管理公司和学术机构等多种类型，专业化程度较低。

2. ESG信息披露口径不统一，数据质量较差

中国首个提出ESG信息公开标准的是香港证券交易所，其在2012年推出了《环境、社会、管治报告指引》，该准则中具体明确了披露事项所需遵循的规则、涉及的事宜以及相关的评估指标，并于2019年发布了最新修订版,对港交所上市公司披露建议全面调整为"不披露就解释",近似强制披露。在过去很长一段时期中,中国内地ESG相关监管文件主要集中在环境、社会和公司治理单维度的规则,主要要求重点排污单位等上市公司强制进行环境披露。在社会和公司治理方面,交易所要求上市公司强制或半强制披露。在披露实践中,由于缺乏统一披露标准,国内上市公司往往会参考国外ESG信披模板仿照进行披露,在披露内容、指标选择、数据统计等方面口径难以统一。部分行业协会和地方制定内部ESG信披规则,如中国化工情报信息协会制定了中国石油和化工行业上市公司的ESG评价指南。这也造成了行业间披露口径的差异。

ESG评级机构依赖于公开渠道获取的数据对企业开展评级,因此ESG信息披露的质量对ESG发展和市场完善具有重要意义。《编制研究》的发布有利于更好促进央国企上市公司提升信披质量,从而促进更准确的评级。但对于目前仍未受到强制披露要求的其他上市公司以及非上市公司,仍存在数据可靠性低、企业选择性披露、洗绿漂绿等问题,导致披露内容无法全面、精确反映企业的真实情况。除此之外,各家本土评级机构的ESG评级方法不尽相同,指标体系、评级方法、基础数据存在差异,导致同一家企业评级结果差异较大,不同评级机构的相关性较低。

3. 市场现存ESG体系的本土适用性不足

在ESG信息披露方面,由于国内长期以来缺乏统一的信息披露标准和披露经验,对于披露的强制性要求也较低,自愿披露主体集中在央企、国企和金融行业中,披露内容指标参考国外同类公司的信披报告,因此ESG信披很大程度上无法适应国内上市公司客观要求。在ESG

评估方面,目前依然是以国际评级机构为主,但是国际指标体系在衡量中国企业ESG表现时缺乏对中国国情的了解,无法准确反映中国企业的真实水平[21]。而当前国内的评级机构还未形成成熟的评估体系。缺乏本土适应性的ESG体系难以为中国企业发展新质生产力的现实需要提供客观指导。

针对本土化需求,最新《编制研究》的ESG指标选定首先以国际通用的ESG标准为基础,再考虑中国经济发展的实际需要,使指标能够满足中国企业改革发展的现实行动。指标包含了诸如"创新发展"、"产业转型"和"乡村振兴与区域协同发展"等本土化指标,帮助相关披露企业在信息披露过程中客观反映环境保护、绿色创新、支持国家战略等方面的工作,从而提升信披质量。与此同时,中国企业也根据本土需求,向国际可持续发展准则理事会(ISSB)提交了建议反馈。同时,《参考模板》对央企控股上市公司信息披露的内容、方式、角度、真实性等方面提出了更严格的标准要求,从而促进央企控股上市公司在公司战略中重视ESG相关问题,形成常态化管理。总体而言,《编制研究》在设定ESG框架的同时,对企业ESG水平提出了较高的要求。虽然目前只覆盖央企控股上市公司,但对于更多正在建立ESG基础能力的其他上市公司来说,当前的ESG披露要求仍存在一定的挑战,未来仍需要进行更多的适应性调整。

4. ESG相关资产的规模在整体市场中的占比仍然较小

ESG相关资产在发达资本市场得到充分重视。ESG作为风险管理的一种策略,助力投资者洞悉环境保护、社会责任感以及企业治理对于投资效益的作用,进而可以减少投资风险、增进资产价值,并为长期收益奠定基础。在企业发展新质生产力的过程中,资本对于生产力的支持对于企业的发展具有重要的意义。因此,ESG在引导资金流向新质生产力发达企业过程中具有重要的参考意义。截至2023年,上证、中证指数已累计发布ESG等可持续发展指数138条,其中股票指数104条、债券指数31条、多资产指数3条,有86只基金产品跟踪,规模超过1000亿元。在上交所上市的ESG等可持续发展ETF达43只,规模超过600亿元。然而,中国当前资本市场对于ESG相关投资的参与度仍然不足。中国ESG投资主题的资产虽增长迅速,但与欧美成熟市场相比存在投资规模偏小、产品单一等问题[22]。

3.4.4 中国ESG体系保障新质生产力发展的政策建议

(1)鼓励企业将ESG理念纳入公司经营战略,打造绿色低碳竞争新优势。研究表明,企业开展ESG实践,对企业新质生产力发展有显著促进作用[23]。企业发展新质生产力不仅仅需要科技创新,也需要先进的企业管理制度与之相匹配,不断优化企业治理。目前央企控股公司先行,受到ESG披露监管要求,其他上市公司短期内是自主披露,但在未来长期依旧面临着更高的ESG披露要求。从长远角度来看,ESG成为企业战略的核心组成部分是不可逆的趋势。当下,不仅央企、国企要有所行动,更广泛的中国企业也应开始重视ESG在企业经营管理中的地位,并尝试逐步纳入ESG的先进理念,在实践中不断发现问题与机遇,以应对未来潜在的更高ESG披露要求。同时,企业应向《编制研究》和国际成熟ESG信息披露看齐,按照标准要求构建科学ESG规划,通过改善ESG水平,不断提升企业长期价值。除了在经营中纳入ESG发展理念,企业更应在发展方向上顺应ESG要求,注重环境保护、绿色低碳,加大绿色技术创新,促进企业对新兴产业的投入,创造新的经济增长点，从而使得企业的治理理念与新质生产力发展方向保持一致。企业在人力资源管理中也应注重ESG人才培养和队伍建设，加强ESG专业人才的培养和引进，提升企业ESG专业化水平。

（2）促进ESG信息披露和评级有效协同，建立中国特色ESG话语体系。ESG信息披露和评级是ESG体系的重要组成部分，也是相互影响制约的关键环节，其定性与定量结合的指标和评级能够为企业的新质生产力发展水平提供重要参考。一方面，从披露角度来看，信息披露从一定程度上反映了企业ESG管理和实践水平。全面、完整的信披报告能够展示企业对于可持续发展等问题的认知及重视程度，展现了企业的专业化水平。企业应加强ESG信息披露，丰富ESG人才资源和专业知识储备，为投资者提供更加真实、全面、准确的ESG信息，更有助于监管机构和评级机构进行准确的判断[24]。当前中国企业的披露水平质量较低，相关部门应该加强引导，推出气候相关的信息披露的标准和规范指导原则，并逐渐扩大信息披露的主体、详细内容和应用范围，通过制定更明确的指标、提供编制模板、进行培训学习、鼓励企业间进行交流等方式帮助提升企业的ESG披露专业水平，特别是已经开始进行ESG披露的央企上市公司可以提供相关经验及意见反馈，不断对当前的披露流程进行完善。提高信息披露的透明度，避免企业"洗绿""漂绿"。在披露指标体系上，坚持以中国当前发展阶段为基础，同时兼顾国际共识，选取更有助于新质生产力发展的指标，鼓励企业创新，向高端化、智能化和绿色化发展。通过ESG指标的引导，帮助传统企业进行改造升级，鼓励高科技、新能源等新兴企业巩固扩大领先优势，从而促进新质生产力增长。

另一方面，ESG评级需要与披露相配合，完善ESG上下游体系。

国内评级机构应提升自身专业化水平,因地制宜,为本土上市公司构建科学评估框架。ESG 评估体系是中国特色估值体系的重要组成部分。以西方国家为主导的 ESG 评级体系,在针对中国企业的评估中,会产生"水土不服",难以深入了解和准确评估的情况。因此,国内的评级机构更应该立足中国的当前发展实际,把握未来新质生产力的发展趋势,通过准确评级鼓励企业发展。ESG 和绿色金融在中国式现代化和经济高质量发展中应发挥关键作用。在未来的发展中,中国仍需在与国际标准接轨的同时,在 ESG 信息披露、ESG 评级方法、绿色金融分类等顶层设计中融入本国元素,打造具有中国特色、国际认同的 ESG 管理体系和评价体系。

(3)重视利益相关者关系,全面发挥金融市场作用。发展新质生产力需要打造良好的生态体系,各方协同融入。针对企业 ESG 和新质生产力的相关研究初步表明,企业 ESG 发展有助于改善企业与供应商、银行、股东三者的关系,从而对企业新质生产力发展产生促进作用[7]。投资者和金融机构的资本投入有利于帮助企业建立科技创新基础,推动传统产业链供应链升级,培育未来产业。因此,企业应充分利用 ESG 发展的契机,通过展现对可持续发展等议题的重视,表明企业的良好经营态势,从而与各方利益相关者保持积极的沟通,加强信任、开展合作,获取更多的发展资源,助力企业新质生产力的提升。

在完善 ESG 信息披露和评价体系的基础上,将 ESG 体系深度纳入金融市场,积极开发 ESG 金融产品,充分发挥 ESG 对绿色低碳等可持续投资的引导作用。丰富各类 ESG 投资工具,包括 ESG 基金、社会责任投资(SRI)和绿色债券等。金融市场可以制定和推动 ESG 指数和指导原则,以鼓励公司改善其 ESG 表现,使投资者能够识别和选择符合可持续性标准的投资[25]。在中国经济高质量发展、加快新质生产力发展以及"双碳"目标的需求下,金融市场可以创新ESG金融工具和产品,将ESG金融产品和制造业升级、新能源产业、人工智能＋、数字化转型等相关重点领域有机结合,引导可持续性资本投入技术突破、生产要素创新配置和产业转型升级等关键环节,培育新动能,加快新质生产力发展。金融市场应发挥ESG投教作用,帮助投资者更好地理解可持续性标准的重要性,从而促使更多的投资者选择符合ESG标准的投资。最后,政府和金融监管机构可以通过制定相关法规和监管措施,推动金融市场更好地整合ESG要素,从而确保金融市场在服务新质生产力发展上发挥更积极的作用。

(4)推动中国ESG标准"走出去"。发展新质生产力并不仅仅是国内经济的要求,更是一个"内外联动"的过程。新质生产力的重点前沿行业如新能源、生物制造、人工智能等都深度融入了国际经济大环境。大量相关中国企业出海,在国际产业结构中占据了一定的优势地位。ESG作为国际公认的先进发展理念,在企业国际化经营中具有重要的作用。中国企业特别是新能源企业在"走出去"的过程中必然要遵守ESG的相关发展准则,保持出口竞争力,促进绿证、绿电使用以及碳足迹与国际接轨[26]。同时,ESG优势能显著促进企业的对外投资[27]。中国特色的ESG话语体系也需要作为配套,积极参与国际准则制定,为中国企业的可持续发展保驾护航。中国的ESG标准体系也可以与绿色"一带一路"建设相配合,在保障中国企业在共建国家的生产投资的同时,促进共建国家对于中国ESG体系的认可度。能源新质生产力还涉及市场拓展和产业升级等方面,通过培育新能源市场、推动新能源产品和技术的普及应用、加强国际合作与交流等方式,持续推动新能源产业的快速发展和升级。

3.5 绿色食品产业链

新质生产力的提出对大食物观视角下中国食品行业低碳绿色发展路径提出了新的要求。食品行业从满足粮食安全的基础上过渡到致力于实现"双碳"目标的时代任务后,中国食品产业迎来了以数字化、绿色化为抓手的新质生产力发展机遇。但是,目前中国食品行业正面临着产业链内部能效较低和外部与其他高质量发展目标冲突的双重压力。一方面,食品行业亟须解决产业链上下游协同能力不足、绿色生产和低碳消费脱钩、食品浪费严重,以及低碳改造困难的四大挑战。另一方面,中国食品行业低碳转型面临着如何保障食品安全和粮食安全齐头并进的现实矛盾。基于以上事实,有必要厘清中国绿色食品产业链的发展现状,探究新质生产力如何助推食品产业低碳高质量发展,由此发掘中国食品产业链转型的现实挑战,最后提出破局的关键政策建议,促进中国食品行业低碳高质量转型。

3.5.1 低碳食品转型视角下新质生产力的角色

目前,中国食品产业低碳转型目前面临双重困境。一方面,食品产业链内部的能源效率较低,产业链上下游联系不紧密。另一方面,粮食安全、食品安全,以及低碳转型三管齐下的食品行业高质量发展目标难以兼顾。在数字经济时代的大背景下,以数字化、网络化、智能化为核心的新质生产力契合绿色生产、循环经济的发展目标。因此,新质生产力拥有能够推动食品产业走向低碳、环保的发展道路的能力。如图 3.7

所示，新质生产力通过以技术变革为核心的发展模式能够推动食品行业的低碳转型，平衡各个高质量发展指标的政策目标，以及加强食品产业链中的低碳合作。

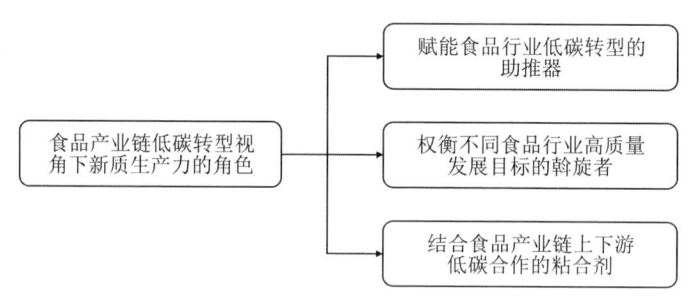

图 3.7 绿色食品产业链与新质生产力的逻辑关系

1. 新质生产力是贯穿食品产业链低碳转型过程的助推器

首先，新质生产力能够通过利用技术革命帮助食品产业链中各环节实现降碳。现代生物技术、信息管理技术、智能制造技术等数智化引擎与绿色低碳发展理念深度融合，不断催生新的生产工艺、新的产品和服务模式，极大提升了食品产业的绿色生产效率和产品产量。新质生产力的应用将贯穿整条食品产业链，实现食品绿色产业链战略构想，打造覆盖农业生产、包装、仓储、运输、末端驿站和消费者等六大环节的全链路碳数字化系统。在上游，建设绿色智能农业，实现源头减碳；在中游，创新资源节约使用和循环利用技术；在下游，研发推出零碳产品，引领低碳消费新风向。农业位于食品产业链的最上游，农业数字化能够通过数字化育种和病虫害治理促进农业生产低碳发展。其次，在食品产业链中游的食品制造与加工中，新质生产力通过数字化管理技术和智能制造技术减少运营和生产过程中的能源消耗，降低企业运行成本。通过数字化的能源管理系统实时监控能耗变动，食品企业可以及时调整生产模式和能源投入。随着信息管理技术的不断更新迭代，数据作为新型生产要素,正在改变着食品产业的生产方式。例如,通过新型生产管理信息系统、仓储管理系统等信息管理技术打造"黑灯"智能化生产线;在大量减少人力、实现生产线 24 小时运转的同时,原材料采购、生产数据可自动上传至云端;通过生产操作自动化、工艺标准化、过程信息化、分析决策数据化等一系列智能生产新方式,新质生产力能够使食品企业实现可持续发展的愿景。最后,新质生产力的发展可以帮助食品产业在食品产业下游零售端实现低碳发展。实时监控、资产跟踪与供应链可见性能够助力食品产业在中游食品加工和储存和下游食品消费侧实现低碳发展。一方面,实时监控技术能够扶持中国碳标签政策的发展。目前,中国的食品产品碳标签还处于萌芽阶段,未来的大规模推广极具挑战性。通过物联网和实时监控技术,智能制造能够实现食品产品从原粮到半成品到成品,以及成品到渠道与经销商到门店、到最终消费者购买的全链路商品用能追溯,为能效标识提供新的可能性。另一方面,新质生产力所带来的智能制造风潮将会彻底改变食品产业下游零售的业态。食品零售商在未来将扮演数据平台、食品技术风向标、协调者的角色。通过大数据演算为食品消费者提供个性化服务,新质生产力的赋能将加快食品零售商去中心化的全新模式。食品零售商能够通过结合自身信息、产品信息,以及客户信息,借助数字孪生技术进行仿真模拟,将消费者的食品偏好数据作为生产要素,精确定位消费者对于低碳和绿色食品的需求。通过实时模拟未来状态,实现资源配置高度优化。减少零售过程中的资源浪费。因此,食品零售商可以成为个性化服务提供者。运用对客户的了解,从众多供应商中为其搭配食物篮。通过线上线下渠道切实经营市场,零售商能够选择将切实可行的可持续发展目标作为竞争优势。随着食品产业数字化的程度进一步提升,农副食品水培技术和食品 3D 打印和食物再水合技术等数字化技术的落地将会使得食品零售去中心化成为可能。未来,餐饮业和食品零售的其中大部分生产过程会转移至客户家庭中或超本地化的共享生产设备。食品零售商的角色将会从成品运输者和销售者转变为直接送原材料上门者,进一步提升能源和环境效益。

2. 新质生产力是平衡中国食品行业高质量发展不同目标的斡旋者

通过缓解中国粮食安全、食品安全和低碳发展目标之间存在的矛盾,新质生产力是食品行业低碳转型道路上的斡旋者。中国食品产业高质量发展的主要矛盾在于食品增产和绿色低碳发展的约束。一方面,保障粮食安全需要中国农食系统提高产量,尤其是农副食品和大量依赖进口的大豆、禽肉类、奶制品和油料。另一方面,绿色食品生产对于生产条件的要求更苛刻,对于增产的肥料等化学品用量限制更多。同时,低碳食品战略需要通过农业土地的利用、变化和治理以减少温室气体排放。食品产业在发展和脱碳的权衡将延缓高质量农业的发展。新质生产力的大力发展能够在提高粮食产量的同时降低生产过程中的排放。农业生产活动中新质生产力的介入可以在提高单位耕地产量的同时降低对环境影响。

3. 新质生产力是绿色转型背景下食品产业链上下游的黏合剂

目前,中国食品行业由小农户和中小企业为主的产业一体化程度较低,产业上、中、下游交流欠缺,信息共享能力弱,导致在生产、采购、运输、仓储、消费环节存在不同程度的能源浪费。数字化和智能化技术能够通过数据共享、产业链数字化,以及实时监控技术打通上中下游间的信息壁垒。一方面,物联网技术有助于优化供应链物流,减少运输相关废物和碳排放,确保有效处理易腐货物,尽可能减少变质和浪费。另一方面，数据共享能够加强农户、食品制造与加工、交通运输和零售环节的合作。

3.5.2 中国食品产业链环境影响现状

1. 中国食品产业链运行状况

食品产业是保障社会安全运行的重要民生行业，食品工业同时也是国家内部战略意义较强的产业，直接关系到国家经济命脉与所有消费者的基本生活要求。根据国家统计局的数据，到2022年，中国食品行业规模以上企业已达到36000家，渠道商的数量达到了100多万家，食品零售终端商超过500多万家，食品产业相关的从业者约有3000万人。中国食品行业销售产值约占工业销售总额的10.4%，近20年的食品行业销售额从1080亿美元增长到9880亿美元，年均增长率为53.5%[28]。

2. 中国食品产业链环境影响

中国食品生产和消费导致的碳排放也呈现快速增加的趋势。如图3.8所示，食品产业链的能源消耗由2000年的8151万吨标准煤增加至2021年的1.78亿吨标准煤。尽管食品制造业不被视为传统的能源密集型产业，但无论从量级还是强度来看，中国食品制造业的二氧化碳排放量仍然很高。从碳强度来看，食品行业的碳强度高于建筑业和金属制品业等2/3以上的制造业。在食品产业链中，以农业生产、食品制造、食品运输、食品浪费为主的食品系统制造了全球人为温室气体排放总量的19%～29%[29]。其中，农业生产在全球范围内占据了47%～61%的排放量，其余来自生产前（主要是化肥制造）和加工、包装、冷藏、运输等生产后活动、零售、餐饮、家庭食品管理和废物处理（堆肥）。食品产业作为关键的稳定民生的行业,在中国的快速增长对于温室气体排放的影响巨大。从中国的视角分析,随着人口增加以及工业化进展的加速,中国的食品行业碳排放逐年增加。目前,食品消费侧对于气候变化的影响逐渐凸显。消费者处于食品供应链的末端,主要通过食品浪费所产生的二氧化碳排放影响气候变化。

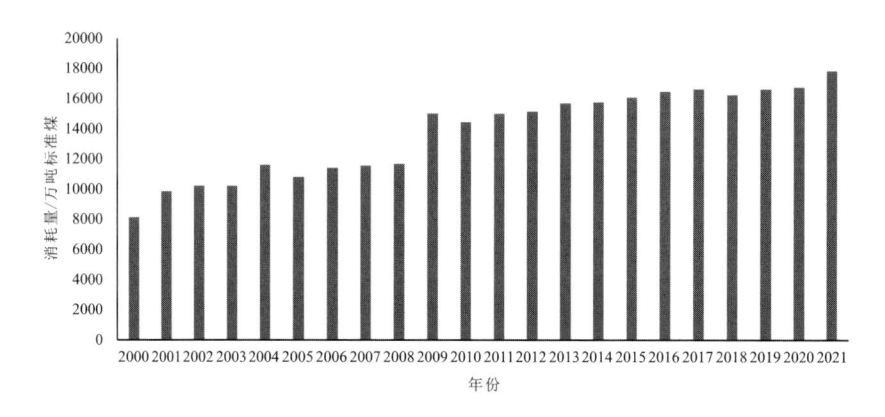

图 3.8　2000—2021 年中国食品产业链能源消耗情况一览表

数据来源:中国能源统计年鉴

3. 中国食品产业链低碳转型政策梳理

中国食品行业的绿色低碳高质量发展要求依托于五大政策的提出。首先,2020 年 5 月,中国正式推出《中华人民共和国反食品浪费法》,开创了个人层面食品消费和环境保护的法律规范先河。接着,2021 年中国政府确定了碳中和、碳达峰的"双碳"目标。农食系统需要积极响应政府的低碳转型号召,对产业链上下游进行深度脱碳。其次党中央提出了大食物观的概念。树立大食物观要求从需求侧出发拓宽供给侧食品供应渠道,丰富消费者的膳食结构。随着 2022 年发改委颁布引发的《促进绿色消费实施方案》推出,中国食品饮料龙头企业已经开始主动响应政府的号召在企业内部对生产链的碳中和并在低碳产品上印有碳标签的标识。最后,2024年3月,中国在政府工作报告中提出各行业需要大力推进现代化产业体系建设,加快发展新质生产力,这强调了新质生产力作为驱动力的产业发展为中国食品高质量发展提供的新机遇。食品产业链低碳转型的相关政策总结如表3.2所示。

表3.2 食品产业链低碳转型相关政策

政策名称	时间	内容
中华人民共和国反食品浪费法	2020年5月	防止食品浪费、保障中国粮食安全
碳中和、碳达峰目标	2020年9月	食品产业推进产业结构、能源结构调整。经济发展和绿色转型并行
促进绿色消费实施方案	2022年1月	提升消费者低碳消费意识,遏制奢侈消费和过度消费
大食物观	2022年3月	全方位多途径地开发食物资源、从消费侧入手推动农业供给侧改革
加快发展新质生产力	2024年3月	通过高科技、高效能、高质量的生产力推动食品产业链低碳转型

3.5.3 新质生产力视角下中国食品产业低碳转型的挑战

中国食品产业链中以中小企业、小农户居多的特征增加了新质生产力应用的难度。中国的食品行业以中小型企业和小农户为主,这些企业缺乏动力,且资金向食品产业的其他环节延伸。目前,中国超过98%的农业经营主体为小农户,而这些小农户的耕地面积占到了全国总耕地面积的70%。一方面,由于小农模式不利于大规模的生产和机械化工具的介入,导致化肥使用过量和耕种方式能源效率偏低。另一方面,由于食品产业链整体环节过长,很少有食品企业能够实现贯穿整条产业链的布局。中游的食品加工商通常面对多个上游农业养殖、种植、捕捞的供货商,下游的食品零售商和餐厅则面对着不稳定的原材料供应链,导致单个的食品企业难以实现脱碳。如果食品产业链内部结构过于零散,产业一体化水平低,未来新质生产力大规模布局的难度势必很大。

食品产业低碳转型与保障粮食安全和食品安全的高质量发展目标冲突,亟须新质生产力破局。农业生产机会成本的上升和农村人口涌入城市的现象造成了耕地流失。中国食品自给率由2013年的超过100%下降到了2023年的76%[31]。粮食安全成为中国面临的巨大挑战。保障粮食安全和绿色低碳发展的目标在实现路径上口径一致,但在生产过程中则存在冲突。如何平衡粮食安全和低碳农业发展成为巨大的难题。一方面,保障粮食安全和农业低碳发展都需要在需求侧减少浪费并在生产侧提高农业全要素生产力。另一方面,低碳农业和绿色食品生产流程对于土壤质量和气候的要求更高,同时对于化肥和农药的使用有着更严苛的规定。化学品的使用限制和对于土地高质量的要求将会影响农业产量影响,进而威胁中国的粮食安全。未来,中国食品行业如何在增产和绿色发展中权衡就成为决定食品行业是否能高质量发展的重中之重。

食品产业低碳生产和绿色消费的脱钩趋势锁定新质生产力发挥空间。一方面,目前中国低碳食品的政策约束主要聚焦于生产侧,而对于消费侧没有硬性规定。由于中国消费者尚未形成系统的绿色食品认知和消费习惯,没有对低碳食品支付额外费用的意愿,在缺少补贴的情景下,绿色产品因为生产、认证、运输阶段的成本高于同质的非绿色产品而产生更高的成本将很难生存。另一方面,中国消费者正在往动物性膳食结构偏好发展。中国居民膳食结构的谷物消费量在过去20年不断减少,但是在排放较高的畜禽肉、蛋和水产品的消费比20年前翻了几倍。截至目前,中国的膳食结构仍然在全球对比之下属于低碳饮食结构。但是随着未来中国的城市化和人均可支配收入的进一步提升,消费者持续偏好动物性的膳食结构将会对中国的粮食安全和温室气体排放提出新的挑战。由于中国消费者已经习惯于谷物和肉类的消费,如何让居民接受更加环保低碳的植物肉和人造肉成为未来中国在需求侧需要解决的挑战。因此,片面地让新质生产力单方面在食品生产侧发挥作用,而消费侧没有转型意愿,最终会造成食品企业亏损和低碳食物产品滞销的局面。

食品浪费造成大量能源消耗,新质生产力的发展或将遭遇消费端的反弹效应。食品损失可以主要分成消费端的食物浪费和在上游生产、运输、加工时的食品损耗。据《2023中国食物与营养发展报告》估计,中国大约有22.7%的食品被浪费。食品的损耗和浪费主要来源于生产及之后的环节,其中消费端的食品浪费占到了9.4%[32]。消费侧的食品浪费大多数时候是隐性浪费,消费者在浪费的过程中并没有意识到自己的行为对于环境的影响。这一方面源于对健康饮食理念和教育的缺失,另一方面来自于消费者自身消费的习惯、饮食偏好,以及所处的消费环境。新质生产力在提高食品生产阶段能效的同时将会降低食品制造成本,进而导致需求增加。未来如果没有合理的消费侧食品管理,食品浪费比重的增加将会进一步带来更严重的环境影响。

传统食品制造与加工业工艺复杂,不利于新质生产力介入食品行业低碳转型。食品制造业在研发设计、供应链采购、加工制造,以及企业管理阶段的低碳化转型困难。由于食品加工与制造的边际利润较低,且食品生产工艺较为复杂,食品制造与加工企业通常没有意愿采取绿色数字化改造。首先,在食品的研发设计阶段,随着消费者的偏好不断变化,食品产品通常面临着品种的不断变化和市场的不确定性。因此,许多食品工业企业不愿意搭载新质生产力相关技术。其次,食品制造与加工在生产中由于客观物理条件,很难搭载新型的数字化设备,如发酵、腌制、烹饪等食品制造过程中新型的能耗实时监测等数字化技术就很难应用。此外,由于上游供应链错综复杂,下游的食品零售合作方不稳定,食品制造与加工企业在结合上下游信息上缺少效率。食品工业企业在加工制造时能源效率较低,产品生产线自动化水平低,单条产品生产线通常只能为一种食品所用。因此,新质生产力相关技术的发展在需求侧,尤其在中小型或生产线单一的食品制造企业中可能缺乏使用意愿。与此同时,新质生产力相关数字技术在供给侧通常不能直接适用于食品制造与加工工业。未来如果不能降低数字化、智能化产品的使用成本,提高相关技术的适配程度,相关技术将很难介入食品生产过程中。

3.5.4　中国绿色食品产业链转型升级的政策建议

1. 借助新质生产力缓解粮食安全和低碳发展矛盾

以新质生产力为契机,通过数字化、智能化、信息化驱动的新型食品产业缓解粮食安全和低碳转型的矛盾关系。一方面,数字化和智能制造能够通过数字化育种、智能农业管理和精准农业等技术帮助食品产业在增产的同时降低能源消费。数字化育种通过激光雷达、光谱摄影机等传感器能够将农作物的状态数据实时上传,为培育人员筛选农作物提高工作效率,节省能源消耗。另一方面,数字化农业管理能够通过人工智能中的图像识别功能捕捉记录田地中害虫的影响并自动诱捕,降低农药和化肥的使用,保证农作物的健康,在提升单位面积产量的同时减少化学品对于环境的伤害。精准农业能通过遥感技术、全球定位系统，以及地理信息系统等数字化技术的结合精确定位农作物，最大化耕种土地中的能源资源投入，提高单位面积内耕地的收成。具体来说，精准农业等新型生物技术能够有效提高农药使用的安全性和有效性，降低作物的杀虫剂用量，降低农民耕作频率，减少温室气体排放，保持和提高土地利用率，同时还能在田间和收获后减少作物损失。

2. 利用新质生产力技术助力食品产业链深度脱碳

数字化、智能化技术能够提高食品产业链碳核算精确度，构建新型农业经济模式，以及优化食品制造企业能源管理。首先，数字化中的物联网技术能够通过远程监控将食品工业各个生产环节的能源消耗和能源效率直观地展现给企业。这一技术使管理层能够做出更准确的实时自动化决策，进而降低整体工厂运行期间的能源消耗。其次，数字化能够帮助建立食品全产业链上的碳核算体系。相较于其他产业而言，食品行业因为其过长的产业链在核算产品的碳排放上更加困难。数字化能够通过云计算、人工智能等技术更精确地追踪、储存、传递、计算产品的碳排放数据。中国食品行业需要建立具有中国属性的碳足迹核算系统，为应对国际贸易壁垒打下坚实的基础。在未来全球范围内开展碳边境调节税的大背景下，中国食品产品在国际贸易中获得话语权的方式之一就是掌握碳核算标准。食品低碳认证体系建立的难点在于如何准确和全面地核算食品产品的碳足迹，这就要求中国确立一套一般性的碳核算原则。一般性的碳核算准则包括食品系统碳排放边界界定、信息披露方式选择，以及碳抵消技术评估。一方面，由于各个国家的发展进程不同，生产技术和环境效率也不同，导致在食品生产过程中使用国际通用的碳排放因子数据库会造成偏差。相较于大多数发达国家，中国的农业环境效率较低，而食品加工行业则具有更高的成熟度。另一方面，中国幅员辽阔且不同区域的自然资源禀赋迥异，国内不同区域间的发展水平差异导致的食品生产环境效益也有很大的区别。因此，中国需要建立一个分区域、分种类的碳标签基础数据库，且根据每个地区的农业生产、食品加工和交通运输所需的能耗等不同情况区分核算碳排放[30]。

3. 实施补贴政策促进食品产业链内部协同分工提高能源效率

政府应鼓励中小型食品企业在产业链中进行业务的低碳延伸。对中小型食品制造企业和小农户进行绿色产业链延伸的补贴能够通过降低成本来帮助企业降低生产运行过程中的能源消耗。中小食品企业和小农户因为资金的限制和产业链中的壁垒无法形成规模化的生产，因此在产品降碳的过程中缺少话语权。通过政府的补贴提高食品企业和小农户的延伸业务的意愿后，食品企业在食品价值链中涉足的业务越多，其越有能力和动力在一体化的生产、加工、售卖过程中降低能源消耗。此外，政府补贴也能够进一步激发上游和中游的食品生产者向下游进行业务探索的意愿。上游和中游的农业生产者和食品制造业可以发挥原材料的成本价格优势向下游的食品加工和食品零售迈进。

4. 提升消费者绿色低碳食品消费意愿，调节居民膳食结构

通过食品碳标签体系的完善、低碳消费教育的提升，以及法律法规的规范化在需求侧培养消费者购买低碳食品的习惯，有效提升消费者的绿色消费意愿。首先，食品碳标签作为消费者和生产者之间低碳沟通的桥梁，一方面能够帮助企业通过树立气候友好的形象吸引消费者，另一方面能够改变消费者食品选择架构来促进民众的低碳消费意识。目前中国缺乏支持食品碳标签发展的相关法规，并且尚未形成体系化和本土化的食品产品碳核算标准。同时,消费者对于食品碳标签的了解和认可度低,且成本较高的碳标签产品难以和同质产品竞争。未来,中国需要引导消费者了解并认同碳标签,促进食品行业消费侧低碳转型。此外,政府、第三方机构以及食品企业需要寻求新的合作模式和责任分工来进一步地扩大碳标签食品的市场规模。其次,通过加强低碳消费教育,向消费者传达消费绿色食品的重要性和价值,可以在很大程度上促使他们改变购买习惯,更倾向于选择环保和可持续的食物产品。低碳消费教育的提升可以通过多种途径实现。第一,学校和教育机构可以将绿色食品的概念和可持续发展的理念纳入课程中,培养学生对于绿色食品消费的认知和责任感。第二,政府和非营利组织可以开展广泛的宣传活动和社区教育活动,向公众传递绿色食品相关的知识和购买时的技巧。第三,随着人们越来越关注企业的环境、社会和公司治理(ESG)表现,企业也可以通过能效标识和宣传活动,向消费者展示他们产品的环保性特色。

3.6 家用电器能效

家电产业发展新质生产力以科技创新为前提,发挥数字要素作用,加强全产业链的绿色智能程度,有助于提升家用电器的能效水平,促进居民家庭实现节能减排。当前正值家用电器更新换代的契机,在加快形成新质生产力的背景下,家用电器的能效提升具有多重意义。一是家用电器为新质生产力的科技创新提供了试验机会,中国庞大的消费市场能够促进科技创新的推广应用,并通过市场反哺科技创新所需的初始资金。二是绿色、高端、智能的家用电器符合新质生产力的本质,借助新质生产力对家电产业的赋能，更新换代后的家用电器能够在居民生活的节能减排中发挥更大作用。三是新质生产力将数字要素融入家电全产业链中，能够提高全过程的能效管理水平，缓解责任不明晰和监管不明确等问题。

在此背景下，本节立足于家电产业发展新质生产力的要求，首先明确新质生产力与家用电器能效提升之间的关系，然后梳理新质生产力在制造、使用、监管、国际合作等方面促进家用电器能效提升的现状。然而，家电产业在智能制造方面缺少统一标准，能效管理的机制设计不足，消费者实际使用过程不符合预期，这些问题都制约着新质生产力的发挥。因此，本节针对当前存在的挑战和问题，在家电产业发展新质生产力的机遇下，提出家用电器能效提升的政策建议，以期为家电更新换代和居民节能减排提供参考。

3.6.1 新质生产力是家用电器能效提升的关键所在

随着中国政府的积极引导和消费需求的不断增长，家电产业正迎来一轮更新换代的浪潮。在此背景下，发展新质生产力成为促进家电产业发展的关键所在。图3.9展示了新质生产力如何赋能家电产业，促进家电能效提升。新质生产力的引入不仅是顺应家电更新换代的趋势，更是为了推动绿色智能家电的普及，满足消费者对高效、低碳、绿色生活方式的需求。

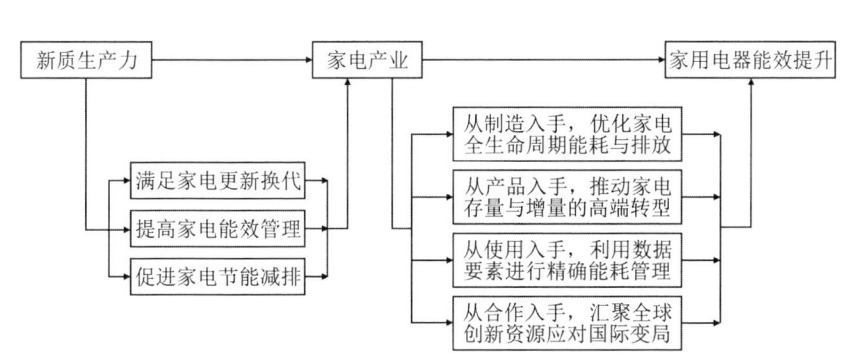

图3.9 提升家用电器能效与新质生产力的逻辑关系

1. 发展新质生产力是顺应家电更新换代趋势的必然选择

2024年是商务部确定的"消费促进年",政府积极引导国内消费,鼓励智能家电下乡[①]。2024年3月,国务院发布文件提出要提振消费,推行以旧换新行动[②]。当前距离上一轮家电下乡已余十年,正处于家电换新的时间。政府提出以旧换新的补贴政策,能够将更加智能、绿色、高效的家电产品推向消费端。各地政府纷纷制定配套政策,在推进以旧换新工作时,把科技创新、能源消耗、碳排放量等作为衡量标准,带动家电消费的绿色转型。在绿色消费和智能消费的推动下,家用电器的更新换代面临很大需求,只有发展新质生产力才能够满足家电的智能和绿色要求。

2. 发展新质生产力是提高家电能效管理水平的实践要求

家用电器的能源效率提升,不仅需要反映在最终产品上,更需要反映在全产业链上的绿色转型。新质生产力可以赋能到家用电器生产、销售、使用、回收、监管等全链条,推动家电产品形成绿色循环的体系。

---

① 人民日报.激发有潜能的消费 加快培育外贸新动能[EB/OL].(2023-12-29)[2024-03-31],https://www.gov.cn/zhengce/202312/content_6923180.htm.

② 国务院.国务院关于印发《推动大规模设备更新和消费品以旧换新行动方案》的通知[EB/OL].(2024-03-13)[2024-03-31],https://www.gov.cn/zhengce/content/202403/content_6939232.htm.

数字技术可以加强产业链协同效率,促进家电产业上下游的协同减排,完善碳足迹的链条,建立更加可靠高效绿色可持续的供应链体系。例如,新质生产力可以运用在家电回收和循环利用方面,使家用电器得到更好的拆解,提高回收过程的规范和精细程度,从而减少电子垃圾,实现材料的循环使用,提高全过程的资源利用率,进而提高碳减排的能力。

3. 发展新质生产力是促进居民节能减排目标的重要举措

家用电器是居民能源消耗中的第二大来源,气候变化造成的酷暑严寒天气正不断增加居民的家电用能需求,节能减排在家用电器领域显得尤为重要[33]。国家统计局统计数据显示,2023年全国家用电冰箱、空调、洗衣机产量同比增长均超过10%,家用电器在能源消耗中所占比重日益增加。尽管能效标识在市场准入中起到了一定的作用,但其对高能效产品的激励机制不足,以及在租赁住房中的委托代理问题,都影响了能效标识的有效执行。在这一背景下,通过新质生产力提升家电的能效,加强家用电器用能的可追溯性,以智能手段建立家庭内部的物联网,精细调控家电使用过程中的能源消耗,提升居民使用家电的体验感,成为实现可持续发展和达到"双碳"目标的重要途径。

3.6.2 新质生产力促进居民家用电器能效提升的现状

1. 从制造入手,新质生产力优化家电全生命周期的能耗与排放

由于居民的差异化和分散化,中国首先从家用电器的制造和销售方面开展能效管理[34]。根据规定,产品的生产商或进口商是使用能源效率标识的责任人。截至2024年初,中国的能源效率强制性国家标准已发布16批目录,产品种类达到44种,包含空调、热水器、空气净化器、电磁炉等多种用能产品。新质生产力能够赋能家用电器的制造过程,优化产品的生产过程,减少家电生命周期的能源消耗和碳排放,促进家电制造的产业升级转型。数字要素正深入融合到家电的制造过程中,家电制造企业可以通过建设智慧工厂,完善先进制造能力。新质生产力鼓励科技创新,使用最新的技术,设计生产更具可持续性的家电产品,淘汰高温室效应的家电。高素质劳动者和数据信息要素逐步发挥更大作用,实现家电产业的转型升级,促进新的家电产品和生态形成。

家电产业为新质生产力提供了实践的场所。中国庞大的消费市场为新技术提供了足够广阔的试验场。技术可以在家电产品上进行应用和验证,在经过大规模的试验后,技术能够更加完善。在传统家电产业基础上,新质生产力的应用将综合使用人工智能、大数据、云计算等多种新技术,家电产品的升级换代也成为新质生产力进入居民生活的关键渠道。家电行业在新产品、新模式、新体系等多方面进行布局,为新质生产力的发展提供支撑。

2. 从产品入手,新质生产力推动家电存量与增量的高端化转型

中国作为最大的发展中国家,在居民的供电方面取得显著成效,实现了电力的普及和覆盖。目前居民的终端用能已呈现出明显的电气化趋势,特别是受气候变化影响,近年来家用空调的需求不断上升。如图3.10所示,2023年,居民生活用电在全社会电力消费中的占比增长到14.7%,而美国这一比例约为36.4%。相较于美国等发达国家,中国居民用电量仍有较大的增长空间,可持续发展要求下,居民部门节能重要性日益攀升。家用电器在居民能源消耗中约占1/3,是第二大消耗来源,家电节能是居民践行低碳行动的重要途径。

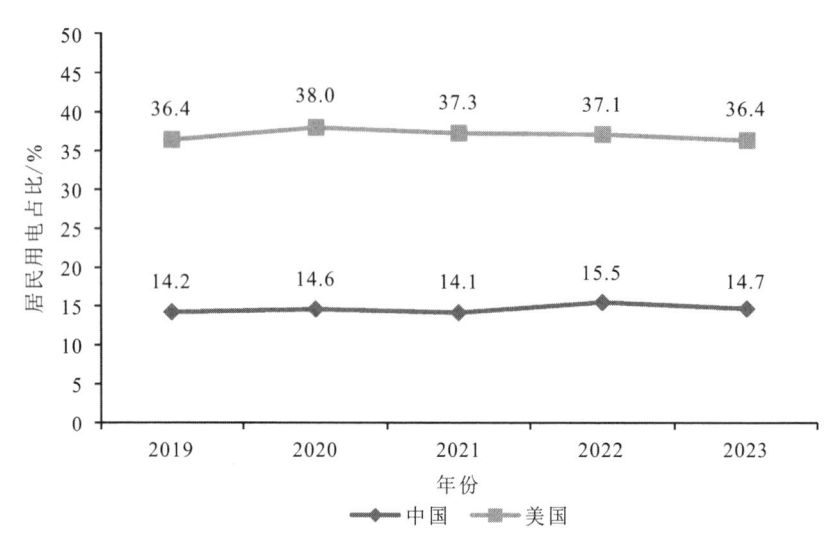

图 3.10　中国与美国居民生活用电在全社会用电量中的占比

数据来源：中国用电量数据来源为国家能源局，美国用电量数据来源为 CEIC 数据库。

新质生产力加持下的家电产品有助于居民打造舒适健康又绿色低碳的生活，从多方面提升了用户的体验。当前房地产市场增速放缓，加之国内消费驱动力不足，家电市场寻求规模化扩张存在困难。家电市场正经历着从追求增量到做好存量的转变过程，这已经成为当前市场的共识。家电行业的转型发展，需要用新质生产力来取代传统生产力。家用电器的高端化、智能化，正是做好存量的必要出路，例如海尔集团旗下的高端品牌"卡萨帝"。通过科技创新，不断提升家电产品的高端属性和智能水平，销售的产品不仅单价高回报大，而且占据了最大的市场份额，并保持高增长率。

3. 从使用入手，新质生产力利用数据要素进行精确的能耗管理

在"碳达峰"和"碳中和"目标提出后，政府、媒体和公众对节能减排的关注度显著提升，这些议题成为年度热门话题。随着对节能减排的认识不断提高，居民对绿色家电的需求日益强烈[35]。2023年中国政府提出了居民的绿色智能家电下乡，将绿色智能家电的市场扩大化。而且此时距离2008年实施的"家电下乡"政策已有15年，正好符合农村地区家电更新换代的需求，农村地区购置家电的潜力巨大。此时，智能化家电的需求也在不断提高。在百度指数的品牌指数排行中，小米、华为等提供智能家居电器的企业排名已经超越美的、海尔、格力等传统的家电企业，预示着家电市场未来绿色智能的发展方向。

新质生产力将数据作为一项重要的生产要素，家用电器可以通过大数据来分析用户的使用场景和偏好，在保证消费者效用的前提下调整到更节能的工作状态。新质生产力赋能家电行业，将前沿科技推广到消费者生活中，既实现了节能目标，又不以降低生活质量为代价，满足了人民对美好生活的需求。一方面，家电的操控更加便捷，用户可以通过语音、手势、按键等多种指令控制家电运行，并可以通过设定场景使家电自动触发运转。另一方面，家电在使用过程中能源消耗更低。人工智能的加成，可以实现家庭内部多空间、多电器的智慧互联，让数据成为驱动家电使用的一项重要因素，达到整体的最佳节能效果。

4. 从合作入手，新质生产力汇聚全球创新资源并应对国际变局

中国的家电产业是传统优势产业，生产规模为全世界最大，占比达到全球产量的一半以上。在走出国门的过程中，中国家电产业需要应对国际上日益严格的节能标准，这对家电产业的能效管理提出了更高的要求。新质生产力拓宽了创新的协同空间，全球创新资源都能够更加便捷地汇聚到一起。未来中国家用电器要走向世界，家电企业就必须要具有全球化视野，把握全球技术前沿，整合全球先进技术，获取最新的技术知识和研究成果，加快产品的创新升级，提高对国际变局的适应能力。

家电产业的新质生产力要求加强全球合作，满足市场多样化需求。新质生产力能够将标准化生产拓宽到定制化生产，满足不同国家用户的要求和习惯，创造新的成长空间，扩大市场范围。家电企业走向世界，在消费地建立研发中心，深度挖掘环境特点和消费者行为偏好，从而提供符合不同地区需求、更加舒适节能的产品。此外，在全球化市场中，家电企业能够通过国际合作发挥各自的比较优势，基于各国需求和偏好，进行交互设计、配件升级、整体制造等多类别全球资源的整合，从而获取优质的原材料和零配件，提高产品的整体性能，在全球市场上巩固竞争优势。

3.6.3 新质生产力视角下家用电器能效提升面临的挑战

（1）家电产业的智能制造缺少统一标准，不利于发挥新质生产力所需的重大科技创新。当前智能制造的标准不完善，在产业链的不同企业之间标准不统一，导致关键创新能力不足，涌现出堆砌形式的创新。很多企业在外观和非关键功能上创新，反而背离了家电产品的本质，例如空调的创新没有提高制冷、制热效果，冰箱的创新没有提高食物保鲜功能，等等。新质生产力视角下，创新应当使产品更有实效，更加节能。由于消费者对人工智能了解有限，个别厂商使用极低成本的芯片，就以人工智能为噱头来吸引用户。部分厂商盲目叠加智能交互，安装一些不常用的功能，在外观的设计方面下功夫，但是忽略了家电产品的本质属性。此外，家电企业在高端软件和设备方面还存在短板，自主化程度低。这就导致家电产品出现核心问题后，在售后和维修上有困难，如智能家电芯片集成度高，出现问题时只能够返厂进行更换维修。另一方面，中小企业在面临转型时，研发能力差，缺少高素质科技人员。特别是当前普通劳动力正逐步被机械化所取代,专业技术型人才稀缺,导致中小企业较难适应生产所需的人才结构的调整。

(2)居民电费的支付有时存在委托代理问题,新质生产力的价格传导机制不清晰。在租赁住房中,居民家用电器的购买方和电费支付者不同,一般由房东出资购买空调、热水器、冰箱等耗电家电,但电费由租客承担。因此,就用电而言,租客是委托人承担用电的成本,而房东是代理人,进行电费的缴纳。在这种情况下,房东为了节省成本可能会倾向于购买便宜但耗能高的电器。此外,部分房东还会在电费上加价,例如当地电价为 0.6 元/度电,房东可能收取 1 元/度电,从而从电费收入中获得隐形收益。这更加促使房东购买价格便宜但能效较差的产品。特别是在大城市,租房人群比例较高,如果租房时不能体现阶梯电价制度,就不能对居民起到节约用电的引导。由于阶梯电价的边际成本递增特征不能够体现,租房群体的用电量通常也会高于自住房群体。

(3)能效标识仅作为市场准入的基准,新质生产力在高能效产品方面缺少激励。虽然市场上销售的产品要求必须标注能效标识,但是市场上仍同时存在高能效和大量低能效产品。例如,当前最新的家用空调的能效标准设定了 5 级标识,其中 3 级为市场平均水平,1 级为先进水平。然而当前市场上还存在有大量能效等级为 4 级和 5 级的产品在售卖。以家用空调为例,按照一个月使用 150 小时来计算,1 级能效的空调比 5 级能效的空调约节省 100 度电。就售价而言,相同品牌相同匹数的空调,1 级能效的空调比 5 级的贵 1 千元左右。所以厂商可能会在经营时选择成本更低的产品来进行低价销售的策略,而忽略了其能耗影响。此外,现在的能效标识只是划定了一个准入范围,并没有对生产 1 级和 5 级能效的厂商做出区别对待,这就导致当前制造商没有足够的激励来生产低能耗的产品。这反映了能效标识制度在促进新质生产力制造节能产品方面的局限性。

（4）家用电器缺少强制性淘汰机制，新质生产力驱动的以旧换新动力不足。由于市场上并未对家用电器的安全使用年限进行强制规定，当前市场上家电保有量巨大，使用年限长带来了较大的风险。生活居住场所中，有近一半火灾原因是由电器导致，家用电器老化、质量低劣、不规范使用等都是重要原因。超龄家用电器会有使用效果差、耗电量增加、噪音大等多种问题。例如，空调外机常年暴露在室外，有腐蚀生锈等问题，如果不及时检修换新，容易发生安全事故。由于缺少家电报废的强制性标准，企业和消费者都未能对这个安全隐患产生足够的意识。中国家用电器协会提倡的家用空调安全使用年限为10年，但仅为对消费者的引导并没有强制要求。当前家用电器缺少家电产品的追溯和回收管理，家电回收的责任需要更多由企业承担，让企业建立追溯机制。由于缺少以旧换新机制以及产品回收利用渠道，新质生产力在驱动家电更新换代方面的作用受限。

（5）能源标识对使用者的指导作用有限，新质生产力倡导的绿色消费未能有效推广。能效标识具有一定的专业性，居民如果看不懂能效标识上的参数，就不能了解节省用电的多少。家用电器能效标识上的参数不直观、不易理解，就无法突出其节能优势。在中国，人们更习惯于衡量1个月的电费，但是能效标识缺少月耗电量、可节省电量、可节省电费等参数。例如，能源标识如果列出耗电量，并以度电为单位，就会更符合居民的使用习惯。这样居民在购买时就能够对电费和售价差别进行对比，做出更合理的判断。此外，由于各类家用电器的使用频率和工作周期不同，如冰箱、热水器插电使用时间较长，而电视机、空调、电磁炉等使用时间较短,可以对不同的家用电器采用不同的标识方式,按照一个工作周期报告平均能耗情况。

(6)能源效率标识的造假问题屡禁不止,新质生产力发展所需的政策环境有待提高。这种造假不仅误导消费者,还损害了市场的公平竞争。然而,对于这类违规行为的监管和处罚力度却显得不够,未能有效遏制这一现象。部分造假发生在能效测试环节,测试时的能效水平不能代表正常使用的能效水平。原因之一是电器的测试与实际使用场景不同,家电产品可以在测试时使用最低功耗模式,而最低功耗模式在生活场景中使用频率极低。有的厂商甚至采用作弊手段,在智能家电中预置软件,家电通过预置软件来判断是否处于测试状态,在测试状态下便降低运行效果,从而降低能耗。家用电器厂商可能通过多种手段来掩盖正常的能耗,得到不客观的检测能效水平。然而,消费者在正常使用家电时,往往发现比产品标明的能耗更大。目前,能效标识的监管主要由市场监督管理局负责。尽管如此,公开的行政处罚案件却相对较少。以浙江省政府为例,其官方网站上只公开了自2018年以来的19项关于能效标识违规的行政处罚案件,处罚金额为1万到5万不等。这一数字与实际存在的违规情况相比可能只是冰山一角。这种监管不足和轻微的处罚会导致制造商和销售商对能效标识的造假行为持续存在,势必进一步影响市场秩序和消费者权益。

3.6.4 通过新质生产力完善家用电器能效提升的政策建议

(1)提高家电市场准入门槛,发挥家电企业在新质生产力中的创新主体的作用。根据技术的发展和成本的降低,及时建立严格的能效认证标准,提高准入门槛,限制使用年限。此外,对于生产高能效产品较多的企业,政府可以给予一定的荣誉,并通过各种渠道对其进行宣传,帮助企业获得公众的认可,使生产低能耗家电的企业具有更高的市场价值。同时,鼓励公共单位优先采购该类企业的产品,为节能产品创造更大的市场需求,从而激励更多企业加强对降低能耗技术的研发。还可以在环境、社会和治理(ESG)评分体系中强调家电生产企业能效标准的情况,提高企业的社会责任感和公众声誉。实施针对家电制造企业的税收减免、研发补贴、技术指导等激励措施,推动企业向能效创新发展,实现节能减排的长远目标。

(2)结合绿色智能家电发展趋势,借助新质生产力将智能家电打造为居民碳普惠的重要角色。随着家电的智能化和信息化程度的提高,家电企业有机会实行更为全面和精细的碳标签管理,提高消费者对碳足迹的认识。利用当前绿色智能电器的发展趋势,家电企业应该加强家电产品的全生命周期管理,从购买、运输、使用、回收等方面给予消费者反馈,让消费者能够更加积极地关注和参与环境保护中来。例如蚂蚁森林,通过引导居民绿色消费、积攒能量并兑换为实际的植树,有效地提高了公众对环保的认识和参与度。家电企业可以借鉴这种模式,邀请消费者和企业一同参与到实际的保护环境活动中,如可以设立积分奖励机制,鼓励居民践行低碳节能的行为。

(3)加强能源效率标识的教育和宣传,推广新质生产力倡导的绿色消费文化。现有研究说明大多数居民对电费感知不明显,特别是对用电量的感受不明显。因此,可以在宣传能源效率标识的时候,向居民清晰地说明使用低能耗电器可以节约多少电力和电费,让居民有更直观的感受。通过对比使用低能耗电器和高能耗电器在相同使用环境下的电力消耗,使居民能够切实感受到节能产品的优势。此外,还可以结合智能互联的手段,将家用电器的节能效果更加形象化。例如,可以根据居民的不同喜好和习惯,通过手机、电视、电脑等方式将实时能耗数据和节约电量反馈给居民,增强居民节约用电的获得感。

(4)加大能源效率标识法规力度,提供适合新质生产力发展的制度环境。完善现有的法律法规,包括产品检测、标识备案、市场监管等环节,同时加大对违规行为的处罚力度。通过更为严格的规定,确保市场上家电产品达到相应的能效标准,避免假冒能效标识的泛滥。此外,相关部门需要及时公开行政处罚的信息,这有助于增强家电市场的透明度,培养公众对能效产品的关注意识。通过公布违规企业和违规产品的信息,既可以震慑违规企业,也可以帮助消费者做出理性的购买决策。信息的公开透明可以有助于构建更加公平健康的家电市场,杜绝劣币淘汰良币的现象发生。

(5)鼓励多方参与能效标识标准的制定与测试,平衡新质生产力发展涉及的多方利益。当前的能效标识管理主要是由生产企业和检测机构参与制定的,不能体现消费者的权益。为了更好地平衡生产者和消费者的利益,更好地满足节能环保的需要,可以鼓励消费者和环保组织加入到能效标准制定委员会中。消费者是家用电器的最终使用者,可以提出对能效的期望,提供能耗、价格、性能等方面的要求,使标准更符合实际使用需求。环保组织具有更专业的环保知识,以及更强烈的环保意识,因此环保组织的参与可以提供有关可持续发展方面的专业意见,促进能源的有效利用,减少碳排放。通过制定更加符合实际的标准,可以倒逼家电企业提高产品的能源效率水平。此外,在能效检测时,检测部门可以使测试场景更加符合生活日常场景,完善测试方法,提高能效测试的代表性。

(6)规避隐私泄露的风险,保障新质生产力在赋能家电产业过程中的信息安全。新质生产力带动智能化发展,将数据作为关键要素,然而信息安全问题还未得到足够重视。人们使用高科技、高质量的家用生活电器,这符合人们对品质生活的追求,但由于智能家电属于新兴事物,很多人并没有足够的隐私保护意识,从而造成个人隐私的泄露。事实上,人们在享受智能家电带来便利的同时,也生成了生活习惯、支付能力、生物特征等诸多数据信息,这些信息如果被贩卖或者盗用,极有可能对本人和亲朋造成名誉和财产损失。近年来生物信息被盗用进行诈骗的事件时有发生,这需要政府、企业、个人等多方面的共同努力。政府需要严格家用电器在智能化过程中的相关标准,完善家电信息安全的相关制度,构建法律法规的保障体系。家电企业需要严格规范使用相关数字技术,加强云端数据的安全系数,一旦发生侵犯消费者个人隐私的事件,需要及时迅速地采取应对策略,将负面影响降到最低。

3.7 零碳产业集群

2024年两会期间,"新质生产力"无疑成为了热度最高的两会"关键词"。习近平总书记着重强调了"把能源技术及其关联产业培育成带动中国产业升级的新增长点,促进新质生产力发展"这一重要方向。能源问题事关中国经济的稳定发展和国家战略安全,是事关民生国计的大事件,新质生产力概念的提出无疑为中国未来能源产业发展转型指出了明确的方向。当前,中国经济产业发展已经进入了深水区,经济持续健康发展与环境保护以及节能减排的压力相互叠加,经济发展模式改革的需求已经迫在眉睫,怎样推进产业发展与新质能源生产力的发展相互协调配合,实现产业与新质能源生产力的共同升级,从而在新环境、新背景下建立起安全可靠的新质能源生产力供需体系,是一个亟待解决的问题[36]。

当前中国产业发展处于转型升级的关键时期。随着全球经济环境的变化和科技革新的推动,中国的传统产业面临诸多挑战,如产能过剩、环境污染、资源约束等,同时也涌现出了新的机遇与潜力。中国相继提出了加快转变经济发展方式、推动产业升级和结构优化的战略目标,着力发展高技术产业、绿色低碳产业、现代服务业等新兴产业,以提升产业竞争力、促进经济可持续发展[37]。在这一背景下,产业集群建设就显得尤为重要。产业集群是一个国家产业发展的必经阶段,它不仅能够聚集相关产业链上的企业资源,形成规模效应和技术外溢效应,还能够促进产业链的协同发展、创新共享和市场拓展,提高整体产业的竞争力和抗风险能力[38]。通过产业集群建设,可以促进产业升级与转型,推动企业迈向价值链高端,提升中国产业在全球价值链中的地位,助力中国经济实现高质量发展[39]。在这一背景下,如何推动产业集群建设与中国新质生产力的协同发展,实现二者的有机结合,对于产业经济建设和新质生产力发展都具有重要的意义。本节将结合当前国内外先进零碳产业集群的建设经验与中国当前零碳产业集群建设过程中所面临的问题,分析中国未来区域化新质能源生产力的发展前景并提出有针对性的建议,助力中国未来区域化新质能源生产力的实践探索。

3.7.1　零碳产业集群:发展新质区域能源生产力的重要实践场

在当前全球各国共同努力推进碳减排的当下,产业集群减碳已经成为实现更高能源效率和更低碳排放的一种重要的手段。由此衍生出的产业集群零碳排放也成为世界上顶级产业集群竞相追求的目标。零碳产业集群建设是一种区域化新质能源生产力发展的积极探索,它是一个全面致力于最小化碳排放的创新兴产业发展模式。其核心理念是通过整合清洁能源、高效技术、创新能源管理和碳捕集等手段在特定产业集群范围内实现零碳排放或低水平的碳排放,是新质能源生产力概念的真操实练。从本质上来说,零碳产业集群就是一种区域化的新质能源生产力的积极探索,零碳产业集群的建设理念与新质能源生产力的发展理念是一脉相承的,零碳产业集群建设与新质能源生产力的发展理念具有以下几个重要的相似之处:

(1)都主张清洁能源利用:零碳产业集群以清洁能源为主要能源来源,例如太阳能、风能、水能等可再生能源,以及核能等低碳能源,以减少对传统化石燃料的依赖,从而降低碳排放。新质能源生产力注重能源的清洁、低碳和可持续发展。通过推广清洁能源、发展循环经济、提高能源利用效率等方式,可以降低能源消耗和污染排放,推动能源产业向绿色、低碳方向转型。因此,在产业能源生产与供应理念上,两者是相吻合的。

(2)都主张通过技术创新和应用实现能源效率优化:零碳产业集群通过采用先进的能源管理技术和设备,优化能源利用效率,减少能源浪费,提高生产过程中的能源生产率,从而降低单位产品的能源消耗和碳排放。新质能源生产力主张借助大数据、云计算、人工智能等现代信息技术手段,实现能源系统的智能管理和优化。通过对能源生产、传输、消费等各个环节的数据进行实时采集和分析,可以实现对能源系统的精准调控和优化配置,提高能源利用效率。

(3)都主张推进不同产业之间的协同发展:零碳产业集群强调的产

业协同发展是指在集群内不同企业之间以及企业与政府、研究机构等之间的合作与协同,通过资源共享、技术创新、市场拓展等方式实现产业链的优化和协同发展,从而提高集群整体的能效水平,降低能源消耗和碳排放。新质能源生产力强调不同产业之间的融合与协同。通过整合新能源、新材料、智能制造等多个产业领域的优势资源和技术,推动能源产业的创新升级。

图 3.11 展示了零碳产业集群建设实践与新质生产力之间的关系,从能源供需理念、技术创新理念以及产业发展理念三个角度上来讲,零碳产业集群都将成为中国未来区域新质能源生产力发展的重要实践场。鉴于零碳产业集群的减排优势和在节能减排过程中的引领性作用,近年来全球零碳产业集群的发展迎来了爆发式增长。越来越多的国家和地区制定了零碳产业集群政策,并积极推动集群建设。例如三星零碳创新城(Samsung Zero Carbon Innovation City)、马斯克零碳工业集群(Musk Zero Carbon Industrial Park)、阿布扎比碳中和集群(Abu Dhabi Carbon Neutral Zone)以及丹麦碳中和产业集群(Denmark Carbon Neutral Industrial Park)。这些零碳产业集群旨在成为可持续发展的典范,通过创新和技术进步,减少碳排放并推动绿色、低碳和清洁产业的发展。产业集群的环保属性和可持续发展的理念也为这些集群吸引了大量投资。

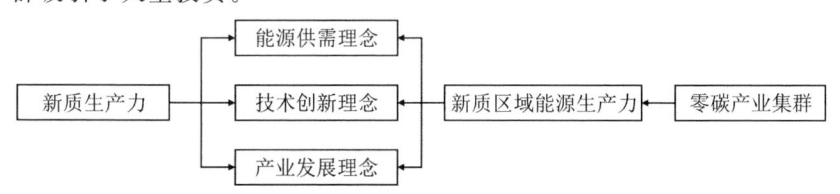

图 3.11 零碳产业集群与新质生产力的逻辑关系

3.7.2 中国零碳产业集群的发展现状

1. 零碳产业集群的定义与内涵

产业集群是指在一个地理区域内,相互关联、相互依赖的相关产业企业集中分布,并形成一种密集的产业群体。这些产业企业可能从事相似或互补的生产活动,彼此之间存在紧密的供应链和产业关系。一般来说,产业集群通常涵盖了原材料供应商、生产制造商、配套服务提供商以及相关的研发机构、培训机构等,这些产业在整个集群中扮演着不同的角色,共同形成了一个互相关联,互相支撑的产业有机体。世界各国的产业发展历史已经证明,产业集群是现代化产业发展壮大的一个必经阶段,在产业的发展进程中扮演了重要的角色。

产业集群也是中国未来产业发展的重要方向和趋势。中国正在经历经济转型,从传统制造业向高技术、高附加值产业转型,产业集群有助于提高产业集中度和竞争力,推动产业结构升级和转型升级,提升区域产业协同性。其次,中国一直积极支持产业集群的发展,通过政策扶持和金融支持等措施,促进高效产业集群的形成和壮大。随着消费升级和科技进步,中国市场对高品质、个性化、创新型产品和服务的需求增加,这也为产业集群提供了发展机遇。此外,产业集群有助于促进区域协同发展,加强地区经济合作,实现优势互补和资源共享,推动各地区经济均衡发展,并在这一过程中促进了企业之间的技术创新和知识共享,提高了企业的创新竞争力和市场竞争力。世界上许多发达国家已经建立起了世界级的产业集群,这些集群在相关产业的技术研发和产业升级的过程中都起到了重要作用。例如,起源于20世纪40年代的美国硅谷(Silicon Valley)产业集群就孕育了包括谷歌、苹果、微软在内的众多世界科技巨头;而20世纪80年代后期以制造业和出口导向型产业为主的中国珠江三角经济区则已经发展成为世界制造业的核心,在全球供应链中扮演着重要角色;类似的还有英国白石城(White City)产业集群、新加坡科兴科学城产业集群等等。这些著名产业集群不仅促进了当地经济产业的繁荣发展,还对全球产业技术创新和经济增长发展产生了深远的影响。

2. 新质生产力发展背景下零碳产业集群的发展优势

零碳产业集群鼓励企业之间的合作创新,推动绿色技术和环保产业的发展,培育低碳产业集群,实现集群经济的可持续发展和社会的共同繁荣。在当前大力发展新质生产力的背景下,相较于传统的产业集群和传统的减排手段,零碳产业集群具有以下几个独有的发展优势:

(1)减排的规模效应。零碳产业集群可以实现"碳减排"的规模效应。多个企业在一个区域内集聚,从而实现清洁能源、基础设施和环保设施的高效共享。这可以将众多公共性环保设施的成本平摊至多个企业,从而降低节能减排的成本,实现更高效的节能减排。

(2)实现系统性减排。零碳产业集群的减排方式具有系统性和整体性,即集群管理者可以将整个集群内的企业视为一个整体系统,并对这一系统的生产模式进行优化,通过合理搭配集群内的产业结构,产业链上不同环节的企业可以实现高效的协同生产,减少运输和资源匹配环节,从而降低相关环节的能源消耗与碳排放。此外,集群系统还可以采用整体性的清洁能源替换、能源管理、碳排放监测等措施全面推动集群碳减排,实现系统性的减排优化。同时,零碳产业集群内企业的协同创新也有助于技术创新和经验分享,共同开发更具创新性和环保性的技术和解决方案,提高整体碳减排效果。

(3)提升集群企业形象。零碳产业集群建设通常会带来较高的社会声誉和企业形象,提升企业的品牌价值。这种企业品牌形象的提升对于发达地区的企业相当具有吸引力。目前许多行业巨头都将实现碳中和视为社会责任的一部分,因为这符合企业可持续发展的原则,展示了企业对社会和环境的关切。此外,政府的政策支持也为零碳产业集群提供了重要推动力,通过税收激励、政策支持等手段鼓励企业积极参与零碳集群的建设。

(4)推动生态建设。零碳产业集群还注重生态系统建设,通过绿色建筑、生态景观设计等方式促进生态平衡,实现对生态环境的更好保护。符合可持续发展原则的零碳产业集群更全面地考虑了社会、经济和环境的平衡,为实现长期的、可持续的发展提供支持。

3.7.3 中国零碳产业集群发展面临的挑战

根据工业和信息化部与国家统计局发布的统计公告显示,中国目前已经建成各类产业集群近2万个,以国家级经济技术开发区和国家级高新区两类核心集群为代表的产业集群GDP总量高达29万亿,占全国GDP总量的25%,产生的碳排放总量约占全国碳排放总量的31%。这些区域化的产业集群是中国当前新质生产力发展的主要实践场,如此庞大的体量和排放规模也使得中国的零碳产业集群建设实践和区域新质能源生产力发展实践具有了重要意义。

中国在近年来也推动了一系列零碳产业集群实践,以推动区域新质能源生产力的发展探索。比较具有代表性的如北京金风科技亦庄智慧集群是国内最早一批开始投建的零碳产业集群,也是国内首个通过可再生能源获得"碳中和"认可的产业集群;此外还有福州闽台蓝色经济产业园、无锡零碳产业科技集群、厦门象屿零碳综合保税区等。在2021—2022年间,中国各地区开始密集出台零碳产业集群的建设文件,各地新的零碳产业集群也如同雨后春笋一般实现爆发式增长,如鄂尔多斯远景零碳产业园,京东"亚洲一号"西安智能产业园、青海省零碳产业集群等等。截至目前,中国已经有51个近零排放产工业集群试点,另外还有6个低碳试点省份和81个低碳试点城市。这些试点充分体现了各地方政府在发展区域化新质生产力方面的努力和尝试。

虽然各地零碳产业集群项目全面开花,但是大多数项目目前都还处于初始规划阶段,并且目前国内的零碳产业集群建设也面临着诸多突出问题:

(1)零碳产业集群"漂绿"行为普遍,导致区域化新质能源生产力有名无实。目前,国内有相当一部分零碳产业集群还无法通过绿色能源替代、碳捕集、提高系统能效等方式来实现真正意义上的"碳中和",而需要通过购买碳汇等间接方式来抵消剩余的碳排放,并且这种碳抵消的份额在很多集群的碳排放中总量中所占的比例并不低。这种行为即所谓的"漂绿",指的就是工业集群或企业可能通过购买碳信用来传递一种环保和实现"碳中和"的假象,而这可能掩盖了集群在生产过程中的实际环保努力不足或缺乏实质性的减排行为(如采用绿色电力,采取自主的碳排放捕集行为来降低碳排放)。在中国零碳产业集群的建设实践中,有相当一部分集群实际上还具有一部分碳排放剩余需要通过购买碳汇来进行抵消,并且集群缺乏真实的环保行动支撑。这就使得这些零碳产业集群项目对区域化新质能源生产力的探索实践变得有名无实。一些地方甚至只是将"零碳产业集群"作为一种噱头或是政绩工程,直接通过购买碳汇的方式来实现产业集群的近零排放。这样的"面子工程"最终会导致产业集群的建设失去其对新质区域能源生产力发展的实践探索作用,并不能够为未来的产业发展提供有价值的实践经验。

目前,欧盟已经新出台了一项《不公平商业行为的指令》,专门取缔了一些存在含糊使用"气候中和"标签的消费产品的抵税,这就意味着很多中国企业在今后将不能通过简单的购买碳信用行为来实现欧盟碳关税的抵消。这样的政策也给国内许多通过购买碳信用来淡化实质性减碳行为不足的"零碳产业集群"发出了警报。

(2)"零碳"认定缺乏统一完善的标准体系,制度建设落后限制区域化新质能源生产力发展速度。目前全国主要零碳产业集群对于"零碳"的认定主要基于第三方机构,而这些机构本身的碳核算方式就千差万别,缺乏统一的零碳产业集群建设标准。另一方面,国内目前零碳产业集群的能耗管理方式多种多样,一些零碳产业集群是基于传统的能源消费结构由能源供应商提供更低排放水平的能源管理方案,而有些则是基于风光等绿色能源和分布式储能设备来实现集群能源供应。此外,产业集群的主体产业也千差万别,一些是以科技产业为主体,自身能耗需求主要以电力为主;而有些以传统制造业为主体的产业集群的能源需求就更加多样化,对化石能源的需求量也更高,因此也面临更大的减排压力。这种主体产业结构的差异也使得在制定认定标准时对不同类型的产业集群不能一概而论,需要构建一个完善、全面、灵活的"零碳"和"低碳"认定标准体系。这一认证标准体系的建立既需要充分考虑集群企业的生产和减排成本,同时也要考虑到中国产业发展阶段的基本国情。然而,目前中国在这方面的体系建设尚且不足,缺乏统一权威的认证机构和认证标准,这就使得区域化新质能源生产力的发展探索缺乏统一的"标尺"。"零碳"认证体系的建设落后于区域化新质能源生产力的发展探索,使得各地的产业集群的发展缺乏一个统一的参照标准。

(3)跨省绿电的交易不畅,导致新质能源生产力发展缺乏区域协同机制。产业集群实现近零碳排放的关键之一就在于绿色能源的替代,这就要求集群内企业的绿色能源使用量在集群能源消费结构中占有比较高的比例,否则仅仅依靠能耗管理和其他手段实现碳减排难度和成本都会相当高。然而,中国目前的绿色电力主要来自于风电和光电,而这两种绿色能源的大型供应基地基本都分布在西北地区,区域风光资源的分布存在错配。因此,集中分布于东南沿海地区的零碳产业园要想获得更清洁的能源结构,就必须通过绿色电力的跨省交易来实现。但是中国目前的绿电跨省交易在交易规则、政策环境、基础设施建设方面仍存在诸多问题,还没有形成一个完善成熟的绿电现货市场,并且绿电供应的稳定性还不能得到充分的保障,储能系统建设还有待进一步的完善。除此之外,绿色电力外送价格跟火电价格相比仍不具有优势。这些因素阻碍了区域间产业集群之间的能源供需协调,使得新质能源生产力发展缺乏区域协同机制。

(4)零碳集群商业化模式不成熟,导致区域化新质能源生产力发展难以持续。零碳产业集群要想真正实现有效减排,就必须拥有一个可持续的商业化模式,即产业集群整体的经济收益要超过成本,这也是区域化新质能源生产力可持续发展的基本条件。然而,目前中国绝大部分的零碳产业集群与这一目标还相去甚远,已经建成的零碳产业集群基本都需要企业或政府的不断投入才能够维持运行。零碳产业集群在商业化模式上的不成熟主要表现在经济收益无法覆盖成本的现状。尽管零碳产业集群的建设受到政府支持和鼓励,但大多数集群仍然无法实现盈利,仍然需要依赖企业或政府的持续投入。中国工业联合会

2023年的统计结果表明,目前中国超过70%的零碳产业集群处于亏损状态,其中不乏一些被视为典型的案例。例如,某省份建设的以生态旅游为主题的零碳产业集群,但由于游客数量不足、旅游业收入无法覆盖运营成本,该集群一直处于亏损状态,需要政府不断注资才能运转。类似的情况也存在于其他类型的零碳产业集群中,如风电产业、光伏产业等。造成零碳产业集群商业化模式不成熟的原因是多方面的:首先,部分零碳产业集群的技术和产品还不够成熟,存在生产成本高、市场竞争力不足等问题,导致其盈利能力受限。其次,市场需求不足也是一个关键因素。尽管零碳产业集群在环保、减排等方面有一定优势,但由于相关产品或服务的市场需求不够旺盛,企业盈利空间受到限制。最后,零碳产业集群在商业模式设计和运营管理方面存在不足,缺乏有效的盈利模式和经营策略,难以实现经济效益最大化。难以盈利使得这些零碳产业集群往往只是"昙花一现",区域化新质能源生产力发展实践难以实现可持续发展。

3.7.4　未来中国区域新质能源生产力发展的政策建议

针对中国的零碳产业集群建设实践中存在的种种问题,结合中国未来区域化新质能源生产力的建设和探索,提出以下几点政策建议。

(1)推进建立明确的零碳标准认证体系,确立区域化新质能源供需体系建设标准。针对零碳产业集群建设过程中存在的企业"漂绿"行为,其产生的原因归根结底还是缺乏一个全面有效的产业集群零碳标准认证体系。针对这一问题,政府应当出面建设制定统一全面的零碳产业集群认证标准,清晰、客观地明确零碳产业集群的减排措施、能源结构、碳中和计划等方面的具体要求。这需要详细深入地开展实地调研,以了解当前中国零碳产业集群建设过程中企业的实际成本、减碳成本、减碳手段、具体的能源供给方案等。同时,政府应当联合专业机构和行业协会,共同组成具有权威性的专业认证机构,专门对零碳产业集群的减排模式和排放额进行审核认证,确保其真实达到零碳的标准,使得区域化新智能源生产力探索真正从"有名无实"转变成为"名副其实"。

(2)加强监管和惩戒机制,打击企业"漂绿"行为,为区域新质能源生产力发展建立法律框架。对于存在"漂绿"行为的零碳产业集群,政府应加大监管力度,建立健全的惩戒机制,严厉打击违规行为。例如,对于虚假宣传或不实减排的企业,可以依法追究其法律责任,对企业实行罚款、暂停资格等惩戒措施,加强对市场的规范和约束,提高市场主体的诚信意识。这首先需要政府建立健全的监管机制,加强对零碳产业集群的监督检查。通过设立专门的监管部门或加强现有监管机构的职责,加大对零碳产业集群的监管力度。监管部门可以开展定期检查和不定期抽查,对集群的环保行为、减排措施等进行全面监测和评估。同时,政府可以建立信息公开平台,及时公布零碳产业集群的环保数据、减排成效等信息,增强公众对零碳产业集群的监督和监管力度。要加强舆情监测和分析,及时发现并处置虚假宣传、企业漂绿等不良行为,维护市场秩序和消费者权益。针对存在"漂绿"行为的企业或集群,政府可以依法实施惩戒措施,严厉打击违法违规行为。例如,对虚假宣传、不实减排等行为进行严格处罚,包括罚款、吊销资质、暂停生产等措施,以震慑不法行为,维护市场秩序和环境保护。政府应当加强法律法规的制定和完善,明确零碳产业集群的环保责任和减排标准,规范企业行为。同时,建立健全环境保护法律体系,强化对环境违法行为的处罚力度,提高违法成本,降低环境违法行为的成本,用法律为区域新质能源生产力探索保驾护航。

（3）解决跨省绿电供给问题，推进区域新质能源供需体系联动。应当多措并举着力解决跨省绿电供给问题。首先，应建设绿电跨省输电通道，加强西北地区和东南沿海地区之间的电力输送能力，确保绿色电力的稳定供应。这需要投资建设高压输电线路和变电站等基础设施，以提高跨省电力输送的效率和可靠性，降低长距离输电的成本。其次，应建立健全的绿电市场机制，促进绿电的市场化交易，提高绿电的市场竞争力。政府可以制定优惠政策，例如给予绿色电力发电企业税收优惠或补贴，以激励其增加绿电供给。同时，应当加快建立绿色电力交易平台，提供便捷的交易服务，吸引更多企业参与绿电交易。还可以加强储能系统建设，提高绿电的利用效率和稳定性。政府可以通过技术创新和政策支持，推动储能技术的发展，例如提供资金支持、研发补贴或税收优惠，以提升储能技术在能源系统中的应用水平。综合利用这些措施，可以有效解决跨省绿电供给问题，推动形成新质能源生产力的区域协同机制。

（4）完善零碳集群商业化模式，实现区域新质能源生产力的可持续发展。政府应当着力帮助企业完善零碳产业集群的商业化模式，帮助国内零碳产业集群尽快实现可持续盈利。只有实现可持续盈利，零碳产业集群的建设过程才能够真正持续发展下去，并且具有真正的可持续性和可推广性。要实现这一目标并不容易，但是可以尝试的手段有很多种。例如，政府可以首先在前期阶段提供财政补贴、税收优惠等政策支持，以降低零碳产业集群的运营成本。这样可以减轻企业负担，增强其发展活力，使更多的企业有意愿投入到零碳产业群的建设发展实践当中来。例如，可以对采用清洁能源的企业给予一定比例的电力补贴，或者提供用于技术升级的专项资金。同时鼓励企业进行技术创新和产业升级,提高零碳产业的竞争力和盈利能力。政府可以建立产学研合作机制,支持企业加强技术研发和转化,推动零碳产业集群向高端、智能化方向发展。还可以设立科技创新基金,资助企业开展技术研究和开发工作。此时,政府还可以加强与金融机构的合作,拓宽零碳产业的融资渠道,支持零碳产业集群的投资和发展。可以引导银行加大对零碳产业的信贷支持,设立绿色基金,为零碳产业提供风险投资和融资服务。在经过一段时间的补贴之后,帮助产业集群形成完整的现金流,再逐步退坡这些补贴。整体逻辑类似于中国对风电光伏上网电价的补贴模式。通过以上措施的实施,可以帮助当前国内零碳产业集群实现经济效益和环境效益的双赢,进一步实现区域化新质能源生产力的可持续发展。

(5)促进国内整体产业升级和技术发展,用技术发展推动区域新质能源生产力探索实践。在促进零碳产业集群的产业升级和转型方面,政府可以通过制定差异化的政策措施来满足不同类型集群的需求。对于以传统制造业为主体的集群,可以进一步加大技术研发和应用支持力度,提供财政补贴和科研项目资助,鼓励企业加大对节能环保技术的研发和应用。此外,还需要加强资源综合利用和循环经济发展,鼓励企业实施废物资源综合利用,推动循环经济发展。例如,建立废弃物资源回收利用基地,支持企业开展废物资源再生利用项目,减少环境污染和资源浪费。对于以科技产业为主体的集群,应当加大对新能源技术和绿色科技的扶持力度,鼓励企业加大技术创新和应用。例如,设立专项资金支持企业开展新能源技术研究,推动绿色科技成果转化。政府可以建立产学研合作机制,加强科研机构与企业之间的合作交流,促进科技成果的转化和应用。例如,建立产业技术创新联盟,推动企业与高校、科研院所开展技术合作项目,共同推动产业的绿色发展和区域新质能源生产力的发展。

参考文献

[1]林伯强,赵恒松.欧盟碳边境调节机制背景下中国低碳转型的风险研究[J].保险研究,2023(11):21-29.

[2]贾智杰,林伯强,温师燕.碳排放权交易试点与全要素生产率——兼论波特假说、技术溢出与污染天堂[J].经济学动态,2023(3):66-86.

[3]林伯强,潘婷.环境管制如何影响绿色信贷发展?[J].中国人口·资源与环境,2022,32(8):50-61.

[4]林伯强.碳中和进程中的中国经济高质量增长[J].经济研究,2022,57(1):56-71.

[5]林伯强,吴微.全球能源效率的演变与启示——基于全球投入产出数据的SDA分解与实证研究[J].经济学(季刊),2020,19(2):663-684.

[6]林伯强,刘泓汛.对外贸易是否有利于提高能源环境效率——以中国工业行业为例[J].经济研究,2015,50(9):127-141.

[7]林伯强,李江龙.环境治理约束下的中国能源结构转变——基于煤炭和二氧化碳峰值的分析[J].中国社会科学,2015(9):84-107,205.

[8]林伯强,杜克锐.理解中国能源强度的变化——一个综合的分解框架[J].世界经济,2014,37(4):69-87.

[9]林伯强,姚昕,刘希颖.节能和碳排放约束下的中国能源结构战略调整[J].中国社会科学,2010(1):58-71,222.

[10]诸竹君,黄先海,王煌.交通基础设施改善促进了企业创新吗?——基于高铁开通的准自然实验[J].金融研究,2019(11):153-169.

[11]王岳龙,袁旺平.地铁开通、协同合作与企业创新[J].经济评论,2023(6):140-158.DOI:10.19361/j.er.2023.06.09.

[12]文雁兵,张梦婷,俞峰.中国交通基础设施的资源再配置效应[J].经济研究,2022,57(1):155-171.

[13]马光荣,程小萌,杨恩艳.交通基础设施如何促进资本流动——基于高铁开通和上市公司异地投资的研究[J].中国工业经济,2020(6):5-23.

[14]魏梦升,颜廷武,罗斯炫.规模经营与技术进步对农业绿色低碳发展的影响——基于设立粮食主产区的准自然实验[J].中国农村经济,2023(2):41-65.

[15]畅华仪,何可,张俊飚.挣扎与妥协——农村家庭缘何陷入能源贫困"陷阱"[J].中国人口·资源与环境,2020,30(2):11-20.

[16]何可,朱信凯,李凡略.聚"碳"成"能"——碳交易政策如何缓解农村能源贫困?[J].管理世界,2023,39(12):122-144.

[17]张蒽,蔡纪雯.ESG体系在中国发展情境下的嵌入机制与建设路径[J].东南学术,2023(1):182-194.

[18]唐任伍,马宁.基于ESG评价的我国流通企业高质量发展——价值、责任与绩效[J].中国流通经济,2024,38(1):3-11.

[19]黄世忠.支撑ESG的三大理论支柱[J].财会月刊,2021(19):3-10.

[20]方先明,胡丁.企业ESG表现与创新——来自A股上市公司的证据[J].经济研究,2023,58(2):91-106.

[21]张晓艳,戚悦.基于ESG评价体系重塑国有企业发展战略的研究[J].中国环境管理,2024,16(1):27-33.

[22]陆培丽,董战峰,申雯竹,等.我国ESG投资基金发展趋势分析与展望[J].中国环境管理,2024,16(1):42-48.

[23]宋佳,张金昌,潘艺.ESG发展对企业新质生产力影响的研究——来自中国A股上市企业的经验证据[J/OL].当代经济管理,2024(3):1-13.

[24]赵雨豪.我国上市公司ESG信息披露的制度缺陷及完善路径[J].社会科学家,2023(11):77-83.

[25]张瑞涵,周亚虹.绿色金融、碳排放强度和企业ESG表现——基于上市企业微观数据的实证研究[J].社会科学,2024(3):126-140.

[26]陈伟雄,郝涵宇.ESG表现与企业"走出去"——路径机制与实证考察[J].世界经济研究,2024(3):19-33,89,135.

[27]谢红军,吕雪.负责任的国际投资——ESG与中国OFDI[J].经济研究,2022,57(3):83-99.

[28]国家统计局.中国工业统计年鉴2013[M].中国统计出版社,2013:16.

[29]XIAOMING X,PRATEEK S,SHIJIE S, et al. Global greenhouse gas emissions from animal-based foods are twice those of plant-based foods[J].Nature food,2021,2(9):724-732.

[30]严若婷,周歆霖,马征程,等.低碳农业:发展历程、目标冲突与产业链解决路径[J].西南金融,2022(3):12.

[31]武拉平.我国粮食损失浪费现状与节粮减损潜力研究[J].农业经济问题,

2022,43(11):34-41.

[32]郑岚.数字技术重塑中国绿色食品产业国际竞争力[J].中国外资,2023(10):100-104.

[33]林伯强,刘畅.收入和城市化对城镇居民家电消费的影响[J].经济研究,2016,51(10):69-81,154.

[34]林伯强.碳中和背景下的广义节能:基于产业结构调整、低碳消费和循环经济的节能新内涵[J].厦门大学学报(哲学社会科学版),2022,72(2):10-20.

[35]林伯强,贾寰宇.消费者行为低碳转型:困境及出路[J].社会科学战线,2023(11):55-63,281-282.

[36]林伯强.碳中和进程中的中国经济高质量增长[J].经济研究,2022,57(1):56-71.

[37]郭凯明.人工智能发展、产业结构转型升级与劳动收入份额变动[J].管理世界,2019,35(7):60-77,202-203.

[38]柳卸林,杨博旭.多元化还是专业化?产业集聚对区域创新绩效的影响机制研究[J].中国软科学,2020(9):141-61.

[39]张辉.全球价值链理论与我国产业发展研究[J].中国工业经济,2004(5):38-46.

第4章

"一带一路"合作：新质生产力的多维溢出

高水平对外开放特别强调了深化能源领域科技创新国际合作的必要性,为推动新质生产力发展提供了重要方法论。通过"一带一路"倡议,中国在国际合作平台上展现出积极姿态,带动了共建国家和地区的经济发展,为全球环境治理提供了中国方案。中国可再生能源技术在国际上的领先地位,让可再生能源产业成为新的合作焦点,"一带一路"如何通过新能源合作引领新质生产力发展?"一带一路"的绿色职能促使资金不断投入绿色、低碳和可持续发展环节,绿色投资如何助推新质生产力发展,为共建国家绿色经济发展蓄势赋能?能源安全是新质生产力发展和能源革命性变革的重要保障,"一带一路"如何通过国际矿产资源合作,保障中国的能源安全、新型能源体系建设和新质生产力发展?

4.1 可再生能源国际市场

习近平总书记指出:"要不断扩大高水平对外开放,深度参与全球产业分工和合作,用好国内国际两种资源,拓展中国式现代化的发展空间。"习近平总书记的讲话为以高水平对外开放推动新质生产力发展提供了重要方法论。而在可再生能源领域,总书记在主持中共中央政治局第十二次集体学习时这样强调:要深化新能源科技创新国际合作,有序推进新能源产业链合作,构建能源绿色低碳转型共赢新模式。

近十年来,依托"一带一路"国际合作平台,在"共商共建共享"原则的基础上,"一带一路"倡议通过"五通"带动了共建国家和地区的发展,为谋求合作与共赢的全球经济治理提供了中国方案[1]。经过持续攻关和积累,中国多项可再生能源技术和装备制造水平已全球领先,光伏及风电产品在国际市场上形成了强大的竞争力。中国可再生能源产业的发展为"一带一路"国际能源合作带来了全新的机遇,而"一带一路"带来的国际市场体量也使之成为能够推动能源领域新质生产力发展的可能途径之一。在此背景下,有必要细致梳理可再生能源国际市场与能源新质生产力之间的关联性,深入理解"一带一路"背景下可再生能源国际市场的广阔前景与发展现状,进而在详细梳理依托"一带一路"培育国际市场面临的现实困境的基础上,提出针对性政策建议,促进"一带一路"背景下的可再生能源国际市场在推动能源领域新质生产力发展方面发挥重要作用。

4.1.1 可再生能源国际市场与能源领域新质生产力

（1）更大的国际市场意味着更加复杂的工程环境，有利于催生革命性技术突破。对于可再生能源产业来说，更大规模的国际市场意味着可再生能源产品需要面临更加复杂和多变的使用环境，其中不仅包括技术标准的多样性、环境和气候条件的多变性，还涵盖了跨地域文化差异和国际法律法规的复杂性。这种复杂性催生了对革命性技术突破的迫切需求。首先，为适应不同地区的特定需求，可再生能源技术需具备更高的适应性和灵活性，不仅包括针对极寒、高温、极端降雨、极端干旱、高海拔地区以及沙暴等自然环境的适应性，还包括针对不同电力系统特性、不同接入等级要求、不同电力电子设备以及不同通信协议等技术标准的灵活性。这推动了学科间更加深入的交叉融合，也促进了在高耐用性光伏面板、新一代风车叶片材料、高灵活性变电设施以及电力设备安全防护等领域的技术创新，从而以综合性的技术进步推动能源领域新质生产力的发展。可再生能源国际市场与新质生产力的逻辑关系示意图如图 4.1 所示。

（2）更大的国际市场意味着更多专业人才需求，有利于培养创新型劳动力。更大的国际市场意味着对可再生能源行业的专业人才需求增加，尤其是具有创新精神的高质量劳动力。面对国际市场，企业不仅需要掌握先进技术的专业人才，也需要了解国际规则、具备多语言及跨文化交流能力的创新管理人才，对各类人才的综合能力提出了新的更高要求。这些不仅是可再生能源产业的人才需求，而是在加快发展新质生产力的过程中，全社会、全行业都将会产生的人才需求。这些对人才培养的新需求反过来又会增加教育投入和推进教育改革，鼓励通过国际

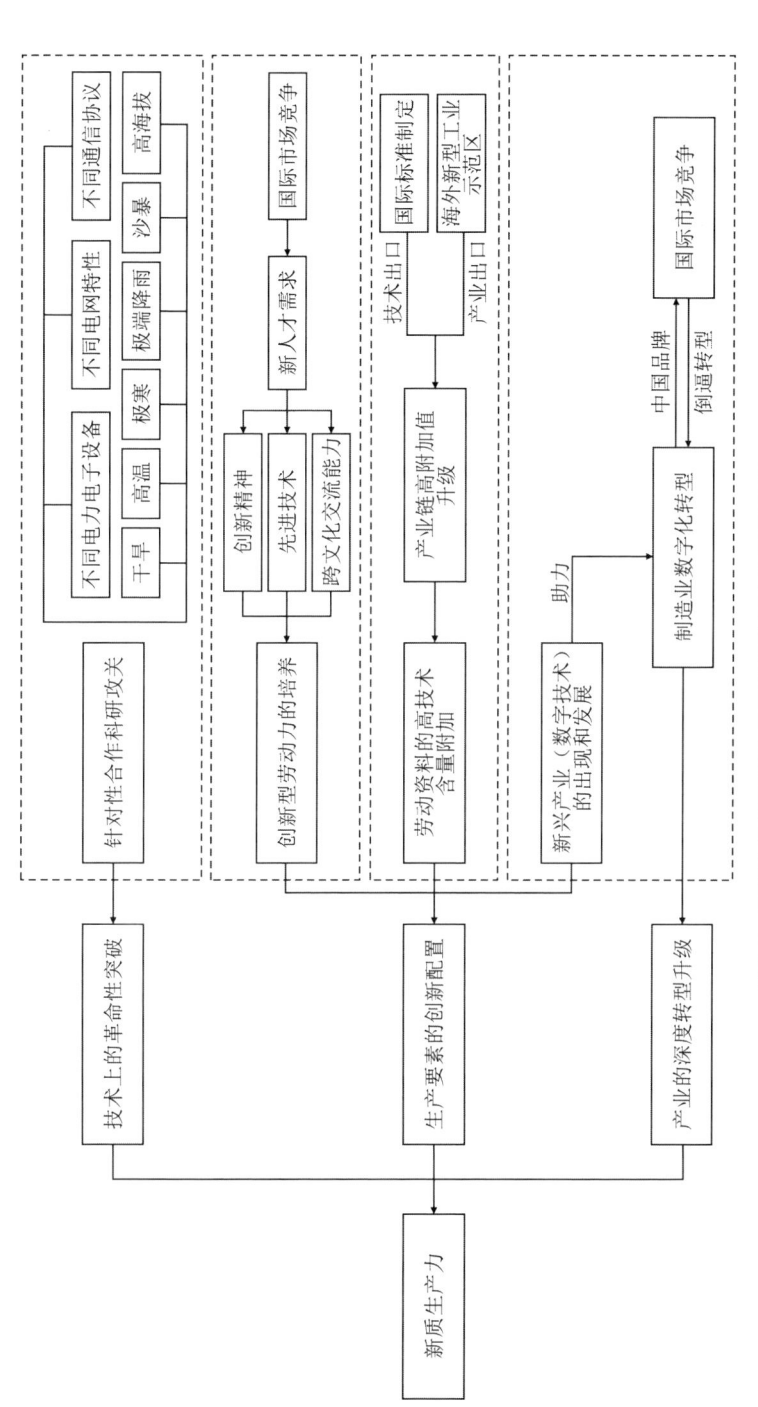

图4-1 可再生能源国际市场与新质生产力的逻辑关系

交流、提供创新创业平台等方式，在小学、初中、高中、职业教育以及高等教育等各个教育阶段全方位培养人才的实践能力和国际视野，从而以逐渐培养出更多创新型劳动力的方式推动新质生产力的发展。

(3) 更大规模的国际合作意味着产业转移成为可能，有利于提高国内产业附加值。各个国家对可再生能源需求的无差别式增长推动了国际合作的深入发展。更广泛的国际合作不仅使产业转移成为可能，还有助于提高国内产业的附加值。国际合作可以使全球资源得到高效配置，产业链供应链的全球化布局使技术相对落后的国家得以引进先进技术和管理经验，加快中国可再生能源产业的发展；也使技术相对领先的国家有机会通过参与全球价值链转移落后产能，实现中国产业结构的优化升级，提高在全球可再生能源市场中的竞争力。此外，更大规模的国际合作还有助于标准化的形成，从而促进全球市场的进一步开放和整合。这不仅为更多可再生能源产品的国际贸易创造了有利条件，也促进了可再生能源技术的全球传播和应用，从而以更高的国内产业附加值推动新质生产力的发展。

(4) 更大的国际市场需要更加过硬的"中国品牌"，有利于推动传统产业数字化转型。面对更大的国际市场，不仅要求中国各家可再生能源企业在保持成本效益的同时不断提高产品和服务的质量，还要求各企业通过各种方式提升自身全要素生产率、打造真正具有国际影响力的"中国品牌"。"十四五"期间，中国数字经济得到了快速的发展，随着大语言模型的出现，未来随着AI技术的进一步发展，中国的数字产业必将迎来更加迅猛的进步。而对于可再生能源设备的制造加工企业来说，谁能够率先通过深度结合大数据、云计算、人工智能等先进数字技术推进数字化转型，实现生产效率和管理效能的显著提升，谁就能够在迅速扩张的国际市场中以更大的优势获取更加丰硕的果实。从而倒逼国内企业实施深刻的数字化转型，推动新质生产力的发展。

4.1.2 "一带一路"背景下的可再生能源国际市场发展现状

1. 中国可再生能源行业新质生产力的发展现状

中国的可再生能源产业起步较晚，但随着2005年《可再生能源法》的颁布，以及固定上网电价、风电与光伏项目招标制度、各种财政补贴等一系列支持政策的相继出台，20年来，中国已发展成为世界上最大的可再生能源市场，无论是在装机容量还是在风光技术方面都取得了显著进展。可再生能源领域的一系列技术进步极大地推动了能源领域新质生产力的发展。

在风电领域，各国内企业在快速发展的同时，也十分注重技术上的自主研发和创新，在机组的大型化、低风速适应性、海上风电、储能融合以及智能化管理等方面达到了国际先进水平，而且在部分领域已展现出引领的趋势。首先，在大型化风力发电机组的设计与制造方面，经过持续科研攻关，金风科技推出了6兆瓦及以上系列海上风力发电机组，在功率级别、稳定性和可靠性方面达到了国际先进水平。其次，中国具有大量的低风速地区，因此低风速风电技术的研发和应用一直是中国风电技术发展的重点方向之一，华锐风电（现并入金风科技）开发的2.5兆瓦系列低风速风机能够适用于3级风区，在中国大部分地区都能进行有效发电。再次，中国在海上风电领域也展现出了强大的竞争力，在江苏如东和山东烟台等地，克服了安装建设和海上恶劣工况等一系列困难，成功安装并运营了多个近海海上风电项目。最后，为了解决风能发电的间歇性和不稳定性问题，中国在风电与储能集成技术方面进行了大量的研究和实践,国家电网公司在张北实施的风电、太阳能发电与储能综合利用示范项目,通过风电与储能的有效结合,提高了风电的利用效率和电网的调度灵活性,在国际上也产生了广泛的影响。以上一系列风电技术的发展在一定程度上促进了中国能源领域新质生产力的发展,但仍有进一步提升空间。

在光伏领域,经过多年的发展,中国在多晶硅、硅片、电池及电池组件等光伏制造方面也积累了明显的优势。首先是在高效率光伏电池方面,中国企业在高效单晶硅光伏电池技术领域取得了显著成就,越来越多的企业打破了光伏电池转换效率的世界纪录。例如,中科院半导体研究所与中环股份合作开发的单晶硅 PERC 电池,转换效率甚至达到了 24% 以上。同时,中国企业在钙钛矿光伏电池技术上也取得了重要突破,表现出较高的光电转换效率和良好的稳定性。其次是在光伏组件方面,中国光伏企业隆基绿能在双面发电光伏组件技术方面持续创新,不仅可以在正面接收阳光发电,还能通过背面接收反射光,大幅提高了单个组件的发电效率。最后,中国构建了全球最完整的光伏产业链,从硅料生产、硅棒硅片制造,到电池片和组件生产,再到光伏电站的建设和运营,形成了良好的产业生态系统,提升了中国光伏产业的国际竞争力。同样,光伏领域各企业经过长期的技术研发,已经推动了该领域新质生产力的发展,但面临更大的国际市场,仍有很大的提升空间。

在国家补贴逐渐退坡、劳动力成本逐渐上涨的背景下,部分产业向"一带一路"共建国家的出口转移有利于自身的升级转型发展——优惠的关税政策能够提高项目收益率,降低融资成本;产业的转移也能够带动中国光伏设备出口,多措并举实现新质生产力进一步发展的同时,对于维护中国与共建国家政府之间关系也有着积极的意义。

2. "一带一路"沿线国家发展可再生能源的需求、潜力与困难

在"一带一路"共建国家中,由于大多地处热带、亚热带的高原和平原地区,许多国家都拥有十分良好的光照及风力条件[2],具有发展可再生能源电力的先天优势。巴基斯坦的吉瓦尼、信德地区年平均风速可达6~7米/秒,蒙古国也因为其冷热空气交汇的特殊地理位置,拥有常年稳定的风力资源。此外,位于非洲东北部且接近赤道的埃及阿斯旺、位于非洲西北角的摩洛哥等地,年日照充足且日照时间长,拥有大量的太阳辐射资源。而土耳其的安纳托利亚高原和地中海沿岸区域则同时拥有丰富的风力与光照资源。对于这些拥有丰富风光资源的国家,在风光资源和土地资源丰富的地区,"风电＋光伏＋储能"的一体化能源中心模式能够成为当地能源电力供应的重要来源;在偏远地区,小型分布式光伏加上大电网的即时互济也能够为无电地区提供较为可靠的电力供应。根据国际能源署发布的《世界能源展望》,亚太地区是全球最具光伏发展潜力的地区。

但同时,大部分"一带一路"共建国家能源基础设施较为落后,不具备先进风机及光伏组件的制造能力,对进口设备的依赖也导致使用成本居高不下。随着这些发展中国家的经济发展,电力消费需求会不断增加,现有能源电力基础设施无法满足其经济发展带来的能源需求,需要参与到可再生能源组件制造产业中以降低部分使用成本,具有发展可再生能源产业的现实需要。通过优秀可再生能源合作项目的标杆作用,"一带一路"共建国家的营商环境会随着外资的引入而改善,并进一步促进中国其他产品的出口,实现双赢。既体现出构建"人类命运共同体"的理念,也体现出中国在全球气候变化治理方面作为制造业大国的担当。

3. "一带一路"倡议下可再生能源国际合作现状

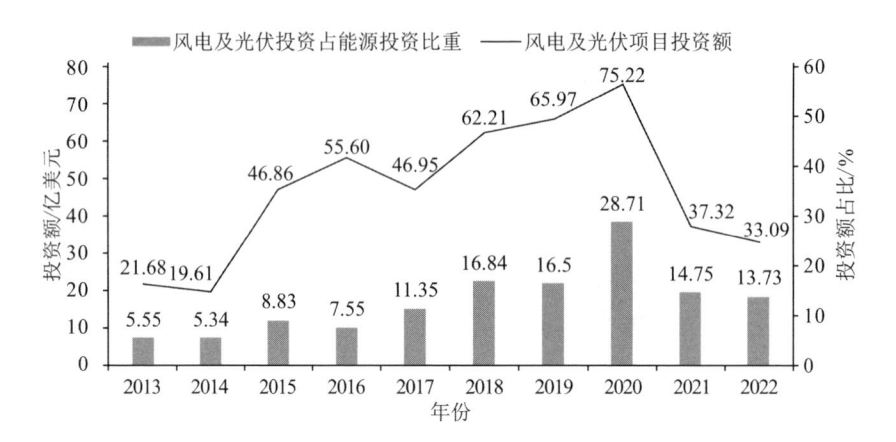

图4.2 "一带一路"沿线风电及光伏项目投资额及其占能源投资的比重

数据来源：Observer Research Foundation，https://www.orfonline.org/research/chinas-belt-and-road-initiative-in-the-energy-sector.

如图4.2所示，"一带一路"倡议下，各国在能源领域展开了一系列广泛的合作[1]，尤其是风电及光伏相关项目。此类项目投资额及其占总能源投资的比重在新冠疫情之前总体呈现出逐年上涨的趋势。具体来说，比如在"一带一路"的首倡之地和先行先试区哈萨克斯坦[3]，2021年由中国水电建设集团国际工程有限公司承建的扎纳塔斯100兆瓦风电项目，克服了极端天气的影响，40台2.5兆瓦的风电机组正式全容量并网发电。这座中亚最大的风电场预计每年可发电约3.5亿千瓦·时，节约标准煤约11万吨，能够满足100万个家庭的日常用电需求，对于改善南部江布尔州和奇姆肯特地区的用电条件具有十分重要的战略价值[4]。中国电建集团在克服客观不可抗力以及恶劣天气方面所实现的进步为之后的合作积累了经验，实现了新质生产力的发展。

又比如，为积极响应中方倡议，巴基斯坦提出搭建"中巴经济走廊"国际合作平台的构想。目前能源合作成为中巴经济走廊建设的重点领域。在信德省南部的戈壁荒滩,在高温、狂风、沙暴等恶劣条件下,由中国电力建设集团华东勘测设计研究院牵头开展的萨察尔风电站凭借中方企业深厚的技术积累和出色的施工效率按时完工,成为中巴经济走廊首个实现商业运营的能源项目;连通默蒂亚里与拉合尔,由国家电网有限公司援助建设的±660千伏直流输电项目成为了巴基斯坦电网系统贯穿南北的主动脉,每年可输送电量超300亿千瓦·时,有效连接了南部电源与中部用电大省,同时也进一步推进了中国电力标准国际化的进程[5],推动了电力工程领域新质生产力的发展。

4.1.3 依托"一带一路"培育可再生能源国际市场面临的现实挑战

尽管依托"一带一路"倡议,许多可再生能源国际合作项目已经成功落地,但同时也暴露出许多问题与挑战,解决这些问题对于培育更大的可再生能源国际市场,进而对推动能源领域新质生产力具有重要意义。而培育可再生能源国际市场离不开政府政策、基础设施、国际资金和当地民众的支持。从这些角度出发分析,中国目前面临以下挑战:

1. 政策层面

首先,中国与当地政府之间友好关系的构建[6]。当地政府在手续审批和配套设施等方面的支持是合作项目能够顺利落地的必要条件。其次,当地电价的波动、汇率的波动和当地补贴的发放延迟会影响投资者信心。譬如2018年之前,哈萨克斯坦对于光伏发电项目实施的上网电价曾达到每度电35.8坚戈;仅一年后,随着竞价上网政策的实行,最低中标电价已经跌破每度电10坚戈[6]。此外,负责结算的哈萨克斯坦国家电网发放电费普遍延期达4个月左右,使得投资者信心受到影响[6]。再次,对于部分共建国家,电池板属于免关税货物,但由于沟通不畅、时限要求较为严格等原因,会出现部分企业申请失败的情况。最后,为保护当地劳动市场,部分国家收紧了对外国员工的劳务签证发放政策,而聘用当地员工则存在较大的语言和文化差异,极大影响了项目进度。更加通畅的多边沟通与合作机制是培育更大国际市场的前提条件,也是借此推动新质生产力发展的首要因素。

2. 技术层面

首先,许多"一带一路"共建地区国家产业及工业基础较弱,不具备关键零部件的生产能力,亦不具备基本的故障检修能力,严重影响发电量。其次,目前许多共建国家光伏相关人才欠缺,当地高等教育也少有开设光伏相关方向专业。此外,由于苏联时期,为减少电力生产和传输损耗,曾将整个中亚地区的电力体系进行统一设计及配置,因此中亚地区多数国家当地输变电系统体系还在沿用苏联时期的设备,甚至在国内已经大量普及智能化变电站的背景下依然在使用传统机械继电器。与国内不同,加上许多国家设备老旧落后,这与中国产品在技术标准兼容方面上并不兼容,这就产生了标准上的冲突,增加了投入,也阻碍了已建成设备的并网发电。通过技术人才的培养、技术标准的输出和技术设备的进一步研发,中国可再生能源领域新质生产力必将得到进一步的发展。

3. 融资层面

技术层面的困难导致项目融资风险大。由于当地光伏及风机等设备制造成本高、市场不成熟、工业基础较差,加之当地融资审批进度相对较长,放款流程复杂,因此国际资本市场普遍并不看好当地的可再生能源装备制造类项目,融资成本偏高。此外,由于中资银行的外币资金拆借成本相对较高,因此贷款银行通常会要求投保中信保出口信用保险,进一步增加了融资成本。而即使有中信保承保的贷款,其报价也并不十分优惠,且以短期贷款为主。但一些国际竞争对手往往利用其融资成本优势,例如法国 Neoen 公司披露的欧元债务加权成本只有 3.5%[7],在项目竞标时获得较大的优势。合理的融资成本和良好的融资服务是培育更大国际市场的"润滑剂",保障新质生产力的发展过程更加顺利。

4. 社会文化层面

"一带一路"部分共建国家由于历史、宗教、意识形态等原因,导致长期以来冲突不断,主要集中于中东地区,为光伏项目的投产带来了社会稳定方面的不确定性。此外,许多共建国家对新能源发展认识不足,对绿色能源的宣传不到位,更为严重的情况是在西方媒体的鼓吹下,许多当地民众被"中国威胁论"所蛊惑,甚至有当地舆论导向认为中国企业会挤占当地劳工的生存空间、损害当地行业发展、勾结"腐败的政府"以"极低的价格"侵占当地自然资源,进而出现阻挠施工的现象。而稳定的社会环境、和谐的国际关系是培育国际市场的关键因素,不和谐的因素将使新质生产力的发展之路受到阻碍。

4.1.4 依托可再生能源国际市场发展能源新质生产力的政策建议

(1)结合共建国家现实需求开展"定制化"科研攻关,以技术进步推动新质生产力发展。"一带一路"共建国家涵盖沙漠、高原、草原等多种典型地貌,许多光照及风力条件良好的地区都具有昼夜温差大、沙尘暴频发等恶劣工况,这就对发电、变电以及输电设备的耐久性、稳定性提出了更高要求。建议利用中国在绿色能源以及输变电领域的先进技术和丰富经验,结合当地丰富的地理和气候类型,与共建国家合作开展实地攻关,研发能够适应极寒、高温、极端降雨、极端干旱、高海拔地区以及沙暴等恶劣工况,以及能够适应不同电力系统特性、不同接入等级要求、不同电力电子设备以及不同通信协议等技术标准的新一代风电及光伏装备,扩大中国可再生能源技术领先优势。这样不仅能够助力当地有效解决绿色能源开发利用中的难题,还能进一步促进中国光伏产业的技术和装备水平的提高,推动技术进步,从而促进中国能源领域新质生产力的发展。

(2)高教合作结合产业转移,以生产要素创新配置推动新质生产力发展。开展国际高等教育合作,落实各方高校合作机制,除了开展科研学术交流、举办国际学术会议之外,鼓励各高校结合"一带一路"相关国家的具体光伏发展需求,设立联合培养学位项目,开设相关专业课程,培养具备相关知识和技能的本地化人才以及中国光伏人才的国际视野。推动各方劳动力的创新培养,并实现技术转移。同时,以政府主导的方式与共建国家展开试点合作,一方面积极建立国际合作平台与合作园区,为各方企业提供展示、交流与合作洽谈的机会;另一方面与当地政府建立合作机制、签署合作协议,创建新型工业化示范区,承接部分国内产业转移。此外,鼓励企业不拘泥于在当地直接建设运营项目的形式,也能够以技术交流、合作研发、制造业转移[8]、人才培养、技术咨询、设计支持等多样化方式开展合作,推广自身的先进技术和经验,积极发挥自身创造力,进而促进一批示范性实践项目的落地,并以此作为"国家名片",尽快促进光伏行业标准互认,推动"一带一路"国家的光伏相关标准对接,助推更多光伏合作项目平稳落地,从而最终以"先进制造技术+先进工业软件"的出口模式取代传统的产品出口模式,推动光伏产业链向高附加值方向优化升级,全面提高劳动资料的技术含量附加值,实现生产要素的创新配置,并以此实现新质生产力的发展。

(3)数字产业赋能传统制造业转型,以"数字经济+数字化转型"推动新质生产力发展。鼓励国内可再生能源装备制造企业结合数字技术、大数据以及人工智能等新兴产业发展水平,及时应用大语言模型、物联网、数字孪生等新一代数字产品更新企业管理工具与生产工具,提高企业全要素生产率以及运营管理的精度,全力推进企业数字化转型进程。这不仅是行业内企业的迫切需求,也是中国品牌国际化,依托"一带一路"培育可再生能源国际市场进程中的关键一环。

为此,一方面可以选取部分有代表性的风电光伏企业或产业园区作为数字化转型示范项目,涵盖从生产管理到供应链优化、从产品研发到市场营销的全过程数字化转型。通过对这些项目的实施成效展示,提升整个行业对数字化转型的认知程度和推进速度。另一方面,可以建立企业间数字化人才培养和引进机制,鼓励以兼职或指导的形式引进跨学科、跨产业人才。同时,在政府层面,可以通过举办创新竞赛、设立创新基金等方式,激发企业在数字化应用方面的探索精神和创新活力;也可以通过完善数字资产与信息安全保护相关法律法规,为企业数字化转型提供稳定可靠的政策环境。在金融层面,则可以鼓励金融机构提供更多针对数字化转型的金融产品和服务,降低企业转型的财务成本;也可以鼓励企业通过并购、合作等多元化方式,积极整合各行业的相关资源。从而在多方共同努力下,加快打造光伏产业的全新"中国品牌",进一步壮大国内光伏产业集群,以"数字经济发展+数字化转型"推动新质生产力的发展。

(4)发展投资服务平台,创新融资形式,以优质融资服务推动新质生产力发展。构建企业投资公共服务平台和投资信息数据库,从国家层面及时发布有关当地最新法规、政策、文化等方面的信息,减少信息不对称,帮助企业正确评估项目投资风险[9]。同时鼓励金融机构在合理风险控制与可行性评估的基础上,以发行绿色债券、提供绿色信贷等方式支持"一带一路"绿色项目的融资需求。同时充分发挥丝路基金、亚投行、国开行、上合组织银联体等平台作用,积极寻求与其他国家或国际组织的金融合作。此外,发挥中国数字技术的优势,以数字化手段降低金融机构与绿色能源合作项目之间的信息不对称,提高项目透明度,寻求更加广泛的国际金融支持。通过更加优质的融资服务助力可再生能源国际市场的建设,进而以更大的可再生能源国际市场体量推动国内能源领域新质生产力的发展。

(5)立足经济发展,尽力规避地缘政治风险,以稳健的国际关系服务新质生产力发展。大型光伏项目的开发和运维既需要大量的资金支持,也需要稳定的社会环境。"一带一路"共建国家长期以来战乱频发,各种意识形态以及各教派之间冲突不断,而较大的贫富差距、较高的失业率和较为落后的基础设施建设则进一步加剧了社会动荡[9]。为更好推进光伏产业合作,中国应当在尊重各方利益的基础上,立足于经济发展与共同繁荣,积极提供缓和各方关系的平台和契机,敦促各国暂时搁置历史纠纷,共同抓住能源转型和绿色能源发展的历史契机[10]。对于民间舆论,则建议加强媒体合作,从帮助解决就业、帮助当地产业升级、增加税收等方面加强舆论引导,减轻因误解而对项目进度产生的影响。[11]通过在官方对话和民间舆论两方面的持续沟通宣传,维护"一带一路"倡议下国际可再生能源多边合作关系的长期稳定,以更加稳健的国际关系和更加稳定的国际市场保障其对推动能源领域新质生产力发展的重要作用。

4.2 中国绿色投资

"一带一路"绿色投资与新质生产力本质上是双向促进、正向循环的发展关系,且两者拥有共同的发展目标。中国发展新质生产力是实现经济结构优化和产业升级的战略选择。新质生产力的发展是中国经济发展的新方向,它强调通过科技创新和产业升级,实现经济的高质量、高效率和环保发展。这种生产力的特点是高科技、高效能和高质量,符合新发展理念,强调创新驱动和可持续发展。[12]"一带一路"绿色投资则是中国在"一带一路"倡议下,对共建国家进行的以环境保护和可持续发展为导向的投资活动。两者共同的目标都是促进经济的绿色增长,实现环境保护与经济发展的双赢。"一带一路"绿色投资与新质生产力的双向促进可以从两个方面来理解:一方面,中国新质生产力的快速发展为中国扩大"一带一路"绿色投资提供了坚实的基础,可以有效扩大中国"一带一路"绿色投资。另一方面,"一带一路"绿色投资带来的重大项目可以进一步推动中国新质生产力的发展,培育符合国际市场需求的技术创新,优化产品和服务,提升中国绿色产业的国际竞争力。

新质生产力发展的核心是科技创新,最终目标是改变中国在国际市场分工中处于中低端的局面。随着发达国家与中国在高端产业中的竞争加剧,发展面向国际市场需求的新质生产力,以及通过"一带一路"绿色投资扩大中国高新技术产品的国际市场份额就显得尤为重要。因此,在此背景下,有必要厘清"一带一路"绿色投资与新质生产力双向促进机制与实践路径,明确中国发展新质生产力与"一带一路"绿色投资的现状和困境挑战,为新质生产力与"一带一路"绿色投资的正向循环发展提供有效的政策建议。

■ 4.2.1 新质生产力与"一带一路"中国绿色投资的双向促进机制

对于"一带一路"中国绿色投资来说,通过中国新质生产力的快速发展,可以有效扩大中国"一带一路"绿色投资。以中国当前太阳能、风能和电动汽车技术为例,新能源产业的新质生产力不仅在效率和质量上实现了重大提升,而且在商业上获得了可观的经济性。在全球能源绿色转型的背景下,新质生产力的发展可以促使中国在"一带一路"项目数量和绿色投资增加。新能源开发利用的经济性显著提升是"一带一路"国家绿色能源利用的前提条件。可再生能源的核心是技术属性,伴随着全球新能源研究和使用技术的持续提升以及其广泛性的不断扩大,新能源企业新质生产力快速发展带来的降本增效带动了"一带一路"项目绿色投资的快速发展。此外,通过"一带一路"绿色投资,中国可以将自身的发展经验、先进技术和管理理念带到其他共建国家,帮助这些国家实现绿色、低碳、可持续发展。这种做法不仅有助于提升中国在国际舞台上的影响力,还能够为中国企业在"一带一路"绿色投资开拓新的市场和合作机会。

对于新质生产力来说,通过"一带一路"绿色投资,一方面可以通过参与重大项目实现符合国际市场需求的技术创新、培育中国创新人才,进而促进新质生产力的发展;另一方面,"一带一路"绿色投资带来的重大项目可以促进国内绿色设备出口。通过在"一带一路"共建国家投资绿色项目,中国的新质生产力得到国际市场的检验和认可,这些投资项目的成功实施,也为新质生产力提供了实践的平台和市场的反馈,进一步促进了中国企业技术和管理的创新。同时,这一过程也促进了中国与共建国家的技术交流和产业合作。通过这些合作,中国企业能够更好地理解国际市场的需求,优化产品和服务,提升国际竞争力。

因此,中国新质生产力的发展与"一带一路"绿色投资之间的关系是相辅相成的。新质生产力为绿色投资提供了技术基础,而绿色投资则为新质生产力的培育提供了资金支持和市场机遇。两者共同推动了中国与"一带一路"共建国家在经济、技术、环保等多个领域的深入合作,为实现全球可持续发展目标作出了积极贡献。通过这种合作,中国不仅促进了自身的产业升级和经济转型,也为全球绿色发展和环境保护贡献了中国智慧和中国方案。中国绿色投资与新质生产力的逻辑关系示意图如图 4.3 所示。

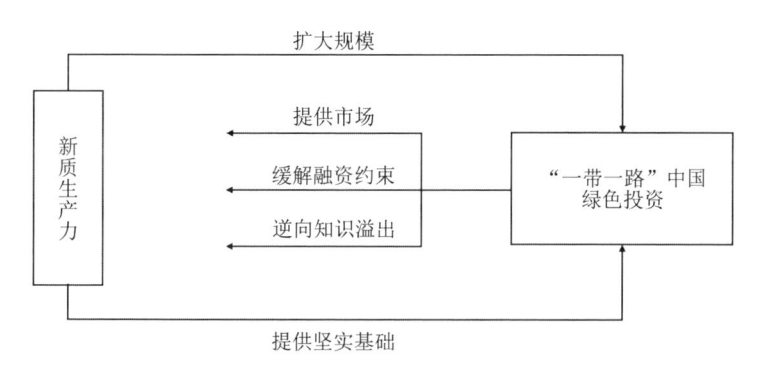

图 4.3　中国绿色投资与新质生产力的逻辑关系

4.2.2　"一带一路"中国绿色投资的发展现状

2020 年,党中央宣布了中国未来的碳减排计划,并向国际社会承诺中国将力争于 2030 年和 2060 年前分别实现碳达峰和碳中和的宏伟目标[13]。当前,全球已有 138 个国家根据本国发展情况设定了在 2050 年左右实现碳中和的发展目标,约占全球国家总数的 70%,包括世界上大部分的发达国家和发展中国家[14]。这些国家碳中和目标的设定将有助于解决当前日益紧迫的气候问题。在这138个国家中就包括大部分"一带一路"共建国家,其中阿根廷、巴西、哈萨克斯坦等国也相继制订了碳减排行动计划。"一带一路"中国绿色投资旨在促进"一带一路"国家的绿色发展。与此同时,2024年中国的全国两会提出加快发展新质生产力的目标。"加快发展新质生产力"已写入2024年的政府工作报告,被列为2024年十大工作任务之一。新质生产力的本质是高质量发展,发展新质生产力的关键在于技术发展、新兴产业培育和人才培养。一方面,绿色发展所重点面向的行业基本符合培育新质生产力的发展要求,例如清洁能源、零碳和负碳技术等,均适用于新质生产力的培育。另一方面,绿色发展目标还包括高排放行业的绿色转型,而新质生产力对于传统工业的升级与绿色转型的方向和目标具有一致性。因此,绿色发展是高质量发展的底色,新质生产力与绿色生产力的发展目标不谋而合。

中国当前在"一带一路"的绿色投资具有显著优势。2017年,《"一带一路"融资指导原则》由中国和其他28个"一带一路"共建国家共同发布[15],这项关于"一带一路"绿色投资的指导性政策文件帮助"一带一路"共建国家逐步建立了可靠完善的融资体系。次年,《"一带一路"绿色投资原则》(GIP)由中国建立并发布。截至2022年,GIP成员规模不断扩大,从起初的20多家签署机构至今,扩展至包括来自17个国家和地区的44家签署机构和14家支持机构,管理约50万亿美元的资产[16]。除GIP的倡议外,中国持续在对外绿色投资的相关政策上完善标准和顶层设计。GIP成立次年,中国财政部制定并发布了《"一带一路"债务可持续性分析框架》。此后,为了支持中国"一带一路"绿色投资的可持续发展,中国先后印发了《对外投资合作绿色发展工作指引》《对外投资合作建设项目生态环境保护指南》等指导性政策文件。以上政策的持续发布,体现了中国对于推进"一带一路"绿色投资的决心和努力。

自"一带一路"倡议提出以来,"一带一路"中国绿色投资呈现持续增长的趋势。中国在绿色能源和基础设施投资方面表现良好。2013年至2019年,"一带一路"项目总价值已逼近2万亿美元[17],其中天然气管道、风能、水能、绿色基建等清洁能源项目总价值超1000亿美元,价值占比6%左右。这些项目对共建国家的能源结构升级和环境改善起到了重要作用。中国与"一带一路"共建国家的进出口额由2013年的6.46万亿元增长到2022年的13.83万亿元,实现了资金量翻一番,且保持了年均20%的增速(图4.4)。中国对"一带一路"共建国家非金融类直接投资在2013—2023年的十年间由115.9亿美元增长至318亿美元,增长近1倍(图4.5)。中国依托亚投行、丝路基金等针对"一带一路"国家的投融资平台积极发展"一带一路"绿色投资。截至2023年底,亚投行成员国为109个,占比超过全世界国家总数的一半。亚投行的项目分布在全世界33个成员国中,项目内容涉及能源、交通、通信等各个领域。投融资总额已接近400亿美元,带动相关资金投资共1000多亿美元,为"一带一路"成员国改善基础设施建设、促进人民生活质量提升发挥了不可替代的作用。除此之外,亚投行积极响应联合国气候发展目标,并成立气候融资专项项目[16],这些项目的投融资占比目前已达到亚投行投融资总量的一半。随着"一带一路"共建国家持续能源转型的需求增长,中国企业海外投资项目也逐渐趋于绿色化,切实填补了"一带一路"共建国家在实现碳中和目标下的资金缺口。中国积极推进绿色投融资国际合作,并切实推进绿色金融相关标准与合作机制制定。中国自2017年起,先后推动制定了"一带一路"成员国共同绿色金融标准,倡导成立了"一带一路"银行合作机制,发布了"一带一路"绿色金融指数等。

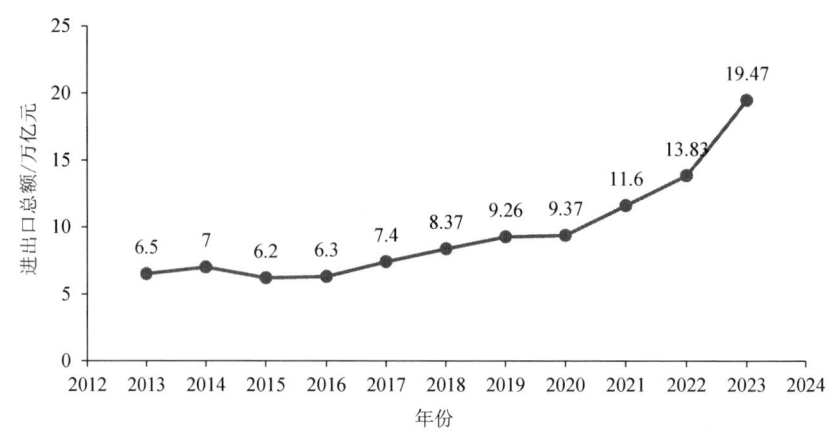

图 4.4　2013—2023 年中国与"一带一路"共建国家进出口总额

数据来源:中国国家统计局。

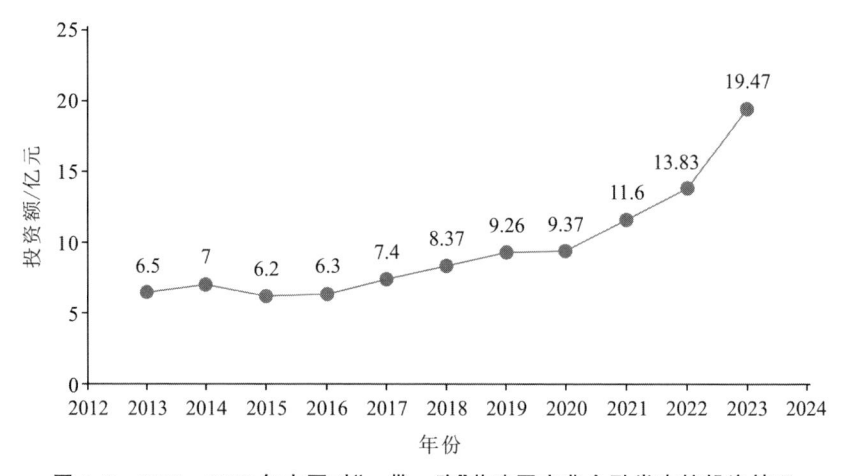

图 4.5　2013—2023 年中国对"一带一路"共建国家非金融类直接投资情况

数据来源:中国商务部。

4.2.3 新质生产力与"一带一路"中国绿色投资双向促进的意义

（1）"一带一路"国家绿色投资需求巨大，为新质生产力发展提供了巨大市场。许多"一带一路"共建国家向联合国提交了碳减排行动计划，并制定了宏伟的能源转型战略，但这些气候转型的行动需要巨额资金支持。在美元加息背景下，许多共建国家主权债务风险上升，转型所需的资金缺口日益扩大。[18]联合国数据显示，发展中国家面临每年4万亿美元的可持续发展融资缺口。根据清华大学发布的调查数据，"一带一路"共建国家在2016—2030年期间若想按期实现《巴黎协定》提出的气候目标，目前仍然存在超10万亿美元的绿色投资的资金缺口。同时，发展中国家亟须获得更多的融资和赠款以应对气候变化带来的影响，进而推动全球的低碳发展。自2009年以来，全球气候谈判设定了每年筹集1000亿美元的目标，用于支持发展中国家采取应对气候变化行动，包括适应气候变化和减少排放。然而，到目前为止，这1000亿美元的目标尚未实现，而且资金分配不够公平。根据经合组织的最新数据，2020年，发达国家提供了总额为833亿美元的气候资金。令人担忧的是，其中只有8%的资金流向了低收入国家。因此，中国在"一带一路"共建国家的绿色投资势必伴随海量的项目落地，这就为中国新质生产力走向国际提供了巨大的发展场景。

（2）新能源领域新质生产力的快速发展为中国扩大"一带一路"绿色投资提供了坚实的基础。"一带一路"共建国家拥有发展清洁能源所需的水力、风力、太阳能等自然资源，在联合国气候发展目标的倡议以及当前传统能源供应受阻的双重推动下，许多"一带一路"共建国家近年来积极开发水力、风力、太阳能等清洁能源以应对当前的能源和气候挑战。"一带一路"共建国家新能源发展形势喜人。从增速看,中国人民银行国际司课题组指出,全球清洁能源在近40年中共增长了310%,"一带一路"共建国家清洁能源消费增长速度约为全球平均增速的2.8倍,增势明显。从比重看,当前全球能源消费总量中新能源占所有能源消费的比重接近20%,"一带一路"共建国家清洁能源消费总量在所有能源消费中的占比为11%。"一带一路"共建国家的新能源应用正在逐渐缩小与世界平均水平的差距。因此,发展新能源领域中的具备国际前沿的新质生产力,可以使中国在推动"一带一路"共建中保持经济性与技术性的双重优势,为"一带一路"绿色投资带来广阔的发展空间。未来中国"一带一路"绿色能源投资中,风电、光伏等项目有望独占鳌头。自2018年起,中国光伏技术创新持续发力,光伏相关技术的不断突破使光伏的成本得以进一步下降,并促进了光伏产业的规模化发展。中国在海外的光伏投资项目数量也呈现井喷式发展,截至2020年,中国海外光伏投资项目已突破3000项。除了可再生能源,共建国家氢能、储能、公用事业级储能电池、新能源汽车等新型行业市场也为中国企业提供了重要机遇[19]。例如,绿氢对促进"一带一路"的绿色转型发挥重要作用,尤其是在重型卡车、航运、海运、石油化工等难以减排的领域。根据国际能源署(IEA)的数据,随着可再生能源发电成本降低,光照资源充足的非洲、智利和中东地区的绿氢生产成本也将大幅降低。中国氢能产业正在蓬勃发展,其燃料电池系统具备国际领先水平,加氢站数量位于全球第一,具有与共建国家合作的诸多优势。这些新兴领域的中国领先企业凭借强大的制造能力、有竞争力的成本优势和技术优势,将通过扩大海外产能,推动"一带一路"中国绿色投资的进一步扩大。这种高附加值、高新技术、可持续发展的绿色贸易产品和服务不仅有助于优化中国的出口贸易结构，而且还能在国内带动更多的绿色技术创新发展。因而，"一带一路"绿色投资带来的重大项目可以促进国内绿色设备出口，带动国内企业的绿色技术创新发展，进而促进新质生产力的发展。另一方面，中国新能源领域新质生产力的快速发展，使中国新能源产品具有国际领先优势和经济性优势，为中国"一带一路"绿色投资项目提供了先进生产力和竞争优势，为"一带一路"中国绿色投资规模的进一步扩大奠定了坚实基础。

(3) "一带一路"中国绿色投资缓解了新质生产力发展的融资约束。推动新质生产力发展背景下，中国发展"一带一路"绿色投资对国内生产力提升具有重大意义。一方面，相比于传统技术创新，新质生产力发展背景下的绿色技术创新面临更大的融资约束，"一带一路"绿色投资可以显著缓解企业资金压力。当前中国仍然面临高精尖技术"卡脖子"的问题，一些重要领域的科技成果仍然依赖从发达国家引进。因此，新质生产力的发展本质上是突破发达国家在重要领域的基础封锁，相对于传统的技术创新来说，新质生产力呈现出高难度、高质量的显著特点。企业面对封锁领域的科技攻关也相对需要更大的资金和人才投入，因而更容易陷入整体性的融资约束。对于参与"一带一路"建设的企业来说，"一带一路"绿色投资对企业项目的支持可以有效缓解企业融资约束。首先，亚投行、丝路基金等由中国和相关"一带一路"成员国发起并创立的金融机构已经为"一带一路"相关合作项目提供了海量的投资资金。以亚投行为例，亚投行的项目分布在全世界33个成员国中，项目内容涉及能源、交通、通信等各个领域，投融资总额已接近400亿美元，带动相关资金投资共1000多亿美元。其次，部分"一带一路"

共建国家对于中国参与建设的企业给予了增值税免征或零税率等税收优惠政策,为中国相关企业缓解了资金压力。此外,中国税务部门和地方政府也为相关企业制定了税收优惠政策,以鼓励企业"走出去"。因此,参与中国"一带一路"绿色投资项目的企业除项目融资外,也可以通过税收优惠来缓解资金压力。最后,参与"一带一路"绿色投资项目的企业在受到国家政策支持倾斜后,会使银行业等金融贷款机构提升对企业的信任水平,并通过扩大贷款规模等措施进一步缓解相关企业在发展新质生产力中的融资约束。

(4)"一带一路"绿色投资带来的知识逆向溢出,助力中国新质生产力快速发展。逆向知识溢出是指企业通过在"一带一路"国家实现技术创新,从而反向为本国企业输出绿色创新成果。企业参与"一带一路"共建国家的项目建设,可以根据国际项目的需求针对性研究市场所需的前沿技术,国外参与建设项目的子公司可以将创新成果反向输出给母公司。在技术反馈的作用下,"一带一路"项目合作可以通过逆向知识溢出效应作用于中国企业新质生产力的发展。新质生产力发展的重点攻克领域包含新一代信息技术、新能源、新能源汽车等,这些领域均为"一带一路"绿色投资所涵盖的领域。绿色投资推动新质生产力快速发展,将助力生产力和生产效率的有效提升。

4.2.4 新质生产力与"一带一路"中国绿色投资发展面临的挑战

新质生产力助力"一带一路"中国绿色投资仍然面临诸多挑战,这些挑战一方面来自绿色投资面临的阻碍,另一方面则来自中国新质生产力发展面临的困境。从"一带一路"中国绿色投资的视角看,主要挑战包括以下几个方面：

（1）绿色标准不统一，"一带一路"中国绿色投资道路受阻，不利于为新质生产力发展提供市场。当今全球范围内的两大绿色金融市场分别是中国和欧盟。在全球化趋势下，一个项目在中欧可能得到不同的认定，这就给一些投资主体造成了困扰，尤其是跨境投资。尽管中欧等经济体共同发布了《共同分类目录》，2022年6月又发布了《共同分类目录》更新版，对"一带一路"共建国家而言，这份《共同分类目录》有很大的参考价值，可为金融机构开展绿色金融业务提供指引，为继续推进多边绿色标准合作提供借鉴，为国家间气候合作提供金融样板，然而，《共同分类目录》在实际投资中的应用仍然存在诸多限制，并不能完全适应中国对外的绿色投资项目。除了全球绿色标准尚未制定国际通用的规则之外，中国内部的绿色金融也缺少完善的指导体系。例如，中国企业尚未建立统一的环境污染披露制度，绿色项目认定标准不统一，金融机构间数据不互通等。

（2）"一带一路"共建国家可持续发展理念不足，经济发展基础较差，新质生产力出口或将受阻。首先，"一带一路"国家中大部分经济发展仍然较为落后，当地支柱型产业主要以第一产业和污染较为严重的资源和人力密集型的第二产业为主，由于技术和发展理念的落后，经济的绿色转型面临较大困难，部分国家对于绿色投资的需求较弱。其次，部分国家除经济发展弱势外，仍然面临着较为严重的电能贫困。根据国际能源署的统计数据，部分非洲国家超过半数的人口处于缺电的情况中[20]。在传统电力难以获得的情况下，这些国家发展新能源电力的意愿和经济能力不足，因而限制了中国在这些国家的绿色投资。最后，"一带一路"绿色投资需要以当地丰富的自然资源做支撑，然而部分"一带一路"国家的自然资源和国土资源匮乏，生态环境较为脆弱，面临难以发展新能源的难题。因此,"一带一路"绿色投资在部分国家受阻,不利于为新质生产力的发展提供空间。

(3)部分"一带一路"共建国家进行绿色投资的意愿不足。"一带一路"国家绿色投资意愿不足的原因大致可以归结为两个方面:一方面是经济原因。目前发展较为落后的"一带一路"共建国家大多使用传统的能源设施,根据国际能源署的数据,"一带一路"64个共建国家化石能源消费比重超过总体能源消费的85%,高于世界平均水平。发展绿色能源、新能源汽车、绿色交通等意味着需要淘汰落后设备并发展支持新能源设备所需的电网、充电桩等配套设施。这对于经济发展较为落后的国家来说,经济上并不具备优势。另一方面是国家产业原因,部分"一带一路"国家由于经济和工业发展落后,并且国土内富含大量传统能源,因此出口传统能源是这些国家的支柱型产业,部分"一带一路"共建国家担心新能源的发展会冲击本国产业,造成财政损失,因而对于绿色投资的意愿不足。

(4)"一带一路"共建国家政治不稳定可能对绿色投资带来风险。"一带一路"绿色投资需要较为稳定的国家政治局势以满足项目的筹备与建设。然而,部分"一带一路"共建国家经常遭受宗教或政局动荡的影响,使得中国的绿色投资可能面临被新政府或宗教领袖不认可的情况,导致项目面临极高的违约风险。以中国在缅甸的投资为例,中国曾因缅甸政局动荡,投资失利两次。2004年中缅合建的天然气管道计划因后期缅甸军方政府上台而搁置。2011年,中国在缅甸投资的密松水电站被缅甸军政府责令停建。即便政局较为稳定的国家,政府换届后同样存在新任政府领导人不认可前任政府投资项目的情况,使项目建设难以延续。

(5)"一带一路"中国绿色投资可能面临较大的环境和社会风险中国在欧洲进行投资时就曾多次面临环境监管问题。欧洲部分国家的政府官员因政治需求希望吸引中国投资在本土兴建项目以达到其政治或经济发展的目的,因此在中国企业对外投资以及合建项目初期,政府官员往往以承担全部环境责任的承诺或政策隐瞒来达到拉取投资的目的,中国企业由于缺乏法律经验也相对会忽视对于环保政策的遵守。但这类项目投资在后期往往会面临诸多争议,尤其是项目建设可能引起大范围的公众抵制问题。最终,中国绿色投资可能因法规或民众问题而致使项目延期或面临成本上升的风险。因此,对于中国企业以及金融机构来说,识别东道国的环境风险和建立项目的可持续发展意识具有重要意义。

从新质生产力输出的视角来看,未来发展仍面临多重变数。主要挑战包括以下几个方面:

(1)"一带一路"共建国家科技水平差异巨大,新质生产力的输出面临较大挑战。"一带一路"倡议涉及区域范围广,各国国情和发展需求不尽相同。不同国家在经济发展水平、文化发展和生产力发展等多个维度上差距较大,因此各国生产力发展水平和科技需求存在着巨大的不均衡。国家间协同发展难、出口标准不统一、需求差异大等问题难以解决,这些矛盾都增加了中国新质生产力向国际市场输出和应用的难度。

(2)"一带一路"投资项目的不稳定性制约着新质生产力在"一带一路"建设中发挥作用。近年来国际地缘冲突频发,欧洲的俄乌冲突以及中东地区的区域战争爆发使"一带一路"共建国家不仅面临着经济发展的巨大压力,还面临着国际政治中的战争风险,导致许多国家缺乏全力发展经济的意愿和国际环境,进而增加了中国新质生产力向"一带一路"共建国家推广的难度。除"一带一路"共建国家自身发展受限外,中国科技发展也面临着严峻的国际环境。以美国为首的西方发达国家阵营近年来不断发起贸易战和科技战等措施限制中国在高科技领域的发展和国际影响,这在一定程度上也给中国新质生产力在"一带一路"投资项目中的发挥增加了难度。

(3)中国新质生产力发展尚处于起步阶段,供给能力仍需进一步加强。近年来,尽管中国通过自主创新、积极研发,在新能源领域取得了国际领先的创新成果,但中国新质生产力在整体上和发达国家仍然存在较大差距,在一些基础研究领域和前沿科技领域存在短板。随着"一带一路"成员国数量扩大和"一带一路"国家间合作的深化,中国新质生产力的发展水平能否满足"一带一路"中国绿色投资项目所需的人才和国际前沿的技术支持存在疑问。

4.2.5 新质生产力与"一带一路"中国绿色投资协同发展的政策建议

(1)参与绿色标准制定,完善"一带一路"绿色投资制度支持,提高项目投资风险评估水平,为新质生产力发展提供制度保障。目前国际上尚未建立全球统一的绿色标准,中国和欧盟作为全世界较大的绿色市场,在绿色标准和体系的构建上具有较大优势。因此,中国金融部门和机构应积极参与全球通用的绿色标准的制定。在全球绿色转型发展的背景下,在制度体系构建和标准制定中把握中国在国际社会上的话语权。在国际标准的建立中,需及时完善中国的内部标准和平台建设,建立完善的企业环境信息披露制度、评估制度以及统一的信息数据平台等,为中国绿色标准与国际社会绿色标准对接做好准备。其次,中国的"一带一路"绿色投资应完善跨国投资的风险评估机制和投资流程,以降低"一带一路"绿色投资的政治及环境风险。最后,中国应鼓励社会和其他国家的资金加入"一带一路"绿色投资,发挥多边合作的制度优势,扩大"一带一路"绿色投资的资金规模,建立健全绿色金融支持体系。

(2)优化"一带一路"绿色投资的项目和区位位置,降低新质生产力投产风险。由于大部分"一带一路"共建国家均为发展中国家,经济基础较为薄弱,且绿色发展的意识还未全面形成,因此,"一带一路"绿色投资的项目区位设定需同时考虑项目经济性和东道国区位优势,以最低成本促进"一带一路"国家的共同绿色发展。例如,在东南亚各国优先发展水电项目,在西亚地区优先开展太阳能合作等。同时,除考虑自然资源,还应重点评估东道国的政治及社会环境风险,避免因政治问题造成项目的不可持续以及社会环境风险造成的项目成本不可控。

(3)企业应提高创新投入,加快培育绿色新质生产力。具体而言:一是提升创新意识,培育企业内部创新友好氛围,鼓励员工发展高精尖绿色技术研发意识。二是采用符合新质生产力要求的生产工艺和生产流程,提高产品竞争优势。三是引入国际先进管理模式以及人才,提高企业全要素生产率,促进新质生产力的发展。

(4)推动"一带一路"科技示范区建设。发挥"一带一路"中国绿色投资带动新质生产力的输出的通道作用。探索在新能源、新材料、高端装备、新能源汽车等重点领域建设更密切的科技发展伙伴关系和科技输出通道,建立海外技术推广示范区,建设海外绿色技术输出的广阔市场,促进中国新质生产力快速发展提供海外市场基础。

4.3 矿产资源国际合作

"新质生产力"是指在经济发展和社会变革过程中出现的新型生产

力。为进一步完善与新质生产力相适应的新型生产关系,其改革的重点方面应体现在:(1)构建国内国际双循环的新发展格局;(2)推进社会主义市场经济体制改革,建设全国统一大市场;(3)进一步实施高水平开放,推动共建"一带一路"高质量发展。综上所述,中国"一带一路"高质量发展不仅为新质生产力的发展提供了广阔的空间和机遇,而且营造了良好国际环境。

4.3.1 新质生产力视角下"一带一路"矿产资源合作的意义

在大力发展新质生产力的背景下,2024年的政府工作报告提出,深入推进能源革命,控制化石能源消费,加快建设新型能源体系。然而,当今社会能源危机日趋严峻,国际形势日趋复杂,保障国家能源安全是中国实现可持续发展和民族振兴的基础。[21]如图4.6所示,从2000年至2021年,中国能源消费总量增长迅速,能源自给率呈下降趋势。因此,在加快发展新质生产力、推动能源领域革命性变革的同时,保障传统能源的稳定供应对于国家能源安全具有重大意义。由于中国特殊的资源条件,煤炭一直是其主要消费能源之一,占据能源消费结构的50%以上,而石油和天然气资源则长期依赖于进口。根据国家统计局的数据,2022年,中国对外原油依存度超过70%,天然气对外依存度高达40%。面对如此之高的油气对外依存度,中国能源进口通道安全强烈依赖地缘政治,而受到地区政治不稳定因素的影响,中国的油气资源进口面临着严重的威胁。因此,寻求国际能源合作伙伴,构筑稳固的能源进口通道,对于建设新型能源体系以及促进中国新质生产力的发展至关重要。[22]从发展前景来看,"一带一路"共建国家能源种类丰富,储藏量大,为中国开发和利用传统资源及可再生能源带来了重要机遇。截至2023年10月,全球已经有150多个国家加入"一带一路"计划。共建各国或地区在矿产资源方面合作有利于满足中国当前经济发展对相关资源的需求,并可带动不同国家、地区的相应合作。[23]在此背景下,中国应把握发展契机,积极应对复杂的周边环境,与相关国家、地区共同探索切实可行的矿产资源合作策略。

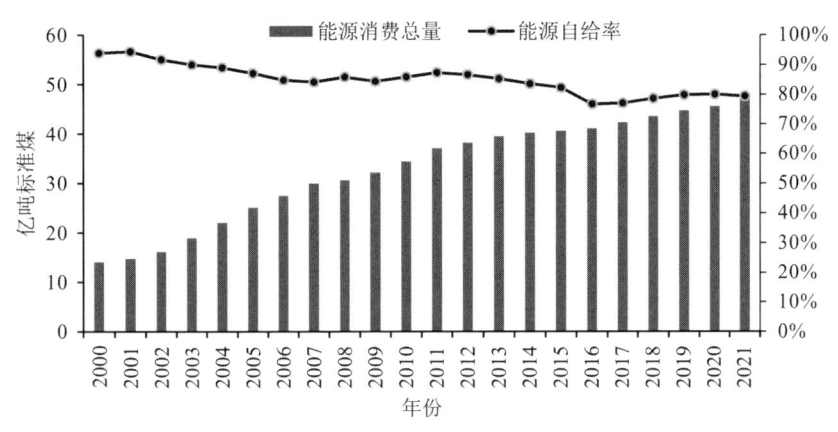

图4.6 2000—2021年中国能源消费总量和能源自给率情况

资料来源:中国能源统计年鉴。

数字经济时代的新质生产力是以数字化、网络化、智能化的新技术为支撑,以科技创新为核心驱动力的生产力形态,将会极大促进新兴产业的发展,而新兴产业的发展将进一步提高能源和生产原材料需求,从而加大对各类矿产资源的需求,与此形成鲜明对比的是,中国矿产资源保障不足。从当前中国新兴产业重点发展应用来看,所需的主要矿产资源共涉及40个矿种,包括锂矿稀土在内的28种新兴矿产资源较为短缺[24]。其中,有10种新兴矿产资源供应保障问题已经凸显。另外,还有包括铬、镍、铜等在内的6种传统矿产资源呈紧缺态势[25]。针对以上实际情况,通过与"一带一路"共建国家或地区的合作,可有效弥补中国很多矿产资源品种的短缺,为新兴产业的发展提供充足的能源和原材料保障。此外,已发现的海外矿产资源分布及储量显示,中国与"一带一路"共建国家互补优势明显,合作潜力巨大。综上所述,中国发展新兴产业较为缺乏的铜、镉、镍等矿产,很多是"一带一路"共建国家的优势资源。而一些中亚国家,虽然油气资源较为丰富,但其勘探开发开采能力相对较弱。因此,通过国际合作,不仅有利于解决中国部分矿产资源获取困难的问题,促进中国新兴产业的发展,在构建新型能源体系的同时保障能源安全,还可以使"一带一路"共建国家内部矿产资源产能过剩的问题得以解决,促进本国的经济发展,达到互利共赢的目的,具备极高的长期合作价值[26]。矿产资源国际合作与新质生产力的逻辑关系示意图如图4.7所示。

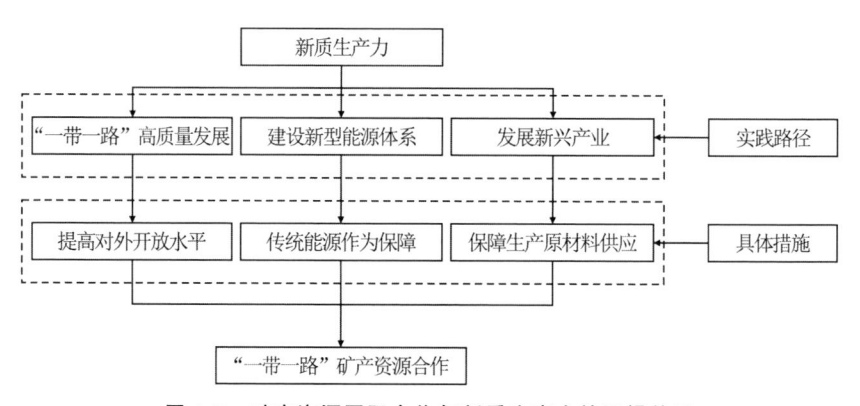

图 4.7 矿产资源国际合作与新质生产力的逻辑关系

4.3.2 中国与"一带一路"国家矿产资源合作的现状

在当前大力发展新型生产力的背景下,中国与"一带一路"共建国家均开展了积极的合作。从实际状况来看,矿产资源的合作现状主要表现为以下几个方面:

1. 合作领域不断拓展

随着"一带一路"国际战略的不断推进,中国与"一带一路"共建国家矿产资源的合作力度不断加大,与多个国家保持着良好且广泛的合作关系。在石油、天然气以及煤炭等传统能源方面,中国与中亚、俄罗斯以及蒙古国等多个国家确立的供应合作关系较为稳定。在此基础上,中国与相关国家在金属、非金属矿产资源方面的合作也在逐步发展。目前,中国已是最大的金属矿产消费国之一,也同时与许多"一带一路"共建国家确立了多种金属矿产合作战略,涉及的资源种类包括铜、铁、铝土矿等。在非金属方面,中国也与多个国家开展了合作,包括稀土、硅酸盐、萤石等。矿产资源合作领域的不断扩大,不仅为中国发展新质生产力提供了充足的能源和原材料保障,也促进了国际矿产市场的稳定和发展。

2. 合作方式不断提升

中国与"一带一路"共建国家在矿产资源方面的合作历史较久,因此相比于合作领域的变化,有关合作方式的变化更为明显。从"一带一路"提出之前及提出初期来看,合作方式主要包括勘探、开采、加工、贸易等方面。近年来,中国与共建国家在矿产资源方面合作方式的不断变化,传统的粗放合作已经在最大程度上转向了投资、合作开发、技术交流等方面,在如今大力发展新质生产力的背景下,技术创新层面的交流将会成为未来主流的合作方向。从实体项目来看,"能资"勘探开发规模不断提高,新能源技术合作及贸易合作层次持续增强。随着以实体项目为主的合作方式的不断变化,中国与相关国家开始致力于合作软环境构建,如完善国际条例、提高投资贸易开放性、推动交易本币化等,以便为国际矿产资源合作奠定良好的基础。

3. 合作程度不断加深

在"一带一路"大背景下,中国与有关国家在矿产资源合作方面开展了多项双边合作,取得了不错的成绩,例如,中国与俄罗斯签署了多项油气资源合作协议和备忘录,与哈萨克斯坦、乌兹别克斯坦等国之间签署了多项矿业合作备忘录等。《境外经济贸易合作区高质量发展报告2023》显示,截至2022年底,中国已经在境外建立了125家经贸合作区,其中112家位于"一带一路"共建国家,在整个海外经贸合作区的比例超过了90%。从地理位置来看,亚、非、欧分布比例较为协调。其中,亚洲数目最多,占比超过40%,其次分别为欧洲和非洲,各占比约为30%、24%。实践证明,在推动相关各国共建"一带一路"的过程中,经贸合作区已成为关键抓手。虽然从产业特征来看,合作仍以传统资源为主,且结构层次较低,但产业升级趋势较为明显,符合当前大力发展新质生产力的要求,且在不同资源方面的合作已出现了集群化、专业化趋向,合作程度不断加深。

4.3.3　中国与"一带一路"共建国家矿产资源合作面临的挑战

当前国际形势较为复杂,在发展新质生产力的背景下,中国积极发展国际矿产资源合作。一方面,"一带一路"倡议的国际影响力不断提升,对不同国家及地区的合作吸引力也在增强,世界发展的两大主题并未发生改变;另一方面,由于地缘政治等因素以及其他不稳定因素的增加,国际格局变化充满不确定性因素,全球地缘政治对于资源的影响也越来越大。在此情形下,中国与"一带一路"国家矿产资源合作也面临着诸多挑战。

1. 不确定因素增多

自新中国成立以来,中国始终奉行独立自主的和平外交策略,以及互利共赢的开放战略，但中国在新时代的国际矿产资源合作还是存在着较多不稳定因素。一方面，在一些"一带一路"共建国家，出现了较为严重的资源民族主义。同时，一些国家已经确立的资源开放政策也开始转变，甚至单方面修改、撕毁与中国已经订立的协定，限制与中国关键矿产的合作。例如，自2023年1月起，菲律宾一直在考虑效仿印尼，征收镍出口税或禁止出口。非洲的津巴布韦已经宣布，除非拥有特别豁免，否则其各类原矿石将全面禁止出口。此外，为追求更多的利润，刚果等其他几个"一带一路"共建国家大幅提高了矿山开采税、矿产出口税、特许权使用费等，给中国与"一带一路"共建国家的矿产资源合作带来了较多不确定因素。

另一方面，美国等西方国家不断地推行"去中国化"策略，并组建矿产联盟。2022年，美国、加拿大、英国等西方国家共同建立了"矿产安全伙伴关系"。该关系一方面旨在保证己方关键矿物资源的供应；另一方面，更在于推行"去中国化"策略，以尽最大可能减少有关国家与中国的矿产资源合作。同时，为遏制中国发展，美国不断地在台海、南海发起事端，挑起周边国家不断地与中国发起争端，这严重破坏了"一带一路"背景下中国矿产资源国际合作的政治环境。此外，因为中国与中亚各国不同方面的合作在逐步加深，包括矿产资源在内。同时，中亚各国为摆脱俄罗斯的固有控制，也在积极地寻求与中国的合作。因此，即使中俄两国之间在许多方面保持着合作关系，双方在中亚地区仍存有竞争。综上所述，各类地缘政治冲突将会为中国的国际矿产资源合作带来不确定性，不利于构建稳定的能源进口渠道可能会给新质生产力背景下大力发展新兴产业带来一定阻碍。

2. 合作风险复杂化

随着合作不确定因素增多,合作环境也变得较为复杂。除此前所述的地缘政治因素导致的局部地区冲突使矿产资源合作环境复杂化,一些"一带一路"共建国家自身存在的政治不稳定因素也给矿产资源合作造成了威胁,不利于为发展新质生产力营造良好国际环境,例如中国与阿富汗的稀土和锂矿资源合作、中国与缅甸石油资源的合作等。同时,也存在着经济、环保、技术等多个方面的风险。在经济方面,即使在全球经济一体化,各国均拥有共同的经济发展愿景的背景下,一些国家仍存有贸易保护主义和贸易壁垒,加之不同因素导致的汇率变动等,国际矿产资源合作会因此面临意想不到的阻碍。

与其他方面合作面临环境变化较为不同的是,矿产资源合作面临着更多的环保问题。一方面,在矿产资源的开采和加工过程中,可能会产生大量的废渣、废气、废水等污染物,这些污染物会对周围的环境产生严重的影响,如空气污染、水污染、土壤污染等。另一方面,开采和加工过程也可能会破坏当地的生态环境,如森林、草地、野生动物栖息地等,所有这些,均可能会使中国在与"一带一路"共建各国合作的过程中遭遇相关罚款,或引起当地居民或环保组织抗议,严重时甚至会迫使项目中断,给企业带来重大经营风险。从已有实践来看,资源可持续利用已成了不同国家与地区发展的共识。随着经济的发展,特别是在国际及地方环保组织的推动下,"一带一路"共建国家均强化了自身的绿色发展责任,加大采取措施,积极推进矿业可持续发展力度。例如,柬埔寨不断地调整矿业政策、制定法律框架,而缅甸则采取了一系列方法确保本国对外矿产资源合作能在绿色、环保的框架中实施。近年来,随着世界绿色环保标准不断提升,可持续矿业发展的标准也会提高,这都会

导致矿产资源合作风险复杂化。

3. 风险抵御力较弱

"一带一路"政策于2013年方才提出,10年来,虽然中国与有关国家的矿产资源合作取得了巨大进步,但整体仍处于摸索阶段。中国矿业联合协会的统计数据表明,在中国与"一带一路"共建国家的矿业合作中,有相当比例的项目终因种种原因未实现预期目的,特别是在"一带一路"倡议提出的初期,失败比例较高。虽然这几年情况略有好转,但整体并不如人意。一方面,这说明中国与相关国家的矿产资源合作面临的风险较多,所处环境较为复杂;另一方面,这也说明中国与有关国家在此方面的合作远未达到成熟健全的阶段,这些均导致中国在国际矿产资源合作方面防御能力较弱,不利于在发展新质生产力的背景下建设稳定的矿产资源进口渠道。

经过深入分析发现,除却一些不可抗拒因素,这与中国在全球矿产资源治理体系中缺乏应有的话语权有较大关系。进入21世纪,全球矿产法律法规和标准不断涌现,但多由美等西方国家掌控。在此情况下,发达国家的国际矿业治理主导权自然得到了强化,对于诸多发展中国家及资源国关切不够。在此方面,无论是于20世纪制定的一些规定,还是近年来不同国家或地区出台的法案,均是如此。例如,2022年美国针对能源、自然资源管理颁布的《通胀削减法案》,2023年欧盟发布《欧洲关键性原材料法案》等。即使这些法案或其他规则打着所谓"开放""中立""合理"的旗号,但因为其制定者,包括区域组织或行业协会,通常由美国或其他西方国家主导甚至控制,他们往往基于西方国家主流社会的价值观、利益观制定规则,致使广大发展中国家和资源国不得不处于被动或屈从的地位。即使与中国矿产资源的合作国已经签署了

"一带一路"协议,在合作发生纠纷时,因按照上述或其他法律、规定进行处理或仲裁,实质上对中国并无公正可言。

4.3.4 中国与"一带一路"国家矿产资源合作的政策建议

面对新质生产力背景下中国矿产资源国际合作面临的挑战,中国需要积极应对,推动智能化和信息化技术的应用,加强与国际合作伙伴的合作,共同开发市场,促进矿产资源的可持续发展,推动中国矿产资源国际合作迈向新时代。在大力发展新质生产力的背景下,中国与相关国家的矿产资源合作不仅为建设新型能源体系提供了保障,也为高科技新兴产业的发展提供了充足的能源和原材料供应。但与"一带一路"共建国家合作,不仅存在众多机遇,也面临着诸多困难。为实现矿产资源合作具有的积极意义,中国应立足现状,妥善应对,以确保中国与参与国的合作免受非正常因素的干扰。鉴于国际环境的复杂性及易变性,中国有关部门需要在实践中探索出更多可行的办法。对于参与的国内企业,更需要在国家的领导下,灵活应对。为在发展新质生产力的背景下推进矿产资源国际合作,实现由矿业大国向矿业强国的迈进,缓解或从根本上有效解决上述问题,可采纳以下建议:

1. 加强大国协商优化战略合作布局

作为世界上第二大能源消费国,与大国进行矿产资源合作不仅有利于中国发展新质生产力,而且也利于维护国际秩序、促进世界科技创新、推动全球合作[27]。仅从国际矿产资源合作方面来看,加强与大国的合作,可在因为大国博弈导致的国际政治经济环境日益复杂的情况下,以互惠互利促进双边、多边互信,从而为矿产资源合作构建相对稳定的环境,保障中国的矿产资源进口渠道,为发展新质生产力提供充足的能源和原材料保障。一方面,在当前中美局势恶化的情况下,中国有关方面可以积极就"一带一路"共建国家矿产资源开发勘探等方面与美国合作,降低美国对"一带一路"倡议国际战略的偏见和疑虑。另一方面,中国应从不同方面推动与俄罗斯在矿产资源方面的合作,特别是就已开展实施的基础上深化扩大合作的广度与深度,进一步完善相关的基础建设,以同时满足两国的利益诉求。对于双方与中亚各国及东盟各国矿产资源的合作,应进一步形成多方互利互惠的关系。对于印度,应着力强调双方在矿产资源合作方面的共同利益,同时共同开发矿产资源勘探开发技术,并进一步健全海陆能源运输渠道,提升双方矿产资源合作的安全性。

但需要指出的是,在积极与相关大国在"一带一路"背景下积极合作的同时,中国更要优化国际矿产资源合作战略布局,在现有的布局的基础上,以周边国家为首要合作方,形成由近及远的双边、多边合作战略布局,以避免因历史遗留问题而导致矿产资源合作不能实现预期。而且,对于"一带一路"共建国家中心城市和节点城市的建设,在国家利益、民族利益得到保障的基础上,可以投资或追加投资的方式完善。同时,对于现有的合作,可考虑逐步升级,通过双边、多边或其他渠道进行协商,在互利互惠的基础上提升合作国的受惠程度,为长远持续合作营造良好的环境。

2. 坚持互利共赢持续推动深度合作

与新质生产力扩大高水平对外开放的要求类似,"一带一路"倡议的根本目的在于推动世界各国共建命运共同体、利益共同体以及责任共同体。为推动与"一带一路"共建各国的矿产资源合作,中国需要在当前的基础上,在矿产勘探、开发、加工、贸易等方面深化共建合作,以使合作勘探开发、矿产资源利用等方面的能力得以提高,同时解决其工业体系不完整和基础设施不足等问题,以便共同营造开放包容的合作环境,为降低不同方面的风险奠定基础[28]。一方面,需要立足于自身进行制度建设,加强顶层设计。例如,从外交、商务以及矿产资源等方面健全相关协调政策,特别是应简化海外矿产资源并购制度,减少审批流程,完善境外矿产勘查开发协调机制。另一方面,应提升资金支持力度。在此方面,在发挥国家财政资金的同时,应充分利用已构建的平台,如"丝路基金"、"中非发展基金"等,增强对有关企业与"一带一路"共建国家矿产资源合作的资金支持,特别是加大对优势企业的支持力度。

需要指出的是,为应对矿产资源合作复杂的环境和风险,在坚持互利共赢持续推动深度合作的过程中,需要加速第三方合作市场的形式。在"一带一路"提出两年后,中国便同法国共同发表了《中法关于第三方市场合作的联合声明》,这是中国官方文件中首次提出"一带一路"第三方市场的合作概念。从应用来看,从概念提出及至今,已经实施了多个项目,开创了国际合作新模式,发挥了各参与国家的比较优势,完善了全球经济治理。在矿产资源合作方面,第三方市场的建立,有助于将中国、发达国家以及资源国多方面的需求进行有效结合,在发挥各方优势的同时推动深度合作。

3. 国企民企共进增强抵御风险能力

相比于西方国家的企业,中国企业,无论性质,均讲究经济利益与社会效益并重,但也因此致使在与"一带一路"共建国家进行矿产资源合作时抵御风险能力较弱。为此,在此前几方面得以保障的前提下,中国需要国企、民企共进,以通过优势互补增强抵御风险能力[29]。在中国的经济建设中,国企是国家经济发展的重要力量。在"一带一路"背景下,国企已经成为中国参与矿产资源合作的先锋力量,也积累了一定经验。对于那些具有境外矿产资源投资意向的民企,已经率先发展的国企应积极分享自身的成功经验,为民企提供资金、技术、人才等方面的支持。在出现风险迹象时,国企应及时发出预警信号,并帮助民企规避风险,以提升其境外矿产资源合作的能力。同时,民企也应充分发挥自身的优势,特别是利用其机动性较强、创新能力较高的特点,不但把握机遇,而且也从自身的角度为国企矿产资源国际合作提供建议。这样,国企、民企通力合作,各尽所能,共同提升抵御风险的能力。同时,政府部门要持续建设市场化、法治化、国际化一流营商环境,塑造更高水平开放型经济新优势,为发展新质生产力营造良好的国际环境。

发展新质生产力,关键在于企业个体,只有企业的运营能力和管理水平得到了大幅提高,才能具备足够的国际竞争力,不断适应新时代的各种机遇和挑战。无论是国企、民企,在与"一带一路"共建国家进行矿产资源合作时均要着力推进现代企业制度建设,把加强党的领导和完善公司治理互相统一起来。这样在与相关国家进行矿产资源合作时,才能减少不良竞争和违规行为,增强国际矿产资源合作环境的稳定与公正。同时,才能建立完善的风险管理机制,包括风险评估、风险预警、风险应对等环节,以帮助企业在复杂的国际环境中更好地识别、评估和控制风险,确保合作的稳定性和可持续性。

4. 提升参与全球矿业治理的话语权

在"一带一路"倡议国际战略不断发展的形势下,中国参与矿产资源国际合作的领域与程度均在不断深化,为了维护中国企业在海外的利益,也为了实现国内新质生产力的发展,中国不但需要提升参与矿产资源领域治理的深度与广度,而且也需要提升自己的话语权[30]。已有的实践表明,积极参与联合国、亚太经合组织、上合组织等重要国际组织的矿业倡议,参与有关规则制定,包括矿产资源的可持续开发与保护、矿产资源产品的投资与贸易条例以及涉及人文、环境、人权等方面的责任承担等,不仅可把规则接受者的被动角色转为规则制定者的积极角色,而且更可因为这种参与有效地应对国际社会对中国参与国际矿产资源合作的质疑,也可使中国在一些方面成为国际矿业的领导者。西方国家如美国、英国以及加拿大、澳大利亚等之所以能在国际矿产资源的合作中拥有更多的话语权,在很大程度上是因为其发起了某项决议。在此方面,中国为提升矿产资源国际合作中的话语权也可以适当借鉴。

此外,从自身角度,中国矿产资源合作还需要提升自身的软实力。为此,一方面需要提升相关技术水平。新质生产力要求企业组织具备科技创新意识和创新能力,能够不断推动技术创新和研发,掌握核心技术和关键资源,以应对日益激烈的市场竞争。在快速变化的市场环境中,企业必须不断创新,才能在竞争中立于不败之地。矿业企业可以通过加强技术研发和创新,增强在国际矿业领域的竞争力,或者通过加大科技投入,推广先进技术和管理经验,提高矿产资源的勘探开采、加工或利用效率,以降低环境影响和资源浪费。另一方面,需要加强人才培养,提高专业素质,以强化与共建国家在准入市场等方面的对接,并推动区域性矿产品交易中心或自由贸易区的成立等。

参考文献

[1]吕越,马明会,李杨.共建"一带一路"取得的重大成就与经验[J].管理世界,
    2022,38(10):44-55,56,95.
[2]王勇,于佳.中国光伏产业发展与"一带一路"新机遇:基于新结构经济学视角的

解析[J].西安交通大学学报(社会科学版),2020,40(5):87-98.

[3]庄宏韬.中国周边命运共同体构建研究[D].兰州:兰州大学,2022.

[4]吴方.中国与"一带一路"沿线国家经济合作研究[D].武汉:武汉大学,2019.

[5]祝继高,王谊,汤谷良."一带一路"倡议下中央企业履行社会责任研究:基于战略性社会责任和反应性社会责任的视角[J].中国工业经济,2019(9):174-192.

[6]徐波,徐康宁."一带一路"背景下中国企业在哈萨克斯坦光伏项目投资建设前景分析[D].南京:东南大学,2022.

[7]马骏,佟江桥."一带一路"国家可再生能源项目投融资模式、问题和建议[J].清华金融评论,2020(3):107-112.

[8]中国社会科学院工业经济研究所课题组,史丹."十四五"时期中国工业发展战略研究[J].中国工业经济,2020(2):5-27.

[9]张述存."一带一路"战略下优化中国对外直接投资布局的思路与对策[J].管理世界,2017(4):1-9.

[10]BELLAKHAL R,BEN KHEDER S,HAFFOUDHI H. Governance and renewable energy investment in MENA countries:how does trade matter?[J]. Energy economics,2019,84:104541.

[11]庄旭宁.哈萨克斯坦主流媒体对"一带一路"的认知研究[D].长春:吉林大学,2019.

[12]张林,蒲清平.新质生产力的内涵特征、理论创新与价值意蕴[J].重庆大学学报(社会科学版),2023,29(6):137-148.

[13]林伯强.碳中和进程中的中国经济高质量增长[J].经济研究,2022,57(1):56-71.

[14]顾高翔,吴静.经济一体化背景下实现碳中和目标对全球经济及中国参与国际产业分工的影响研究[J].环境保护,2021,49(Z2):49-56.

[15]裴长洪."十四五"时期推动共建"一带一路"高质量发展的思路、策略与重要举措[J].经济纵横,2021(6):1-13,2.

[16]苑希,孟寒,祁欣.共建"一带一路"十周年:成就、经验与展望[J].国际贸易,2023(4):69-80.

[17]刘钻扩,李宇,徐文虎,等.基于ERGM的第三方市场绿色投资合作形成机制研究[J].世界经济研究,2023(8):59-73,136.

[18]徐奇渊,杨盼盼,肖立晟."一带一路"投融资机制建设:中国如何更有效地参与[J].国际经济评论,2017(5):134-148,7.

[19]丛海彬,邹德玲,高博,等."一带一路"沿线国家新能源汽车贸易网络格局及其影响因素[J].经济地理,2021,41(7):109-118.

[20]李昕蕾."一带一路"框架下中国的清洁能源外交:契机、挑战与战略性能力建设[J].国际展望,2017,9(3):36-57,154-155.

[21]刘乐.共建"一带一路"十周年与中国特色外交创新[J].国际论坛,2023,25(3):3-21.

[22]冀钦,杨建平."一带一路"倡议下中国能源合作研究态势的文献计量分析[J].中国市场,2019,(35):8-10.

[23]桑子扬,呙小明."一带一路"背景下中国与葡萄牙矿产品贸易潜力研究[J].对外经贸实务,2023(7):24-33.

[24]马卫国,张跃洋,刘云峰,等.海外矿业项目生态文明建设中的环境管理实践[J].工业安全与环保,2021,47(4):104-106.

[25]王建忠,李富兵,黄书君,等."一带一路"沿线国家油气合作进展与合作建议[J].中国矿业,2019,28(2):18-24.

[26]白羽,李富兵,樊大磊,等.哈萨克斯坦局势动荡引发"一带一路"能源合作的思考[J].中国矿业,2022,31(3):10-14.

[27]涂亦楠.美国的关键矿产总统令及中国的应对策略研究[J].中国矿业,2021,30(S02):16-20.

[28]李兴,韩燕红,陶克清."一带一路"框架下中俄能源合作——成就,问题与对策[J].人文杂志,2023(4):66-76.

[29]谭姝炘.绿色"一带一路"倡议下中国与沙特的能源合作[J].经济学,2022,5(1):95-97.

[30]曹亮,崔森,胡鹏,等.尼日利亚矿产资源开发现状及投资环境[J].地质通报,2022,41(1):167-183.